商务谈判实务

SHANGWU TANPAN SHIWU

王艳萍 编著

中国财经出版传媒集团
经济科学出版社
Economic Science Press

图书在版编目（CIP）数据

商务谈判实务/王艳萍编著. --北京：经济科学出版社，2023.6
ISBN 978-7-5218-4843-4

Ⅰ.①商… Ⅱ.①王… Ⅲ.①商务谈判-高等学校-教材 Ⅳ.①F715.4

中国国家版本馆 CIP 数据核字（2023）第 107203 号

责任编辑：孙丽丽　撖晓宇
责任校对：刘　昕
责任印制：范　艳

商务谈判实务
王艳萍　编著
经济科学出版社出版、发行　新华书店经销
社址：北京市海淀区阜成路甲 28 号　邮编：100142
总编部电话：010-88191217　发行部电话：010-88191522
网址：www.esp.com.cn
电子邮箱：esp@esp.com.cn
天猫网店：经济科学出版社旗舰店
网址：http://jjkxcbs.tmall.com
北京密兴印刷有限公司印装
787×1092　16 开　15 印张　390000 字
2023 年 7 月第 1 版　2023 年 7 月第 1 次印刷
ISBN 978-7-5218-4843-4　定价：62.00 元

序　言

谈判是解决相互依赖各方之间所具有矛盾和冲突的一种方法，是一种能够达成双方利益要求、实现共赢、互惠互利行之有效的方法。在维系公共关系时，我们无时无刻要面临谈判，在组织中，依赖和矛盾无处不在。作为高等教育工作者，为了更好适应产业发展，适应企业和个人对商务谈判人才的紧缺需要，编者以课程建设与高质量教学为核心，突破教学改革的重点和难点，“以服务为宗旨，以就业为导向，推进教育教学改革。实行校企融合、校企合作、顶岗实习的人才培养模式”，以企业需求和学生就业为导向，特编写了这本教材。本书可作为高等教育工商管理、电子商务、数字经济等专业商务谈判课程的教材，同时可作为企业培训中高级管理人员教材。

全球知名的商学院专设商务谈判学作为必修课程，且颇受学者们的青睐。这门课的应用范围广泛，谈判融合了决策理论、博弈论、管理学、社会学、心理学等综合理论。在这门课程的学习过程中，学生会看到商界的经典案例，在案例的角色扮演中会面临各种痛苦的抉择和道德的判断。如何应对价值创造和价值分配之间的矛盾，如何面临感情和利益之间的冲突，还原真相与说谎的抉择，都是在谈判中所要遇到的，也是非常有趣又难以抉择的问题，困扰着“围城”中的当事人。除了从当事人出发，课程同时还指导第三方以何途径帮助化解冲突、居中调停、中途调查、申请仲裁并协助系统从争辩转化为冲突双方的均衡态势。根据本人的教学经验，学生喜欢上这门课程，是因为这门课程通常采取角色扮演和谈判模拟、虚拟仿真的教学方法。谈判模拟就是让学生在课程上扮演谈判中的定性角色，体验角色所面临的各种决策和冲突。通过谈判结果的分析，让学生体验到谈判过程中出现的各种认知偏差，提高其谈判的技巧和处理冲突的能力、联盟能力。将谈判课程定格为实训课程，课程中学生既是实习者，也是参与者，在课堂上模拟着各类角色，课堂上师生互动、课堂活跃，鼓励学生积极参与、自我评价，使该课程成为提高学生自信心的一种教学方式。

在我的教学生涯中，我亲眼看到无数人在我眼前变成了更出色的谈判者。他们通过谈判在生活中争取更多，对自己，尤其是对他人都有了更加清晰、明确的认识和了解，他们从我的课堂上所学到并运用于生活中的大量谈判技巧都是对传统观点的挑战。对于学生们的点滴成长，将其化繁为简，取缔艰涩的术语行话，提供一种更实用、更贴切实际、更有效的人际交流沟通方式。在实战中，关注对方情绪，建立人际关系，明确谈判目标，采取循序渐进策略，对具体情景要具体对待。无论是对抗性策略，还是“己方与对方”型战术，都只会使双方利益受损，只有不断推动合作才能争取更多。对待强硬型谈判对手，则应以最不易引发争端的方式来解决问题。大胆信任对方，坚持让对方做出承诺作为回报，最终实现自己的目标。

本教材在编写过程中结合了长期从事商务谈判企业人员的丰富经验，对商务谈判规律性和技巧性进行了梳理，供师生模拟操作，突出高等教育培养方式的科学性，突出基础理论，提高创造性技能的比重，强化学生应用技能，辅助学生自主拓展学习，开阔学生视野，培养学生的发散思维。本书在编写过程中借鉴和参考了相关的文献资料，在此向有关作者表示谢意。由于编者编写水平有限，书中难免有不足之处，恳请广大读者谅解并提出宝贵意见，以便我们加以修改和完善。

编者

2023 年 1 月

目　录

第一章 商务谈判概论

【引导案例】

"灵魂"谈判

为了一款国际单价7~8元的治疗糖尿病的新药（达格列净片），医保代表和药企代表双方展开了价格谈判。

在谈判初始，医保代表开诚布公："报价有两次，如果两次达不到我们的心理价位，或者超过医保支付标准的15%，那就自己出局。"

现场的药企代表第一报价为10毫升5.62元。医保代表对此指出，"再次提醒你，一定要落在底价的15%以内"。药企代表重新报价为4.72元，下降0.9元，这一报价达到了继续谈判的标准。医保代表指出，中国患糖尿病的人口达到总人口的10%。而如果其中有10%的人用该企业的药品，即使药品价格再稍降比例，企业的利润也是可观的。希望对方下一轮报价能够再适当考虑。

药企代表第三次报价4.62元，再降0.1元。医保代表回应道："中国市场这么大，你再去跟公司申请一下吧？"

电话请示过上级后，药企代表给出了4.5元的第四次报价，比之前下降了0.12元，并以该药品在韩国的价格为例，表明这已经是全球最低价了。而医保代表在观察药企代表的神情后，认为4.5元肯定不是对方授权后的最低价，于是继续砍价。药企代表再次走出会场打电话商量报价，最终提出4.4元的价格。

"这样吧，4.4元多，中国人觉得难听，再降4分钱吧，4.36元行不行？"

"好，同意。"

医保谈判的最终售价为4.36元，按照这个价格进入医保目录后，降价幅度超过了70%。这对人民群众来说一项民生工程。

【互动环节】

观看影片《邓小平》片段，要求回答：如何坚守底线、原则？

第一节　谈判的架构

谈判是社会生活中不可缺少的交往方式。每个人都会不知不觉地成为谈判者，并经常参与这样或那样的谈判。谈判的形式多种多样，大到国家独立和民族统一，小到家庭夫妻之间的家务分配，都要通过谈判解决。谈判作为一种普遍的人类行为，从古至今就是人类生活的组成部分，它与人类文明的发展一样，拥有久远的历史。当原始人开始意识到自己和他人的区别并开始尝试为满足自身需要而进行某种努力时，谈判这种行为和活动就在人类社会生活中萌芽了。我国古代的“纵横家”就是谈判专家的别称。时至今日，谈判更是协调、处理各种关系的重要手段。当今世界最大的谈判当属联合国大会一般性辩论，有 190 多个国家或地区参加，谈判代表代表全世界几十亿人的利益进行谈判。

商务谈判涉及的内容复杂，双方谈判人员的沟通容易混乱。为避免这种情况的发生，使谈判人员的精力集中在谈判内容上，并对谈判有大致的轮廓，应清楚地了解谈判的结构。同时通过对谈判结构含义的理解，将更易掌握谈判过程的内容。

1. 谈判的阶段性

一般而言，一场商务谈判，要经过开始阶段、实质性谈判阶段、交易明确阶段和结束阶段。

（1）开始阶段。

开始阶段包括启动谈判、营造谈判气氛、确定谈判议程、进行开场陈述和提出双方的谈判方案、对谈判开始阶段的回顾总结五部分。在该阶段，谈判双方需要做到以下几点：触发一次谈判，对希望达成的交易心中有数，双方都力图把自己解决问题的想法施与对方，搞清楚或对最终成交有大致的轮廓，在磋商过程中对将要实现的目标逐步予以明确。

（2）实质性谈判阶段。

在实质性谈判阶段，价格谈判是双方经济利益的焦点，价格解释、评论、讨价还价、价格谈判结束，是其必须进行的“四部曲”。此外，价格谈判还涉及报价和磋商的技巧。同时，谈判双方在实质性谈判阶段还涉及策略调整、目标修正的问题。

（3）交易明确阶段。

在交易明确阶段，谈判一方可能在某一时刻有意地透露出想要达成交易的信息。从此信息的内容看，包含了谈判一方的最后要价；从信息传达的强度性质看，它的出现往往是非常微妙的。

（4）结束阶段。

在结束阶段，双方经过积极认真工作，谈判最终成交。对此，要对达成的协议形成书面文件，给予法律上的认可。

虽然不同的谈判采取的方法各不相同，但每一次商务谈判都要经过这四个阶段。为有效地控制谈判过程，谈判人员一定要把握住上述四个阶段。

2. 横向谈判与纵向谈判

商务谈判的方式多种多样，但是从谈判的结构上，可以分为横向谈判和纵向谈判（见表1－1）。横向谈判是采用横向铺开的方式，即首先列出要涉及的所有议题，然后对各项议题同时讨论，同时取得进展。纵向谈判则是确定所谈问题后，依次对各个议题进行讨论。

表1－1　横向谈判和纵向谈判比较

谈判方法	横向谈判	纵向谈判
含义	对谈判问题逐个讨论，在某一问题上出现矛盾时就搁置这一问题，先讨论其他问题。如此周而复始地讨论下去，直到所有问题都谈妥为止	在确定谈判的主要问题顺序后，依次讨论每个问题和条款，讨论一个问题，解决一个问题，一直到谈判结束
一般步骤	（1）要把谈判的议题通通列出来。 （2）粗略地讨论每个议题的各个方面。 （3）详细地讨论每个议题的各个方面	从确定的第一个议题开始，深入讨论这个议题。依次讨论其余议题
优点	灵活性大，每轮谈判都能使议题有所进展，不至于由于某个问题的争执而影响整个谈判的过程	双方条款的讨论次序，应随时调整，有利于寻找变通的解决方法
缺点	较混乱，容易使谈判人员在枝节问题上纠缠，而忽略了主要问题	过于死板，不灵活，某一问题出现僵局，会影响其他问题的解决

第二节　谈判的情境特征

谈判是双方及多方试图解决利益冲突的过程，是人们用来解决冲突的方式之一。无论是战争国之间的和平协议，还是买卖双方或劳动者与管理者之间的商业谈判，或是在参加重要面试之前，为了洗热水澡而与酒店发生争执的客人，谈判情境都具有相同的基本特征。对谈判进行大量梳理后，所有的谈判情境都具有以下特征：

（1）涉及双方或者多方，即有两个或两个以上的个体、群体或组织参与。尽管人们也可以和自己进行谈判，比如某人纠结周六下午应该学习、打网球还是踢足球，但是我们把谈判看作发生在不同个体、群体内部或群体之间的过程。

（2）双方或多方的需求和要求之间存在冲突，即一方所想不一定是另一方所愿的，各方必须寻求解决冲突的办法。

（3）各方自愿选择进行谈判，即各方认为相比于简单的妥协或是接受对方的提议而言，谈判能取得更好的结果。谈判在很大程度上是一个自愿的行为，我们选择谈判是因为我们觉得谈判可以比自愿接受或妥协对方的提议取得更好的结果。谈判是关于选择的策略，我们很少被命令去谈判。有些情景需要谈判，有些则不需要（见专栏1－1）。

专栏1－1

不应该进行谈判的情境

1. 当你失去所有时

如果你处在可能失去全部的情形下，选择其他方式，不要谈判。

2. 当你很受欢迎时

当事业步步高升的时候，不要进行谈判，而是要提高价格。

3. 面对无理要求时

对方的要求如果是你所不能支持的、非法的、无礼或不道德的，不要谈判。

4. 无关于你时

如果谈判结果与你不存在利益关系，不要谈判，你可能失去所有且一无所获。

5. 当你没时间时

当你的时间很紧时，你也许不会选择谈判。因为压力影响可能会导致犯错误，太快做出妥协，而忽略了让步背后可能存在的后果。在高压下，你可能比平时得到的更少。

6. 对方不守信用时

当对方表现出不诚信的迹象时，停止谈判。如果无法信任对方，就不能签订协议。这种情境下，谈判是没有价值的，保留自己的想法，坚持自己的立场，或者让对方自取其辱。

7. 当等待能提升你的谈判地位时

也许你很快能获得一项新的技术，或者你的财务状况很快能得到改善。新的机会即将出现，如果等待能有助于谈判地位的提升，那么就等待。

8. 当你还没有准备好时

如果还没有准备好，回家的路上思考下最佳的问题、最好的回答和可能的让步。收集信息，预演谈判将带来的可观回报。如果还没有准备好，就对谈判说“不”。

（4）当我们进行谈判的时候，我们希望谈判是基于自身定义的一个“互让”过程。我们希望双方都能对最初的陈述、要求或者需求进行修改或退让。尽管开始的时候双方会为了自己的利益激烈争论，促使对方率先做出让步，但是最后为了达成一致协议，双方都必须做出妥协。这就是向双方立场的中间点移动的折中过程。真正具有创造性的谈判，也许不需要妥协，但谈判各方会寻找到一个使各方都满意的解决方案。当然，如果谈判各方不认为是一个谈判过程，那么他们也就不会期望修正立场和参与这种“互让”过程（见专栏1－2）。

专栏1－2

来自纽约熟食店

对于那些喜欢对三明治讨价还价的顾客，我们将提高价格，然后给予一个折扣。

（5）谈判各方宁愿通过谈判达成一致协议，也不愿意通过公开竞争，由一方主导使另一方屈服，永久地断绝来往或是将矛盾交给更高权力机关去解决。各方偏向于自己寻找解决冲突的方式时，当没有固定的或已有的规则来解决冲突时，或者各方选择规避这些规则时，谈判就发生了。组织和系统为管理这些程序问题，制定了政策和规定。音像出租店对逾期未还的情况有收费的规定，通常人们只需要缴纳罚款。然而，如果对于延期归还有一个好的理由，人们也许可以与店家进行谈判来免除罚款。同样，律师为他们不愿对簿公堂的委托人进行辩护和谈判。

（6）成功的谈判既包括有形因素的管理（比如协议的价格或者条款），也包括无形因素的处理。无形因素是潜在的心理驱动力，他可能会在谈判过程中对各方产生直接或间接的影响。无形因素的例子有：①必须胜利、打败对方或不能输给另一方的需求；②在你所代表的人面前必须看起来“状态良好”“具有竞争力”或者“坚韧”；③要捍卫一个重要原则或是先例的意愿；④需要表现出“公平”或是“受人尊敬”，或者必须保护某人的荣誉；⑤在谈判结束后需要同对方继续保持良好关系的意愿，主要通过维持信任和减少不确定性。无形因素通常植根于个人价值观和情绪，对谈判的过程和结果可能产生巨大的影响。想要忽视无形因素的存在几乎不可能，因为其影响着我们在解决有形问题的时候对什么是公平的、正确的或恰当地进行谈判。

（7）当谈判者不能理解无形因素是如何影响谈判的，或者在他们基于有些因素来主导谈判时，无形因素就成为谈判中的一个主要问题。专栏1－3反映了求胜欲望对谈判带来的问题。

专栏 1－3

当求胜欲望大过理性决策时

有时求生欲望会战胜逻辑思考。有这样一个事例，强生和波士顿科学竞争收购佳腾公司（一家药品设备制造商）。佳腾身陷困境，已经召回了 23 000 件起搏器，并且告知已植入此款产品的 27 000 名病患要向医生咨询。双方的竞争使得最后的标的价飙升至 272 亿美元，比强生的初始报价高出了 18 亿美元。召回事件后，佳腾公司的股票由每股 23 美元跌至每股 17 美元。《财富》杂志将此项收购列为史上第二差的收购，仅排在美国在线服务公司对时代华纳的收购事件之后。

是什么导致了如此失败的决策？我们总结了以下几个关键因素。

（1）竞争对手：当各方面临激烈的竞争时，他们有可能停止理性决策。

（2）时间压力：人为的截止日期或者时间压力（如拍卖）会促使人们快速甚至作出错误的决策。

（3）聚光灯作用：如果观众紧盯着表演者，他更有可能升级承诺，以使自己在观众面前显得强硬和勇敢。

（4）律师的出现：律师在法律辩护中更倾向于输赢的结果，因此可能会向委托人施压以求胜利，尽管可行方案清晰可见。

第三节　谈判的价值索取

一、零和情境和非零和情境

零和情境，即分配式情境，是只能有一个胜利者或各方试图在有限资源中获得更大份额的情境，比如稀有资源、时间、金钱等的分配。相反，非零和情境即是在整合式情境中，各方都能实现他们的目标或目的。

二、价值索取

在分配式情境下，谈判者尽力在竞争中战胜对方或者是尽可能在有限的资源中获取最大的份额。为了达到这些目的，谈判者经常采用非赢即输的战略和战术。这种被称为分配式竞争的谈判方式承认了在现有的形势下，只能有一个获胜者的事实。谈判的目的就是获取价值，即采取一切必要手段来获得奖励、获取最大份额或是尽可能争取最大利益。在集市上的二手车或二手冰箱买卖的过程中就存在这种谈判的例子。

相反，在整合式情境下，谈判者应该采取双赢的战略战术。这种谈判方式试图寻找双方都满意和实现目标的解决方案。谈判的目的在于创造价值，发现一个满足各方需求的方案，通过发掘更多资源或是发现共享和协调现有资源的独特方式。此类型谈判的一个例子是筹办婚礼时，如何使新郎新娘、双方家庭感到满意，使亲戚朋友们都度过一段愉快的时光。

三、价值创造

价值可以通过多种方法进行创造，其核心在于探索谈判者之间存在的分歧。谈判者之间存在的主要分歧有以下几点：

（1）利益分歧。谈判者几乎不会同等对待所有的谈判条目。例如在讨论薪酬方案时，公司偏好于在签约奖金而不是在薪水上做出让步，因为签约奖金可以只发生在第一年，而薪水是一项长期固定的支付。一家广告公司可能愿意在创造性项目的控制上妥协，但是在广告投放上会比较保守。找到不同利益之间的可调和因素是打开价值困境的关键点。

（2）对未来判断的分歧。人们对谈判条目现有价值和未来价值的评估存在分歧。例如，对于把辛苦挣来的钱投资到一片沼泽地是不是好的选择，有些人可以想象出未来的住宅区和游泳池，但是有些人想到的是蚊虫泛滥的问题。真正的房地产开发商需要努力认清现在的拥有者无法预料到的未来场景。

（3）风险承受的分歧。人们对风险的承受能力存在差异。一个年轻的、单收入的、有三个子女的家庭比一个成熟的、夫妻双方有收入、无子女的家庭所能承受的风险要小。一家现金流紧张的公司比现金流充裕的公司所能承受的风险要小。

（4）时间偏好的分歧。时间对谈判者的影响是不同的。有的谈判者偏好于现有收益，而有的喜欢未来收益；有人需要一个快速的解决方案，而有些人不需要改变现状。谈判中时间偏好的不同带来了价值创造的可能性。例如，一位汽车销售员想要在一周内完成交易以达到公司奖金的评定标准，而潜在购买方可能想要在六个月之后再买。

总之，尽管价值创造经常由探索共同利益完成。但分歧同样可以作为价值创造的基础。谈判的核心在于探索创造价值的共同利益和利益分歧，并且以此为基础建立起长期牢固的协议。分歧是不可消除的，这种情况下分歧被视为达成协议的障碍。因此，在寻找最佳解决方案的过程中，为了协调分歧，谈判者必须学会有效地管理冲突。

第四节　有效的冲突管理

一、冲突

冲突可能由双方截然不同的需求、双方人员的误解而产生。当双方向着共同目标努力，并想要达到一致结果，或者双方追求完全不同的目标时，冲突就可能产生。无论冲突的原因是什么，谈判都是有效解决冲突的重要方法之一。冲突可以这样定义，“意见截然不同或对立，如利益、观点等方面”，包括“认识到当前利益的分歧，或意识到双方当前愿望无法同时满足”。冲突产生于“相互依赖但是目标不同的群体间的相互影响和实现目标过程中的相互干涉”。

二、冲突的层次

理解冲突的一个方法是区分冲突的层次。通常把冲突划分为以下四个层次：

（1）内心的冲突。第一个层面的冲突发生在个人心里。冲突来源包括想法、思想、情绪、价值观、倾向或相互矛盾的趋势。例如，我们很想要一个圆筒冰淇淋，但又怕发胖。我们对上司很生气，但是我们不敢表现出来，害怕因此被“炒鱿鱼”。

（2）人际冲突。第二个层面的冲突是人与人之间的冲突。人际冲突通常发生在同事、夫妻、兄弟姐妹、室友或邻里之间。

（3）群体内冲突。第三个层面的冲突是组内冲突，比如工作团队、家庭、社区组织和部落内的冲突。在群体内冲突层面上，我们将冲突的过程看作对影响小组决策力、工作效率、解决问题的能力和继续有效实现目标的因素进行的分析。

（4）群体间冲突。最后一个层面是群体间的冲突，比如在组织间、种族间、接壤国之间或分崩离析的团队之间。在这个层面上，由于涉及的人员众多，冲突变得错综复杂，相互影响的方式很多，因此这个层面的冲突是最复杂的。

三、有效冲突管理

研究者提出了许多管理冲突的方法，并且设计了许多衡量谈判者使用这些方法倾向的模型。每一种方法都以简单的二维模型作为分析的开始，应用于五个核心的标签和描述。我们将用迪安·普鲁伊特、杰弗里·鲁宾和 S. H. 金提出的模型来描述这五个关键点。

图 1 - 1 被称为双重关注模型。这个模型假定冲突中的人有两个独立的关注点：对

自身利益的关注（如图1－1中横轴所示）和对他人利益的关注（如图1－1中纵轴所示）。这些关注可以从零点（漠不关心）到最高点（密切关注）中的任意点体现出来。纵轴经常被称为合作轴，横轴通常代表个人武断的程度。越是关注自己成果的一方，就越有可能采取图1－1中右侧的谈判策略。越是不关注自己利益的一方，就越可能会采取图1－1中左侧的策略。同样，越是允许、鼓励甚至帮助其他方获得收益的一方，越可能会采取图1－1中上方的策略，而越是不关注其他方的收益，则越有可能采取图1－1中下方的策略。

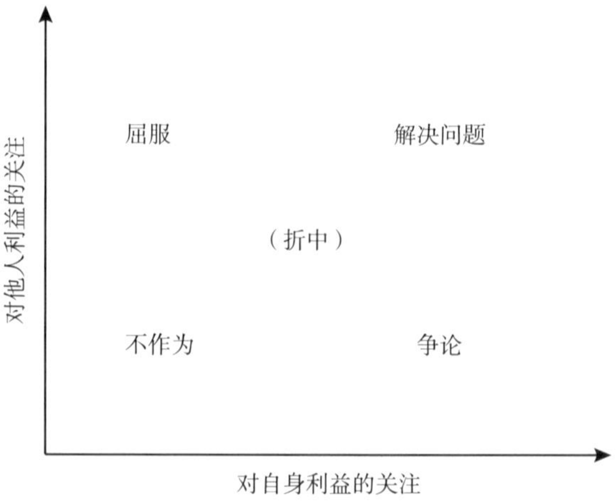

图1－1　双重关注模型

尽管我们可以在理论上从二维空间里划分出无数个点，但是在双重关注模型中，冲突管理策略一般分为以下五种：

（1）争论（也称为竞争或专断）是位于模型右下角的策略。采取争论策略的人有达成自身目标的强烈意愿，但是并不关注对方的收益。正如普鲁伊特和鲁宾所指出的："采取此策略的谈判方会坚持自己的立场，并试图说服对方屈从于他们"，采取争论策略常用的手段有威胁、惩罚、恐吓和单方面行动。

（2）屈服（也称为顺从或助长）是位于模型左上角的策略。采取此策略的人很少关心自身的收益，但是对对方获得的收益非常感兴趣。屈服策略包括降低自身的目标来使别人获胜或达到期望值。屈服在一些人看来也许是非常奇怪的策略，但是在一些情境下有它独特的好处。

（3）不作为（也称为逃避）是位于模型左下角的谈判策略。采取这一策略的人对于自己的收益和他人的收益都毫无兴趣。不作为策略通常代表着撤退或是被动，采取这一策略的一方倾向于退出沉默或是不采取行动。

（4）解决问题（也称为合作或协作）位于模型中的右上角。选择这一策略的人往往同时对自己的收益和对方的收益都表现出极高的关注度。在解决问题的策略中，双方积极从冲突中寻求能使联合收益最大化的解决方法。

（5）折中是位于模型中间的策略。作为一种冲突管理策略，它代表了寻求自身利益和考虑他人收益的中庸之道。普鲁特伊和鲁宾认为这种策略是不可行的，并认为这种策略来源于两种态度：一是懒于解决满足双方利益的问题；二是双方都有屈服的想法。尽管如此，其他使用这个模型的学者认为折中是一种有效管理冲突的策略。所以我们将它加入到了图 1 –1 的模型中。

在早期的许多研究冲突管理的文献中，特别是 20 世纪六七十年代的文献中都有强烈的反对冲突、赞成合作的价值观倾向。尽管模型中提出了五种策略，但是解决问题的策略通常被认为是优于其他四种的。这些文章强调了解决问题策略的优势，倡导采取这个策略，并且分析了几乎所有冲突情境下应该如何运用这一策略。然而，在最近的文献中，尽管依然强调使用解决问题的策略，但都谨慎地评价了每一种冲突策略的优缺点，并或多或少地说明了它们在一定的互赖类型和冲突背景下的适用性（见表 1 –2）。

表 1 –2　　人际冲突处理方式及其适用与否的情境

冲突处理方式	适用的情境	不适用的情境
合作	（1）问题复杂。 （2）需要共同的智慧找到更好的解决方案。 （3）成功的实施需要对方的配合。 （4）时间充裕。 （5）单方面无法解决。 （6）解决共同问题需要双方提供各自的资源	（1）任务或问题简单。 （2）需要马上作出决定。 （3）结果与对方无关。 （4）对方不具备解决问题的技能
屈服	（1）认为自己可能有错。 （2）问题对对方来说更重要。 （3）愿意作出妥协从对方处换取未来收益。 （4）处于劣势。 （5）维护关系很重要	（1）问题对自己更重要。 （2）相信自己是对的。 （3）对方有错或不道德
专断	（1）问题很小。 （2）需要快速决策。 （3）采取了不受欢迎的措施。 （4）需要战胜过于自信的下属。 （5）对方作出的不利于己方的决策，可能造成己方的损失。 （6）下属缺乏作出决策的专业技能。 （7）问题对自己很重要	（1）问题复杂。 （2）问题对自己不重要。 （3）双方实力相当。 （4）不需要快速决策。 （5）下属有很强的能力
逃避	（1）问题很小。 （2）与对方抗衡，潜在的副作用大于解决问题带来的收益。 （3）需要时间冷静。 （4）事情需要当机立断	（1）问题对自己很重要。 （2）负有做决策的责任。 （3）各方不愿意拖延，问题必须解决
折中	（1）各方目标相互排斥。 （2）各方实力相当。 （3）不能达成一致。 （4）合作或专断方式均无效。 （5）需要针对复杂的问题提出一个临时解决方案	（1）一方更加强势。 （2）问题相当复杂，需要解决问题的策略

第五节 国际谈判与跨文化谈判

一、影响国际谈判的因素

1. 环境因素

（1）政治和法律多元化。

与不同国家建立贸易关系的企业会与不同的法律和政治体系打交道。企业支付的各项税种、必须遵循的劳动法或标准、合同法的不同法规以及强制执行标准等（如案例法、习惯法和非职能法律体系等）可能会有多种不同的含义。此外，在不同国家的不同时期，政治方面的考虑也可能会对商业谈判产生促进或抑制作用。

（2）国际经济。

国际货币的汇率经常波动，因此在不同的国家（地区）进行谈判时必须考虑这个因素。协议将采用何种货币形式？就某一方谈判者而言，如果他必须以另一国家的货币形式进行支付，那么他就要承担更大的汇率风险。货币越不稳定，谈判双方所需承担的风险就越大。此外，货币内在价值的波动（上升或下降）也会严重影响协议给谈判双方所带来的价值。它能把一个原本互惠的协议变成对一方来说像是“飞来横财”，而对另一方来说则是损失严重的协议。许多国家都会严格控制货币的国际性流动。通常而言，人们在这些国家购买东西时必须使用国外谈判方所带进来的货币，而且当地的组织机构无法购买外国产品，协议也不能用外汇进行支付。

（3）不稳定性。

环境的不稳定性表现为多种形式。国际谈判者所面临的挑战就是要准确地预见这些变化，并有足够的时间针对可能出现的变化提前做出调整。萨拉库斯建议，当谈判者面临环境中的不稳定性时，可以在他们的合同上附加一些条款，以便他们能够取消合同、寻求中立仲裁或考虑购买保险来保障合同能得到及时履行。而所提供的这些建议的前提条件是谈判双方会执行合同，并且合同条款在文化上也能被谈判的另一方所接受。

（4）意识形态。

一般来说，美国的谈判者享有类似的意识形态：他们崇尚个人主义和资本主义。美国人高度信奉个人权利，看重个人的投资以及从生意中获取利润。但其他国家的谈判者并不一定会有与美国人相同的意识形态。比如，有些国家的谈判者可能会更信奉集体主义而非个人主义，并认为相对于私人投资而言，公共投资能更好地分配资源，而且他们在获取以及共享利润方面也有不同的理念。国际谈判中的意识形态冲突会使谈判双方的有效沟通面临广泛挑战，因为他们对所要谈判的问题在基本层次上存在分歧。

来自不同文化背景的谈判者，有着不尽相同的谈判方式，除了行为不同之外，不同文化背景的人对谈判的基本流程也可能会有不同的看法（比如什么因素是可以谈的、谈判目的是什么）。萨拉库斯认为，某些文化背景的谈判者会通过演绎的方式（从一般到个别）进行谈判，而其他文化背景的谈判者则采用归纳的方式（他们先设定一系列的个别问题进行谈判，最后再达成普遍性的协议）。某些文化背景中的谈判者极为重视实质性的问题，而容易忽略谈判方之间的关系；另一些文化中的谈判者则要把谈判方之间的关系列为谈判工作的重点，实质性问题对谈判本身而言则显得无关紧要。有研究表明，文化的不同也会导致解决谈判冲突的方式有所差异。

（5）外部利益相关者。

将外部利益相关者定义为："其利益与谈判结果利害相关的各种人和组织"，主要包括商会、工会、大使馆、行业协会及其他。例如，工会之所以反对与外国公司的谈判，是因为担心造成国内的失业问题。国际谈判可能会通过大使馆的贸易部以及通过一些专业的行业协会（如谈判所处国家的商会），分别从政府和商业人士那里获得大量支持与指导。

2. 直接因素

（1）相对谈判力。

在国际谈判中有关谈判双方的相对谈判力问题往往能引起人们的研究兴趣。因为合资企业常常被学者们作为研究国际谈判的主体，所以相对谈判利益往往会被认为是由谈判双方愿意为这个新合资企业投入多少产权（资金或其他投资）来决定的。这种假定认为投入更多产权的一方会在谈判中拥有更大的谈判力，也能对谈判过程和谈判结果有更大的影响。

（2）冲突的层次。

在跨文化谈判中，谈判各方的冲突层次以及相互依赖程度也会影响谈判的过程和结果。高层次冲突的情境——基于种族、身份或地理边界的冲突会更加难以解决。有历史证据表明，通过达成禁止使用强权、促进资源和政治力量公平分配之类的一些广泛、制度化的协议来结束内战会更加稳定。另外，谈判者是怎样构建谈判框架的，或者如何定义谈判重点也很重要。而这点对谈判者应对冲突时采用何种方式一样，也因文化背景的不同而不同。

（3）谈判者之间的关系。

主要谈判方在真正的谈判开始之前就已经建立起来的关系也会极大地影响谈判过程和结果。谈判只是双方之间建立更广泛关系的一部分，谈判各方的关系历史将会影响当前的谈判活动（如谈判各方是如何构建谈判框架的），正如当前的谈判也将成为谈判双方未来谈判的一部分一样。

（4）期望结果。

在决定国际谈判的结果问题上，一些有形因素和无形因素也担任了重要角色。许多国家通常会使用国际谈判来获得其在国内和国际上的政治目标。谈判一方在当前谈判中的短期目标与该目标对谈判各方的长期关系之间存在着相互制约。在美国与日本之间的贸易谈判中，双方通常都不会对其所期望取得短期成果抱有太高的要求，因为维护双方之间的良好长期关系是很重要的。

（5）直接利益相关者。

谈判中的直接利益相关者包括谈判者自己以及他们所直接代表的人，比如他们的管理者、雇主以及董事会。利益相关者能够以各种方式影响谈判者。谈判者自身所具有的技巧、能力和国际经验都能显著地影响国际谈判的过程和结果。此外，主要谈判者和其他直接利益相关者的个人动机也能对谈判过程和结果产生重要影响。在谈判中人们可能会被一些无形的因素所影响，比如谈判的过程和结果会使他们在谈判对手以及主管眼中的形象变得如何，以及其他的一些类似个人晋升前景的无形因素。

二、跨文化敏感度高的谈判策略

尽管目前有大量的文献资料论述了国际谈判和跨文化谈判所面临的挑战。但是鲜有资料关注当谈判者面对其他文化的谈判对手时应该做什么。许多该领域的理论家给出的明确的或隐含的建议都是“入乡随俗”。换句话说，就是建议谈判者要意识到文化差异对谈判的影响，并在谈判时重视他们。许多理论家认为管理跨文化谈判的最好办法，就是对谈判对手的文化规范保持敏感性，并调整自己的战略使之与对方文化相一致。

在与来自其他文化背景中的人进行谈判时，斯蒂芬·韦斯提出了一个有用的办法来考虑我们的已有选择。韦斯注意到谈判者可能会在 8 种不同的文化应对战略中作出选择，这些战略可以单独或按顺序使用，并且还能被转换成谈判方法。在选择谈判战略时，谈判者应大概了解自己和谈判对手的文化，理解在当前关系中的具体因素，预测或者尝试去影响对方的谈判方法。基于谈判者对谈判对手文化的熟悉程度（低、中、高），韦斯的文化应对战略可分为三组。每一组中都有可以被单独使用的战略（单边战略），也有涉及其他谈判者参与时所用的战略（联合战略）。

1. 低熟悉度

（1）聘请代理或顾问（单边战略）。

对对方的文化熟悉程度较低的谈判者，可以聘请对两边文化都熟悉的代理或顾问。这可能会引起一些变化，即谈判会在监督之下进行（代理），或者在谈判过程中接受定期的或临时的建议（顾问）。尽管代理或顾问可能会制造其他麻烦，但对于不熟悉对方谈判文化或没有时间做准备的人来说，他们是相当有用的。

（2）请一位调解员（联合战略）。

在跨文化谈判中可能会用到多种类型的调解员，范围包括在谈判伊始进行相关介绍，然后退出。接手参加全程谈判并对整个谈判过程负责。翻译人员经常会起到在谈判期间为谈判双方提供更多信息的作用，而不仅是语言的翻译。调解员也可以鼓励谈判的一方或者另一方接受对方的文化方式，或接受第三方的文化方式（调解员本国的文化）。

（3）引导谈判对方采用己方的方法（联合战略）。

有许多的方法可以做到这些，范围可以从礼貌地声称到宣布自己的方法是最好的。更加巧妙的是，谈判者可以用自己的语言来不断地应对谈判对手的要求，因为他们用其他语言“不能清楚地表达自己的意思”。虽然该战略对那些与不太熟悉的人进行谈判的谈判者来说有许多优势，但也存在着一些劣势。并且，另一方的谈判者也可能会有战略上的优势，因为他们可能会在现在尝试更为极端的战略，并于以后以他们的“文化忽视”为借口来请求对方的原谅，毕竟谈判者不能期望对手了解有关他们如何进行谈判的所有事情。

2. 中等熟悉度

（1）采纳谈判对手的方式（单边战略）。

单边战略是谈判者有意识地改变自己的谈判方式，达到吸引对方的目的。与其试图使行为举止像对方，谈判者还不如使用这种坚持自己方式的战略，但要做一些修整以帮助维持与对方的关系。这些方式可能包括采取不极端的方式，消除一些自己的习惯，以及采取对方的习惯。使用这种战略的难点是要明确哪些习惯需要修改、消除或者采纳。此外，谈判者无法确定谈判对手是否会按照自己所期望的那样去理解他们所做的调整。

（2）相互调整（联合战略）。

联合战略是谈判双方共同做出调整，找到适合谈判的契合点。虽然这些可以在暗地里完成，但明说的做法更容易发生，而且它也可能被看作谈判进程中的一个实例。该战略要求对对方的文化有适当的了解，并且至少熟悉它的语言。在蒙特利尔这个说双语人数最多的北美城市（85%的蒙特利尔人都说英语和法语），相互调整在日常生活中经常发生。关于谈判使用英语还是法语的语言选择有多种，但经常是以两种语言都可以说来作为结果。谈判常以两种语言进行，并且能够较好掌握第二语言的人时常会变换使用语言以利于谈判。另一个偶尔发生的结果是双方都使用第二语言，例如讲法语的发言人使用英语，而讲英语的发言人使用法语以显示对对方的尊重。另一种相互调整也会发生，即为了便于谈判，双方都采用第三种文化。

3. 高熟悉度

（1）采纳对方的方法（单边战略）。

该战略要求完全采纳对方的方法。为了成功地使用这种战略，谈判者需要完全掌握双边语言和双边文化。该战略花费的准备时间和费用都比较多，并且会把使用这种战略的谈判者置于相当大的压力之下。因为在两种文化之间来回快速地变换是很困难的。然而，由于使用这种战略可以接近对方并能充分理解对方的意思，因此使用这种战略也是有好处的。

（2）临时提出一种方法（联合战略）。

这种战略是为谈判情境、谈判对手和谈判环境所制定的一种精巧方法。为了使用该方法，谈判双方都需要对对方的文化有相当高的熟悉度，并且非常了解谈判对手的个性特点。在以这种方法开始的谈判中，只要他们的文化是有用的，都可以被采用。在 8 种战略中这种方法是最灵活的一个，但它既有优势也有弱势。灵活是它的优势，因为它允许根据身边的环境来进行方法的制定，但几乎没有关于如何使用该战略的规定性陈述，这是它的弱势。

（3）多种混用（联合战略）。

这种战略允许谈判者创造一种新的方法，该方法可以包含谈判双方中任意一方的文化，也可采用第三种文化。职业外交家们之所以会使用这样的战略，因为他们超越民族界限地使用风俗、规范和语言并形成了自己的文化（外交文化）。这种战略的使用很复杂，并且需要花费大量时间做出很大的努力。当参加人员对彼此和彼此的文化都熟悉，并有一个共同的谈判框架（比如像职业外交家那样）时，该战略是最有效的，联合战略在实务中很难把握。

【本章小结】

谈判是互动的过程，对于一个谈判者来说，除了需要完善自身的谈判技术，还非常有必要多钻研谈判各方如何相互影响，怎样说服对方，怎样与对方进行沟通这些问题。而如果谈判者的文化背景不同，那么他们将具有不同的处理问题的习惯和思维方式，这些都与他们所在环境中的社会影响、经济利益、法律要求以及政治现实密不可分。经验显示，跨国谈判是艰难的，往往需要经历千辛万苦。即使有良好的政策和制度保障，在本国之外的环境中谈判仍有失败的可能性。因为我们的谈判者是与来自不同文化背景的人进行接触，他们具有各自不同的法律体系背景和迥异的商业行为方式。本章讨论了谈判领域中的基本概念，介绍有关国际商务事务处理的基本知识。对于之前没有受过谈判培训的人来说，能提供非常实用的方法和经验。

【阶梯实训】

1. 实训目的

（1）根据所学理论确定商务谈判的目标和谈判理论，制订一个商务谈判的方案。

（2）合理地掌握所学商务谈判的相关概论，并注意在实际中的运用。

2. 实训内容

（1）每个班按 4～6 人一小组分，每小组推选一名组长。

（2）各小组通过图书馆查资料等方式进行相应的资料收集和谈判背景调查并撰写策划

方案，作为考核依据。

（3）组长负责人员分工，拟定职责，并作出具体安排。

（4）各小组对资料进行整理、归集，以备谈判所用。

3. 实训考核

考评满分为 100 分，分为 5 个等级。60 分以下为不及格，60 ~ 69 分为及格，70 ~ 79 分为中等，80 ~ 89 分为良好，90 分以上为优秀。评出优秀的小组及小组成员并给予奖励，优秀的小组选出代表进行总结。

（1）实训工作准备（10 分）。

（2）各小组对本次实训的组织、分配、管理等过程（20 分）。

（3）各小组提交策划方案一份，制作 PPT 并进行小组汇报（30 分）。

（4）小组成员之间的团队合作精神、语言表达能力与分析能力、知识点的掌握程度（30 分）。

（5）小组互评，教师点评（10 分）。

第二章
谈判准备

【引导案例】

胸有成竹的工程师

我国某冶金公司要向一家机械设备厂购买一批先进的合金熔炼炉，派遣了一名工程师带领团队与该厂进行谈判。为了取得谈判的成功，这位工程师查找了大量有关合金熔炼炉的资料，花费了大量精力对市场上合金熔炼炉的行情及这家机械设备厂的经营情况等进行了深入了解。

当双方针对购买合金熔炼炉进行谈判时，该厂代表报价每台 15 万元，经过讨价还价，价格被压到每台 12 万元，但工程师仍然不同意，坚持出价每台 9 万元。该厂代表表示不愿意再继续谈下去了，把合同往工程师面前一扔，说："我们已经做了这么大的让步，贵公司仍不能合作，看来你们没有什么合作的诚意。这笔生意就算了吧，我们回去了。"工程师闻言轻笑，把手一伸，做了一个优雅的"请"的动作。

该厂代表真的走了，冶金公司谈判团队的其他人有些着急。工程师说："放心吧，他们会回来的。同样的设备，去年他们卖给另一家公司只有每台 9 万元，而市场上这种设备的价格一般为每台 10 万元。而且，我们订购数量并不是小数目。"果然，一个星期后，该厂又派人回来继续商榷。

工程师向该厂代表点明了他们与另一家公司的成交价格，该厂代表们愣住了，他们没有想到眼前这位工程师如此精明，于是不敢再虚报价格，只得说："现在物价大幅上涨，不能与去年相比了。"工程师回应道："每年物价上涨指数没有超过 6%。一年时间，你们算算，该涨多少？"该厂代表被问得哑口无言，在事实面前不得不让步。最终，双方以每台 9.5 万元达成了这笔交易。

【互动环节】

沟通游戏——搭纸牌

目标：让学生领会到协调、合作、交流的重要性。

人数：每组 5 ~6 人，可有 3 ~4 组。

时间：15 分钟。

工具：新纸牌 4 ~5 副。

要求：（1）各小组有 15 分钟的时间进行准备。

（2）小组成员可用纸牌的边将纸牌搭起来。

（3）搭得最高的小组为胜出。

讨论：（1）在完成任务过程中需要沟通吗？

（2）在沟通中需要哪些要素？

第一节　谈判的团队结构

选择谈判人员，组织好谈判队伍，是商务谈判准备阶段不容忽视的工作，谈判人员是谈判的重要组成部分，由具有坚实的谈判理论基础和丰富实践经验的人组成的队伍，是取得胜利的一个重要因素。问题是选择什么样的人员参加谈判、组成谈判队伍？显然，谈判人员的选择以及队伍的组织形式、规模等，取决于谈判议题、标的的重要程度、技术的复杂情况、谈判内容的多寡、谈判规格的高低、谈判规模的大小等因素。

一、谈判人员构成原则

谈判队伍由多方面的人员构成，可以满足谈判中对多学科、多专业的知识需求。团队成员不宜过多，调配不当，会引起内耗，增加开支，不利于谈判的进行；又难以应对谈判中需要及时处理的问题，拖长谈判期限，导致丧失时机，失去市场。因此，确定适度的谈判组织规模，是筹建谈判队伍首先要考虑的问题。在筹建谈判小组、选择谈判人员、考虑谈判规模时，一般要遵循以下几个原则：

1. 根据谈判对象确定组织规模

如何确定谈判队伍的具体人数，没有统一的模式。一般商品的交易谈判只需三四个人。如果谈判涉及项目多、内容复杂，则可分为若干项目小组进行谈判，适当增加人员，但最多不应超过 8 人。国内外商务谈判的经验证实，一个谈判小组，最佳的领导效益为 3 ~4 人，因为在这种规模下，最容易取得意见一致，最容易控制，因而也最容易发挥小组人员的集体力量。法国管理学家格拉丘纳斯进行了大量的组织内管理幅度与人际之间关系的研究，提出了管理人际关系的数学模型，即“当管理幅度按算术级数增加时，人员间的复杂关系按几何级数增加”。它可以用公式来表示：

$$R = n[2n - 1 + (n - 1)]$$

式中，n 代表组织内所领导或管辖的人数。

由此可见，一个管理者能否有效管理和协调好一个团队，除了他的知识、能力、精力、职务性质对协调团队的人际关系有重要影响外，所辖团队的人数也是重要影响因素。

在一些重要的商务谈判中，会涉及更多、更广的专业知识，不仅要有商品知识、金融知识、运营技能，还必须懂得法律知识、民族特点、风土人情等，有时还需要某些方面的问题专家。这种谈判组织不仅规格要高，人数也较多，甚至超过 10 人。但这并不意味着谈判需要吸收所有相关专家同时参加。为了控制人员规模，有时采取人员轮换的方法，当某几个人完成某部分谈判，而又要转换谈判内容时，可有准备地调换一位或几位谈判人员，而使总人数没有太大变动。同时也可发挥“外脑”的作用，聘请专家作为顾问或接受谈判班子的咨询，或为谈判人员献计献策。

2. 谈判人员应具有法人或法人代表资格

经济谈判是一种手段，目的是要达成协议，签订符合双方利益要求的合同或协议。整个谈判和协议签订的过程，都是依据一定的法律程序进行的。谈判人员都应有法人或法人代表的资格，拥有法人所具有的权利能力和行为能力，有权处理经济谈判活动中的一切事务。但作为法人或法人代表，只能行使其权限范围以内的权力，如有越权行为，应由本人负完全责任。

3. 谈判人员应层次分明、分工明确

在谈判过程中，往往会涉及许多专业性知识，仅靠一个小组负责人难以胜任。选择谈判人员时，既要有掌握全面情况的企业经营者，还应当考虑各种专业知识的需要，考虑人员的层次结构，且要分工明确。

4. 组成谈判队伍时要贯彻节约原则

一支谈判队伍，从参加谈判直到协议达成的整个过程，必然要支出一定费用，其中很多费用甚至需要支付外汇。在组织谈判小组时，要充分考虑到节省谈判费用支出。商务谈判是企业经营活动的一个环节，谈判费用涉及企业经营成本，应尽量按经济规律要求，将其纳入企业的整体经营活动一部分加以考虑。

二、谈判人员的组织结构

如果是一个谈判小组参与谈判，那么这个谈判小组应该包括哪些人呢？哪些人参加谈判，是由成功进行谈判所需要的知识、能力决定的。谈判所需要的知识和能力大致包括：

（1）技术方面的知识；

（2）有关交易产品价格、成本、市场需求等商业方面的知识；

（3）有关商品交易的细节、运输、仓储、保险、付费及其他支付条件的外贸知识；

（4）合同设定法律方面的知识；

（5）翻译方面的能力；

（6）对局势掌控及在授权范围内进行决策的能力。

由于需要以上知识，具有这些能力和知识的人将被选拔进入某个谈判小组。实际上，知识和能力是成为谈判小组成员的前提，在具体选拔过程中考虑的相关考核指标还是非常烦琐和复杂的，对个人品德等也会有多方面的要求。总体而言，就像教材里确认的那样，谈判小组的构成主要包括以下人员：

（1）首席代表。

他的任务主要是领导谈判小组的工作，对谈判的进程和结果进行控制，总体而言，他应该具有对谈判整体把握的能力，具备较强的协调和指挥能力，具有审时度势、随机应变、当机立断的能力，用教材上的话说，他们应该是“谈判高手”。

（2）专业人员。

这些人主要负责的是对谈判标的物的分析。谈判总是言之有物的，是产品购进、销售，还是投资，或是合资建立新的组织，抑或是进行人力资源的输出、输入，所有这些都需要专业人员在谈判过程之前和过程中对双方的专业性谈判条件进行把握、分析，并向首席代表进行汇报，以保证在专业上我方的谈判目标能够实现。有了专业人员，就可以最大程度避免对方在购销产品时以次充好、以假乱真的情况，保障我方利益不受损失。

（3）经济人员。

经济人员又称为商务人员，他们负责权衡谈判中的利益得失，这不是由技术专业人员做的事，技术人员只负责告诉首席代表这个东西我们可不可以买卖，但是商务人员所要做的是我们在目前的条件下买卖合不合算。这类人员对谈判过程和产品都应该非常熟悉，他们需要敏锐地觉察到对方所提出的每一个微小的条件变化给我们带来的利益增长或损失，并且及时告知首席代表。

（4）法律人员。

法律人员是把关的人，他们要根据谈判过程和谈判结果分析法律上的可行性和严密性。谈判过程中尤其是谈判最后形成的合同文本中的每一句话、每一字的不同都会给企业造成天差地别的影响，一定要确保谈判的合法性以及严密性，确保企业不会因此受到损失。

（5）翻译人员。

有很多人都懂外语，尤其是英语，为什么在小组中还要配备翻译人员呢？我们应该看看翻译在谈判中的作用。

①最主要的原因还是专业，每个人都能说两句英语，但是在正式的谈判场合，遣词用句都是很官方的，字词的表达错误将会让己方陷入被动，有专业的翻译人员在，就不用担心语法和单词不准，以至于词不达意了。

②在谈判中间，对方说完后有一个翻译给你翻译，这个时候实际会给你一段充分的

思考的时间，你一句话说完了，他正在翻译，你可以想下句话，你说话出错误的可能性也就小了。

③配备翻译工作人员，谈判者可以专注对方的反应，呈现出端庄稳重的形象。

④正式场合，谈判者应以母语表达，寒暄可以用外语。

（6）记录人员。

记录人员做的主要是一种文字的记录和备案的工作，主要起到文字备份的作用，一般而言，记录人员的记录将成为会后分析的材料和起草合约的依据。

值得注意的是，作为谈判队伍中的一员应当对上述几方面的知识都有所了解，而又在某一方面具有专长，即谈判成员应是全能型专家。在商务谈判中，语言翻译是双方沟通的桥梁。谈判人员本身有较高的外语水平，有助于他们理解书面文字的含义、口头表达的分寸乃至判断对方对己方意见的反应等，但仍要为谈判队伍配备一名得力的专职翻译人员。

从翻译的实战经验来看，谈判是一项紧张、耗费脑力的活动，在谈判过程中，需要不断根据可能随时而来的新信息以调整思路。尽管谈判前有比较充分的准备，但不可能准确地预见到谈判中出现的所有问题和应对方法。谈判人员可以利用翻译的时间，观察谈判对手，缜密思考下一步对策，在时间上减轻谈判人员的压力。

三、谈判人员的分工配合

当挑选出合适的人员组成谈判班子后，就必须在成员之间适当分工，也就是根据谈判内容和各人专长作适当的分工，明确各自职责。各成员在进入自己的角色、尽兴发挥的同时，还必须按照谈判的目标和具体的方案与他人彼此呼应，相互协调和配合，真正演好谈判这一台“集体戏”，这就是谈判人员的配合。分工与配合是一个事物的两个方面，没有分工就没有良好的配合，没有有机的配合，分工也就失去了其目的性和存在的基础。

1. 谈判人员的分工

谈判队伍的人员包括三个层次：

（1）谈判小组的领导人或首席代表。

第一层次的人员是指谈判小组的领导人或首席代表，即主谈人。主谈人应富有谈判经验，兼备领导才能，能应对变幻莫测的谈判环境。依谈判的内容不同，谈判队伍中的主谈人也应有所不同。如买产品原材料的谈判，可由原料采购员、厂长或生产助理作谈判主谈人，而对合同的争议，则由项目经理、销售部经理、合同执行经理或其他曾参加过谈判的有关部门经理担任主谈人。

主谈人的主要任务是领导谈判班子的工作，其具体职责是：监督谈判程序；掌握谈判进程；听取专业人员的说明和建议；协调谈判班子的意见；决定谈判过程的重要事项；代表单位签约；汇报谈判工作。

（2）懂行的专家和专业人员。

第二层次的谈判人员是懂行的专家和专业人员，他们凭自己的专长负责某一方面的专门工作。谈判队伍中的各专业人员要能适应谈判工作的需要，有利于谈判的顺利进行。既要有熟悉全部生产过程的设计、技术人员，也应有基层生产或管理人员，更要有了解市场信息、善于经营的销售、经营人员。

其具体职责是：阐明参加谈判的意愿和条件；明确对方的意图、条件；找出双方的分歧或差距；与对方进行专业细节方面的磋商；修改草拟谈判文件中的有关条款；向主谈人提出解决专业问题的建议；为最后决策提供专业方面的论证。

特别需要指出的是，在商务谈判中，翻译是实际的核心人员。一名好的翻译，在谈判的过程中，能洞察对方的心理和发言的实质，既能改变谈判气氛，又能挽救谈判失误，在增进双方了解、合作和友谊方面起相当大的作用。翻译的职责是：①在谈判过程中要全神贯注，工作要热情，态度要诚恳，翻译内容要准确、真实。②对谈判人员的意见或谈话内容如觉不妥，可提请考虑，但必须以主谈人的意见为最后意见，不能向外商表达翻译个人的意见。③外商如有不正确的言论，应据实全部报告主谈人考虑。如外商单独向翻译提出，在辨明其无恶意的情况下，可做一些解释；如属恶意，应表明自己的态度。

此外，谈判队伍中还应有财经和法律人员，财经人员常由会计师担任，商务谈判要求他们熟悉会计核算制度。财经人员的职责是：掌握该谈判项目总的财务情况；了解对方在项目利益方面的期望值指数；分析、计算、修改谈判方案所带来的收益的变动；为主谈人员提供财务方面的意见、建议；在正式签约前提出对合同或协议的财务分析表。法律人员是一些重大项目的必然成员，其具体职责是：确认谈判对方经济组织的法人地位；监督谈判程序在法律许可范围内进行；检查法律文件的准确性和完备性。

（3）谈判必需的工作人员。

第三层次的人员是指谈判必需的工作人员，如速记员或打字员，他们不作为谈判的正式代表，只是谈判组织的工作人员，他们的职责是准确、完整、及时地记录谈判内容，包括双方讨论过程中的问题，提出的条件，达成的协议，谈判人员的表情、用语、习惯等。

不同的谈判内容又要求谈判人员承担不同的任务，并且处于不同的谈判位置。

①技术条款的分工。

在进行技术条款谈判时，应以技术人员为主谈人，其他的商务人员、法律人员等处于辅谈的位置。技术主谈人必须对合同技术条款的完整性、准确性负责。技术主谈人在把主要的注意力和精力放在有关技术方面的问题上的同时必须放眼全局，从全局的角度来考虑技术问题，并尽可能地为后面的商务条款和法律条款的谈判创造条件。为了支持技术主谈人，商务人员和法律人员应尽可能为技术主谈人提供有关技术以外的咨询意见，并在适当的时候回答对方有关商务和法律方面的知识，从不同角度支持技术主谈人的观点和立场。

②合同法律条款的分工。

在涉及合同中某些专业性法律条款的谈判时，应以法律人员作为主谈人，其他人员为辅谈。一般而言，合同中的任何项条款都应具有法律意义，但某些条款中法律的规定性往往更强一些，这就需要专门的法律人员与对方进行磋商，即以法律人员为主谈人。此外，法律人员对谈判全过程中法律方面的内容都应给予高度重视，以便为法律条款谈判提供充分的依据。

③商务条款的分工。

在进行商务条款的谈判时，要以商务谈判人员为主谈人，技术人员、法律人员及其他人员处于辅谈地位。商务人员是整个价格谈判的组织者，但涉及商务条款谈判时，仍然需要技术人员的密切配合。技术人员应从技术的角度给商务人员以有力的支持。需要强调的是，在谈判合同的商务条款时，有关商务条款的提出和磋商，都应以商务人员为主做出，即商务主谈人与辅谈人的身份、地位一定不能搞乱，否则就会乱了阵脚。

2. 谈判人员的配合

所谓谈判人员的配合就是指谈判中成员之间的语言及动作的互相协调、互相呼应。具体地讲，就是要确定不同情况下的主谈与辅谈人选，他们的位置与责任，以及他们之间的配合关系。主谈可以说是谈判小组与对方进行谈判的意志、力量和素质的代表者，是谈判工作能否达到预期目标的关键性人物。英国贸易专家斯科特认为，谈判组织的领导人在谈判开始时，向对方介绍自己同事，对谈判对手具有强烈的影响。例如，一位谈判领导人这样介绍自己的同事："这位是我们的会计，诺尔曼·凯特勒。"而在另一种场合，他这样介绍："这位是诺尔曼·凯特勒。他具有 15 年财务工作的丰富经验，有权审核 1 500 万英镑的贷款项目。"显然，同前一种场合相比，诺尔曼·凯特勒在后一种场合就会给谈判对手以引人注目的印象。

为使主谈人与辅谈人之间分工明确、配合默契，在主谈人发言时，自始至终都应得到所有辅谈人的支持。这可通过口头语言或动作姿态语言来表示赞同，具体的做法可因人而异。显然，如果主谈人发言时，辅谈人做出赞同的姿势，会大大增强主谈人说话的力量和可信度；相反若辅谈人看着天花板，或是将脸扭向一旁，或私下干自己的事，无疑会影响主谈人的自信心，影响其说话的力量，对己方整体形象是个损害。谈判小组内部人员之间的配合。不是一朝一夕能够协调起来的，需要长期的磨合。这种配合不专指谈判过程中的配合，从双方初次见面时就已经开始。总之，一支谈判队伍，其成员的良好素质且相互配合协调，是成功谈判的基础。

第二节　谈判的风格

不管以前的经验是怎样的，人们总是对某种方式的谈判情有独钟。在多年的谈判过程中，他们会逐渐与各种不同风格的人进行谈判，可能是那些表现得强势的人，可能是展现出很强的合作意愿的人，可能是通过相互妥协的交换以解决双方之间分歧的人，也可能是会从辩论中撤出的人。谈判人员必须了解自身的谈判风格以及谈判对手的风格，这种了解使得谈判者可以提高自己准备谈判的水平，包括对于某些特定情形的最佳谈判风格的选择。由于每个谈判都是独一无二的，在进入实质讨论阶段之前，谈判人员应该对谈判对手的谈判风格了如指掌，并且为了共同利益的最优化，要尽力去适应对方的风格。

一、擅长躲避型

一般来说，擅长躲避型谈判者不喜欢面对存在风险的情况以及必须做决策的情况。在谈判中，擅长躲避型谈判者会尽量拖延时间，延迟决策或者更可能去试图寻找一些理由不再谈论这一事件。换句话说，擅长躲避型谈判者是不情愿参与谈判的一方，他随时都有可能从辩论中退出，或者很轻易地拒绝进行谈判。这样的情况事实上并不多见，虽然在某些特定的文化中，如在可能会将不情愿的意愿看成是由于缺少利益的驱动所致的文化中，这是很常见的情况。在其他一些情况下，当谈判双方会面时，一方可能由于从竞争对手处获得了更好的开价，就已经不再对谈判感兴趣了。因此，此谈判方就会采取一种躲避的态度。有时候，管理人员跨文化边界开展商业事务时，很可能遇到这种持有躲避态度的人，这时就需要尽早决定谈判是否继续下去，是否应休会，是否应直接同那些具有决策权的谈判者进行谈判。

二、理想主义型

理想主义型谈判者在谈判时只有一个主要的目标，那就是，即使降低他们期望的目标，做出一些并不十分必要的让步，他们也会努力维护这种关系。有时，为了维护良好的关系和意愿，即使事实上仍存在分歧意见，他们也可能会假装和对方的意见保持一致。在相对比较传统的社会文化中，谈判时，关系起着举足轻重的作用。如果没有关系或者没有一个值得信赖的第三方事先做个介绍，谈判根本不可能发生。在竞争性文化中，理想主义者处于一个不利的地位，因为他们经常会被认为是弱势的表现。例如，在亚洲文化中，面子问题是谈判时不可缺少的部分。如果不能很好地考虑到关系和面子

（或者说是给面子），有可能导致谈判陷入僵局，或者很容易使谈判破裂。

理想主义者为了维持关系，在一些独立事务上，可能会乐意接受一个比较低的价格。这样的谈判通常对那些想进入一个新市场的公司来说很有意义，他们怀着使业务开展下去的希望，会采取一种比较通融的态度。尽管如此，如果做出了让步，却不能获得相应的回报，仍然很难达成一个令人满意的协议。

三、擅长妥协型

擅长妥协型谈判者将谈判看成是一种妥协的游戏。如果他们可以从对方得到一些好处，那么他们愿意降低自己的期望。说服力、信息的部分交换以及操纵支配着整个讨论过程。短期的展望和快速的行动以不断让步为主要特征。擅长妥协型谈判者在谈判中会很灵活地处理事务，并且会寻找及时且方便的和解途径。但是，这样的讨价还价往往使他们不能达到最优的结果，忽略细节，有时甚至会错过长期机遇。

在寻找快速解决方法的过程中，擅长妥协型谈判者还可能遗漏对方一些重要的潜在需要。擅长妥协型谈判者建立的关系往往会比较肤浅，并且对分歧的消除非常满意，从而达到最终的协议。

这种风格更适合国内市场上的一次性交易。在谈判中，长期的关系和信任是合约成功履行的基本要素，妥协并不被认为是一种有效的可以满足谈判双方利益要求的方式。

四、竞争型

竞争型谈判者更喜欢为利益而争，比较喜欢采取主动攻击性的行动，而且会运用任何只要能达到目的的强硬战术。为了实现自己的目标，他们会为之奋斗不已，甚至付出让渡其他方面利益的代价。满足自己的利益是他们的首要目标。竞争型谈判者会运用所有自己所具有的能够用得上的力量以获得胜利，并且会很好地利用对方的弱点。在讨论过程中，有限的信息被交换。通常来看，这样的情形会导致单赢的合约，竞争型谈判者通过获得大部分的让步而赢取大部分利益，付出的却很少，即使有，其让步也会有相应的回报。通常，如果相对弱势的一方决定不让步，这样的谈判往往会走向破裂。毕竟，不交易也比接受一个吃亏的交易要好得多。

依赖于竞争性的战略和战术的谈判者有很多，而且他们大多集中在任务导向型文化的背景下。在这样的文化中，只有有形的结果才会被认为是值得谈判的。短期利益比长期利益更重要，而且关系也并不被认为有多么重要。最终的结果是，这样的谈判协议往往不能维持下去，当弱势的一方不再愿意履行义务的时候，就需要进行重新谈判。

五、问题解决型

在寻求双方都满意的协议的过程中，问题解决型谈判者表现出很强的创造力。为了探求双方如何才能得到最好的共同利益，他们往往肯花费时间来明确对方的潜在需求。

在他们探求共同方案的过程中，会将关系以及真实存在的事件都考虑进去，因为两者对他们来说同等重要。问题解决型谈判者会提出大量的问题，开放共享信息，而且会提出方案和备选方案。在讨论的过程中，他们很强调共同的需求，并且会频繁地总结截至目前所达成的一致意见。他们更具有长远的视角，有时会牺牲一些短期利益。

在讨论过程中，问题解决型谈判者会在一种积极和合作的环境下互相交换大量的信息。这种谈判风格需要花费更多的时间来准备和进行面对面的讨论，通过探求备选方案以及多种选择，问题解决型谈判者能够实现最优结果，使双方都得到好处，也就是“双赢”。这种谈判风格在商业事务中更有利，不管最终的协议是否有利可图，都可进行长远规划。表 2 – 1 总结了每种谈判风格的优势和劣势。

表 2 – 1　　不同谈判风格的优势和劣势

	优势	劣势	适用于
擅长躲避型	（1）表现出冷漠的态度； （2）会首先评估风险； （3）要求比较低	（1）无法做出决策； （2）不喜欢谈判； （3）不做事先的准备； （4）会让人感到不愉快； （5）非常不活跃	（1）尽量避免达成不利的交易； （2）如果事情并不很重要，可以先做市场调查； （3）避免对双方都不利的局面
理想主义型	（1）寻求关系的建立和维持； （2）更多地表现对他人的关心； （3）很重视建立友谊	（1）希望得到人们的好评； （2）总是轻易让步； （3）以牺牲自身利益来维持关系； （4）让步太多	（1）进入一个新市场； （2）在关系导向型的市场中开展交易
擅长妥协型	（1）决策迅速； （2）喜欢做交易； （3）没有强硬的立场； （4）很容易打交道； （5）对反提案持有开放的态度	（1）单赢导向； （2）可以接受利益较少的结果； （3）容易满足于迅速得出的结论； （4）短期利益导向； （5）很轻易就做出让步	（1）处理比较不重要的事务； （2）快速决策； （3）打破僵局； （4）重新开始新一轮辩论
竞争型	（1）风险偏好型； （2）很重视自己的需求； （3）控制谈判局面； （4）具有说服力且坚持不懈； （5）喜欢压力	（1）对对方总是不满意； （2）通常为短期利益导向； （3）不愿意轻易改变立场； （4）不是一个好的倾听者； （5）常常导致谈判破裂	（1）决策迅速； （2）在竞争性比较强的市场开展业务； （3）采取类似的风格
问题解决型	（1）能够进行信息共享； （2）创造价值； （3）双赢导向； （4）寻求双赢的交易； （5）提出备选方案； （6）是很好的倾听者； （7）会提出很多问题	（1）做决策的速度很慢； （2）不纠缠环节； （3）有时不切实际； （4）浪费时间； （5）需要全面的事先准备	（1）开展长期业务； （2）进行可重复的商业活动； （3）进行错综复杂的谈判； （4）处理重要的事务

第三节　谈判工具的运用

一、提高谈判中的沟通水平

1. 倾听

一个缺乏经验的谈判者最大的弱点就是无法仔细倾听其他人在说什么，无论这个谈判者有着怎样的文化背景都是如此。他们最关心的通常是提出自己的观点，之后再抗辩对方的异议。有人认为优秀的谈判人员都会滔滔不绝地说很多话，而且会通过在整个讨论过程中占据主导地位来获取利益最大化。这种想法是错误的。事实上，有经验的谈判者会把更多的时间用在倾听和提问上，以确保自己完全理解对方所说的话，而不是自己说个不停。能够有效地倾听是一切商务谈判成功的基础。

谈判是双方沟通和了解的活动，掌握信息对双方都很重要。一方不仅要了解对方的目的、意图、打算，还要掌握不断出现的新情况和新问题。所以，倾听是最简洁的途径，可以使你了解对方的立场、观点、态度，了解对方的沟通方式、内部联系，甚至谈判小组内成员的意见分歧，从而使你掌握谈判的主动权。

专注地听别人讲话，则表示倾听者对讲话人的尊重以及对其讲话内容的重视，能使对方对你产生信赖和好感，使讲话者形成愉快、宽容的心理，变得不那么固执己见，从而有利于双方保持良好的关系。

2. 提问

在商务谈判中，最重要的技巧之一就是切中要害地进行提问。通过提出一些相关的问题，谈判人员既可以从对方口中获悉有价值的信息，又能够检验他们自己在准备谈判时的种种猜测的正确性。在谈判的准备期间，谈判人员要收集信息，数据的更新、事实真相的判断在谈判过程中需及时补充信息。谈判人员提出的问题不应该是那些意图向谈判对手展示自己对谈判主题有多了解的问题，也不应该是容易给对方留下咄咄逼人印象的问题。其实，我们提出的问题，应该是那种可以从对方那里获得信息，可以相互做出让步，有利于达成协议的问题。

谈判中提出的好问题必须是事先准备好的。比如，在商务谈判的初始阶段，出口商要报价。之后，进口商最有可能说的就是想要知道有关产品规格、售后服务、付款条件、发货时间、数量要求、价格折扣等细节性的情况。而关于这些细节性条款的信息，最好是通过提出一些相关的问题来获取。

概括地说，所提出的问题可以分为开放式问题和条件式问题。开放式问题可以使谈判对方畅所欲言地表达自己的需求。在这种情况下，听清回答是尤其重要的，因为要在听的过程中挑出要点，还要做好笔记，记下要点。这些重要的信息可以在以后的谈判中用于向对方提出一些切中要害的问题。开放式问题还可以用来澄清一些具体的条款，询问细节，获悉漏掉的信息，以及证实准备谈判时的那些猜想是否准确。例如，如果买方提出产品质量低劣，卖方就应该询问买方一直所用的以及所要求的具体的质量标准是什么。出口商在出价之后常常会被问到的一个典型问题是："你方能否做得更好一点?"对于这种类型的问题，出口商应该以另一个问题来回答，而不是做出让步。比如，出口商可以要求对方澄清一下刚才的问题，如"更好是什么意思?""怎样做才能更好?"或者"比什么更好?"在这种情况下进口商可能会回答说，出口商的一个潜在竞争者提出的价格条件更加优惠。接下来，出口商就应该要求进口商对交易条件和报价方式做出进一步的说明。如果出口商还未能明确地了解进口商的意图，就应该一直问下去。

在双方互相问了一系列问题之后，彼此对于对方的需求就会比较了解，此时的谈判就进入了互换提案和反提案的阶段。在这个阶段，双方提出的问题从开放式问题转化为条件式问题。这些条件式问题是探索性的，可以用来进一步挖掘具体的信息。一些最常用的条件式问题有："如果……怎么样?""如果……那么……"

举例来说，出口商可以问："如果我方同意与你方签订一份两年期合同，你方可以给我方什么优惠条件?可以给我方在你国范围内的独家经销权吗?"这样的问题可以使一方有机会提出一个有待于对方接受一个或多个条件的提议。而谈判对方可以接受这个发盘，或者进行还盘，或者拒绝。即使对方拒绝了这个发盘，也不会对谈判造成任何影响。被拒绝的谈判方还可以继续更进一步地提一些条件性的报价，直到与对方达成一致意见为止。

3. 回答

谈判中的回答是解释对方的提问、反驳对方的攻击、阐述自己的观点、说服谈判对手的良好时机。谈判中，回答问题要及时、准确。通常情况下没有太多的思考时间，所以要求谈判者头脑敏捷、机智灵活。

在商务谈判中，对于原则性的问题，一定要以准确的言语说明白，不可含糊；而对于不便说明的问题，则可以用模棱两可的语言搪塞过去。当对方对某种产品的价格表示关心，直接询问该产品的价格时，如果立即回答对方，把价格如实相告，那么在进一步的谈判过程中，己方就会陷入被动。所以，应该把对方的注意力引开："我想我们的价格一定会令你们满意的。请允许我先把这种产品的主要性能做一下简单的介绍，我相信你们一定会对我们的产品感兴趣。"

对于对方提出的某个问题，己方可能很难从正面回答，但又不能以拒绝回答的方式来回避问题，这时，可以利用避正答偏的办法来回答。即在回答这类问题时，故意避开问题的实质，而将话题引向歧路，借以破解对方的进攻。

在商务谈判进行得不是很顺利的情况下，其中三方缓冲，对对方说："你对合作的前景怎么看?”此时，可以采取以问代答的方式：“那么，您对我们双方的合作前景又是怎么看的呢?”有时可以采取推卸责任的方法：谈判者面对毫无准备的问题，往往不知所措，或者即使能够回答，但鉴于各种原因不愿意回答。对于这类问题通常可以这种方法回答：“对于这个问题，我们虽然没有调查过，但曾经听说过……贵方某先生的问题提得很好，我曾经在某一份资料上看过此类问题的记载，就记忆所及，大概是……”运用辩论回答问题：对于某些涉及基本利益、无法回避的问题，需要通过辩论来与对方磋商，陈述己方的观点，反驳对方的观点，使他们接受我们的方案。需要注意：在辩论中注意避免情绪激动，坚持使用文明语言，以防破坏谈判气氛；要分清谈判的主流和支流，避免不必要的枝节纠缠，以免谈判走入误区。

另外，还要立场坚定、态度鲜明，对自己的正确意见坚持到底，绝不放松。头脑敏捷、严谨，富有逻辑性，以逻辑的力量说服对方，又善于抓住对方的逻辑错误将其击垮。态度客观公正，列举材料实事求是，以理服人。

4. 角色互换

角色互换的技巧是谈判者站在谈判对方的立场上，从对方的角度来考虑谈判中所出现的问题。这种角色互换可以使谈判者有机会更好、更透彻地理解对方所持的立场。举例来说，谈判对方可能会坚持某些条款，而这些条款恰恰是己方认为不合理的。然而，这种角色互换可以使己方站在对方的立场上理解这个要求。然后，提出一个使谈判双方都可以接受的解决办法。比如，适当调整一下己方的谈判立场以更好地回应对方的需求。通过这种方法，谈判双方各自的立场就可以互相协调一致，并最终达成协议。

5. 准确地理解谈判内容

重述、改述、重构以及概括等技巧都有助于谈判者准确地理解谈判内容。对他人观点的重新陈述可以使谈判双方的沟通更加清晰明了。另外，通过改变措辞来重复谈判的主要条款对双方的讨论也是大有裨益的。例如，谈判人员可以这样来改述其刚刚听到的内容：“如果我对您所说的内容理解正确的话，您的意思实际上是……”通过这种方式，谈判者就可以用自己的话来表述其对谈判对方刚刚所陈述观点的理解。这一谈判技巧既可以用来示意对方自己已经接收到他的观点，又可以用来确认己方所听到的内容。

重构同样是一个很有用的谈判工具，运用这一工具可以使谈判回归到主要议题上来。通过重新组织谈判内容，谈判者可以运用自己的方式来改述对方的话，并将双方当时所关注的讨论主题重新转回到核心议题上来，而这一核心议题才是双方真正应该仔细探究的。

概括常被视为结束谈判的有效工具。概括是指谈判一方陈述自己的看法并寻求对方的赞同。在双方讨论的过程中，准确的记录是概括与总结的基础。如果概括得准确无误，谈判双方就能够集中精力去讨论其他条款，以便使谈判朝着达成协议的方向顺利地进行下去。另外还要注意，进行概括的谈判人员必须认真仔细，而且总结必须是基于事实所做出的。

二、非语言沟通

非语言沟通是一种非文字语言沟通手段，是交际者运用自身的自然特征和本能（如肢体语言、面部表情、外貌、仪表、身体接触等）向对方传递信息，表达思想的语言沟通之外的一切表现形式，也称为无声语言沟通。在商务谈判中，尽管谈判人员不说一字，他们还是可以通过仪表、面部表情等非语言沟通形式来向谈判对方传达某种特定的信息。

表 2 -2 列出了非语言行为的多种不同类型。所有这些行为都会对谈判造成一定的影响。

表 2 -2　　非语言行为的不同类型

非语言行为的不同类型
肢体语言：手势、肢体动作、面部动作、目光接触。 发音：语调、音量以及除了说话之外的声音。 身体接触 对空间和时间的利用 仪表：身材和体型、着装、饰品 外在物品：与一个人相联系的外在物品，如办公室大小、办公家具、私人书房和书籍

一个单独的肢体语言在表达功能上相当于语言中的一个单词，可能存在不同的意思。如一般性的交叉跷腿的坐姿（俗称“二郎腿”），常伴之以消极的手势，表示紧张、缄默和防御态度；而高跷腿坐姿（在上述姿态基础上，将上压腿上移，使小腿下半节放在另一条腿的上膝部），则暗示一种争辩、竞争的态度，如果再用双手扳住上压的这条腿则表示这个人固执己见、顽固不化，要想同这种人议事，应首先改变其态度。

谈话时，对方头部保持中正，有时会微微点头，则说明他对你的态度不耐烦，也不是很感兴趣。

如果对方将头侧向一边，尤其是侧向讲话人一边，则说明他对所讲的事很感兴趣。

如果对方把头垂下，则是一种消极信号，表示他对所讲的事索然无味。

十指交叉、搂住后脑，则显示一种权威、优势和信心。

一手支撑脑袋，则说明此人处于思考状态。

两腿站开，相距肩宽，双手背后，挺胸、抬头，目光平视对方，面带微笑，则说明他对谈判问题有信心、有兴趣。

双腿合拢、双手前合，上体微前俯、头微低、目视对方，则表示他谦恭有礼，并愿意听取对方意见。

形态端庄、彬彬有礼、宾主分明，则反映一种修养、稳重、信心和有力量。

伸出并敞开双掌，给人以言行一致、诚恳的感觉；谈话时掌心向上的手势，表示谦虚、诚实、不带有任何威胁性；而掌心向下的手势，则表示控制、压抑、带有强制性，这会使人产生抵制情绪。

三、翻译人员的作用

翻译人员是指将一种语言转换为另一种语言的人，他们虽然只与谈判一方的文化背景相同，却可以运用转换后的语言与对方进行沟通。专业的翻译人员都是颇有资历的。他们不仅能很好地掌握了谈判双方的语言，而且对双方的文化传统都十分熟悉。谈判中的一个通用原则就是，除非一个谈判者对谈判对方的母语了如指掌，否则就不应该在谈判时使用对方的母语与其沟通。因为谈判人员如果对于对方的语言掌握有限，那么在谈判中他们就会把注意力放在沟通的语言上，而不是谈判的内容上。

因此，当双方谈判人员所说的语言不相同的时候，他们就必须雇用翻译人员来协助谈判。所雇的翻译人员必须既精通谈判对方的语言，又对谈判对方的文化传统有深入的了解才行。此外，当翻译人员在场的时候谈判双方都应该说得慢一点，特别是对谈判的关键内容要认真地加以重复，这就意味着谈判人员需要给谈判预留出更多的时间。如果谈判是在翻译人员的协助下进行的，那么谈判各方就要避免使用专用术语、俚语或者母语中的习惯用语；谈判时还要使用简短的句子；最后一点，当一个谈判人员发言时，其说话的对象应该是谈判对象，而不是翻译人员。

以下 7 条建议可以帮助我们在谈判中有效地发挥翻译人员的作用：

（1）一个谈判小组应该雇用自己的翻译人员。除了出于信赖问题等特殊原因，谈判小组都不应依赖对方的翻译人员。只有在己方有人懂得对方的语言，并且可以验证翻译是否正确的时候，才可以使用对方提供的翻译人员。在雇用翻译人员之前，要事先依照独立、可靠的消息来源对翻译人员的翻译技能和经验加以考察。

（2）为了在国外找到合适的翻译人员，请大使馆提供建议是明智的。因为他们可能有合格翻译人员的名单。商会、行业协会、跨国银行也是能找到职业翻译人员的好渠道。

（3）在谈判真正开始之前，要与翻译人员一起开一个碰头会，简明交代一下任务。要向翻译人员解释一下此次商务交易的性质，告诉翻译人员你所期望的翻译方式是什么，以及你为什么期望用这种方式来翻译。比如，如果你想要的是那种逐字的、一字不改的翻译而不是总结性的翻译，那么你就应该把自己的要求向翻译人员说清楚。

（4）因为有个人利益以及私心的存在，所以要提防那些企图控制整个谈判或者要将谈判引向一个特定方向的翻译人员。如果一个翻译人员同时就是经纪人、代理人或者商务顾问，那么上述危险就很可能出现。

（5）在谈判过程中，发表见解时要简短，咬字要清晰，句与句之间要有短暂的停顿，以便翻译人员可以更好地翻译你的话。

（6）每一句陈述都要认真地加以设计，以便翻译人员可以准确明了地表述它；尽量不要用缩写、俚语以及商务方面的专用术语，而且在陈述的时候速度要慢一些。谈判人员要时常自问：“在什么情况下我的陈述会被误解?”一个缺乏经验的美国谈判人员忘了这一原则，他很自豪地告诉沙特阿拉伯的谈判对手，说他是一家“蓝筹公司”的谈判代表。这种表述使得翻译人员和沙特阿拉伯谈判人员的脸上都露出了疑惑的神情。结果这个美国人就陷入了一场对“蓝筹股”这一表述的大讨论。而这一讨论的结果是除了让他知道沙特阿拉伯不允许股票投机之外，未起到其他任何作用。

（7）翻译是一项艰难又十分耗费精力的工作，所以我们要在谈判期间给予翻译人员充足的休息机会。

最后，对己方和谈判对方的翻译人员都要给予应有的尊重。因为谈判对方的翻译人员所说的是你方的语言，而且该翻译人员也许早已洞察了你方的文化背景，猜透了你方的心理动机。而这些是雇用这个翻译人员的谈判对方力所不能及的。谈判对方会询问翻译人员关于你方是否可以信赖，是否说实话，是否看起来很诚实。如果在谈判时己方在某种情况下冷落或者冒犯了对方的翻译人员，那么对方的翻译人员就可能不会把你方想让对方听到的话语传达给他们。相反，如果你方和对方的翻译人员非常友好，对方的翻译人员可能还会为你方提供有关谈判对方的很多有用的信息。

四、做一个有效的谈判者

有效的谈判者在谈判上会有上佳的表现，因为他们能够控制整个讨论过程，能够给对方提供很多有助于满足自身需求的备选方案，也能够使谈判最终实现双赢。一个谈判者个人的谈判力来自其平时朝着上述目标所做的不懈努力。下面所列的所有个性特征就是大多数成功的谈判者普遍拥有的。对照这些特征你就可以评判自己是不是一个有效的谈判者了。如果这些特征中的绝大部分你都已经具备，那么你就具备成为一名成功谈判者的资质。如果你想进一步提高你的谈判技巧，那么从现在开始，你就要回顾一下自己过去所获得的谈判经验，并以此来提高自身的谈判力。

（1）具有耐心。

（2）准备一份谈判议事日程。

（3）有一个开放式的谈判范围。

（4）检验你在谈判前所做假定的正确性。

（5）保持灵活性。

（6）倾听并提出相关问题。

（7）制定谈判的策略。

（8）知道应做出哪些让步并得到哪些回报。

（9）能承受压力。

（10）对谈判对方可能提出的反对意见要有完美的反驳准备。

（11）有做出决策的权利。

（12）知道公司的谈判底线。

（13）充分了解谈判对方的最佳备选方案。

（14）备有几套完善的备选方案。

（15）展示己方在寻找“双赢”的解决办法上的创造性。

（16）仔细观察肢体语言。

（17）对文化上的不同点具有敏锐的洞察力。

（18）不断记录和总结。

（19）不留恋无利可图的谈判，勇于退出。

（20）知道如何谈判和何时谈判。

第四节　信息准备

一、谈判信息的分类

在商业活动中，谈判信息多种多样，纷繁复杂。科学地区分谈判信息的类型是研究和分析信息的基础，可以使我们更加深刻地认识谈判信息的规律性，也有助于我们进一步明确谈判信息工作的目的，从而提高谈判信息工作的效益。按照不同的标准，可以将谈判信息分为以下几种类型。

1. 按谈判信息的内容来划分

按谈判信息的内容可以将其分为自然环境信息、社会环境信息、市场细分化信息、竞争对手信息、购买力及投向信息、产品信息、消费需求和消费心理信息等。自然环境信息是指能引起人们消费习惯改变、购买力转移以及市场变更的自然现象方面的信息，如地震、地形变化、气温变化等。社会环境信息是指对市场有影响的各种社会因素，如文化、人口、社会阶层、家庭、政治、法律、时尚、风俗、宗教、社会发展、城市建设等方面的信息。市场细分化信息是指能引起市场细分的变量，如社会经济变量、地理变量、人口变量、收入和消费方式变量等。竞争对手信息是指有关生产或经营同类产品的其他企业状况的信息。购买力及投向信息是指消费收入、支出构成、趋向等方面的信息，产品信息是指与产品价格开发、销售渠道、商标、包装、装潢等有关的信息。消费需求信息是指消费者对商品品种、数量、规格、价格、样式、色彩、口味、方便程度、适用程度等方面的信息。消费心理是指有关消费者购买行为、购买动机、价值观、审美观等方面的信息。

2. 按谈判信息的载体来划分

按信息载体划分，可以把信息分为语音信息、文字信息、声像信息和实物信息。语言信息是指通过座谈、交流所获得的信息以及在公共场所听到的信息。文字信息是指用文字记录下来的信息资料，包括各种文献、文件、报刊资料及复制品、产品目录、产品说明书等。声像信息是指通过图片、绘画、电影、电视、广播、录像、电话、幻灯、录音等获得的信息。实物信息是指各种以样品作为载体的信息。

二、谈判信息收集的主要内容

谈判信息收集的主要内容包括市场信息，有关谈判对手的资料，科技信息，有关的政策法规，金融方面的信息，以及有关货单、样品的准备。

1. 市场信息

（1）市场信息的概念。

市场信息是反映市场经济活动特征及其发展变化的各种消息、资料、数据、情报的统称。它以语言作为传递工具，或者说，市场信息是由语言组成的。

市场信息所用的语言，有自然语言和人工语言。自然语言包括口头语言、书写文字等。人工语言是为了传递信息而由人们创造出来的，如数学上的专用语言、计算机语言等。人工语言的使用，可以弥补自然语言结构容易产生的意思不够明确以及不够精练等缺陷。市场信息的语言组织结构有两种形式：一种是文字式结构，主要是通过文字叙述来表达市场信息的内容；另一种是数据式结构，它是反映市场运行数量关系的数字及必要的文字，按一定规范相互联结起来形成的结构，如统计报表等。

（2）市场信息的主要内容。

市场信息的内容有很多，归纳起来主要包括以下几个方面：

①有关国内外市场分布的信息。国内外市场分布的信息，主要是指市场的分布情况、地理位置、运输条件、政治经济条件、市场潜力和容量、某一市场与其他市场的经济联系等。

随着科学技术的进步和生产力的发展，国内、国际分工都不断扩大和深化。同时，由于交通运输工具和通信手段的日趋现代化以及资本在国内和国际流动的加快，国内与国际贸易中交换的商品品种不断增多。数量不断扩大，这在一定程度上扩大了国内和国际市场。因此，应通过调查摸清本企业产品可以在什么市场（国内、国际）上销售确定长期、中期及短期的销售发展计划，从而有助于谈判目标的确立。

②消费需求方面的信息。消费需求信息包括：消费者忠于某一特定品牌的期限；消费者忠于某品牌的原因、条件、因素；消费者开始使用某一特定品牌的条件和原因；使用者与购买者之间的关系；购买的原因和动机；产品的多种用途；消费者购买的意向和计划；产品被使用的次数及消费量；消费者对产品的态度；消费者对企业是冲动的反应与态度；消费者喜欢在何处购买；新的使用者的情况及使用产品的原因；产品（资金或劳务）的需求量、潜在需求量、本企业产品的市场覆盖率和市场占有率及市场竞争形势对本企业销售量的影响等等。

③产品销售方面的信息。如果是卖方，则要调查本企业产品及其他企业同类产品的销售情况。如果是买方，则要调查所购买产品的销售情况，包括：该类产品过去几年的销售量、销售总额及价格变动；该类产品的长远发展趋势；拥有该类产品的家庭所占比率；消费者对该类产品的需求状况；购买该类产品的决定者、购买频率；季节性因素；消费者对这一企业信赖产品的评价及决策。通过对产品销售方面的调查，可以使谈判人员大体掌握市场容量、销售量，有助于确定未来的谈判对手及产品销售（或购买）数量。

谈判人员不一定是直接消费者，因此，调查消费者具有重大意义。摸清消费者的需求及消费心理，可以基本掌握消费者对本产品的消费意向，预测本企业产品的竞争力，也有利于同谈判对手讨价还价。

④产品竞争方面的信息。这类信息主要包括生产或购进同类产品的竞争者的数目、规模以及该类产品的种类；生产该类产品的主要生产厂家的市场占有率及未来变动趋势；各品牌所推出的形势与售价幅度；消费者偏爱的品牌与价格水平、竞争产品的性能与设计；各主要竞争者所能提供的售后服务的方式；顾客及中间商对此类服务的满意程度；当地经销该类产品的批发商和零售商的毛利率与各种行情；当地制造商与中间商的关系；各主要竞争者所采用销售组织的形态；是生产者的机构还是中间商负责推销；各主要竞争者所采用销售组织的规模与力量；各主要竞争者所用的广告类型与广告支出额等。

如果己方是卖方，通过对产品竞争情况的调查，能够使谈判人员掌握己方同类产品竞争者的情况，寻找对手的弱点，更好地争取己方产品的广阔销路，有利于在谈判桌上击败竞争对手，也能使谈判者预测己方的竞争力，使自己保持清醒的头脑，在谈判桌上灵活掌握价格弹性。此外，摸清竞争者和谈判对手的销售形势还可以使己方在运输费用的谈判上掌握主动权。

⑤产品分销渠道。包括主要竞争对手采用何种经销路线；当地零售商或制造商是否聘用人员直接销售，如使用，其使用程度如何；各种类型的中间商有无仓储设备；各主要市场的批发商与零售商的数量；各种销售推广、售后服务及存储商品的功能，哪些应由制造商提供，哪些应由批发商和零售商负担等。

2. 有关谈判对手的资料

在正式的商务谈判之前，对与谈判有关的环境因素进行分析是必不可少的，而对谈判对手的情况资料的收集并进行调研与分析就更为重要。如果同一个对其毫无了解的对手进行谈判，其困难程度和风险程度是可想而知的。当年肯尼迪总统为前往维也纳同赫鲁晓夫进行首次会议准备，曾研究了赫鲁晓夫的全部演讲和公开声明，还搜集了全部可以找到的赫氏资料，甚至包括其早餐喜好和音乐欣赏趣味，为这场至关重要的谈判奠定了必要的基础。

这里先确定谈判对象再从分析贸易“商客”的类型入手，着重阐述对谈判对手资信情况的审查，包括对商客的合法资格、公司性质和资金状况、公司运营状况和财务状况的审查，从而判定谈判对手的谈判实力。此外，为了能在谈判中充分掌握主动权，我们还应摸清谈判对手的最后谈判期限以及对方对己方的信任程度。

（1）谈判对象的确定。

①拟定谈判对象。谈判前需确定自己的主要需求、谈判目标，在确定了自己的主要需求和谈判目标、明确了谈判方向之后，就要结合市场信息调查选择谈判对象。要对所有可能的谈判对象，在资格信誉、注册资金和法定地位等方面进行审核，并请对方提供公证书或取得旁证，避免盲目从事，在不了解商客情况、不知市场及商情变化和在众多问题尚未弄清楚的情况下，不举行任何正式谈判，同时要注意寻找己方目标与对方条件的最佳结合点，即通过比较，定一个或两个最有利于实现己方目标的可能谈判对手作为正式洽谈的伙伴，一旦己方谈判意向公布后，直接或间接要求参加谈判的伙伴可能很多，其谈判条件可能有很大差别。例如，有的产品质量高，价格也高，如果己方经济实力不强，就应放弃同这样的对手谈判；有的产品价格低廉，非常有吸引力，但如果质量太差，也不应急于谈判。总之，可能谈判对手的情况及谈判条件千差万别，应该认真进行研究，既不能谁先找上门就把谁作为正式谈判对象，也不能谁的产品价格优惠就同谁谈，而应知己知彼，从经营的总体利益出发，以己方付出较小代价而收益较大为标准，慎重选择正式谈判对象。

②了解谈判对手。为了掌握谈判主动权，在制定了谈判对象之后，还应该了解谈判对手的谈判作风，并制定出相应的策略。谈判对手的作风因人而异，千差万别，按照谈判对手让步的程度，谈判风格可以划分为以下几种模式：

第一，强有力型模式。这种模式的特点表现在谈判开始时立场坚定，作为买主时，无论购买多么昂贵的商品，最初出价都很低，而且采用秘密出价的方式阻碍其他卖方竞争。利用这个策略使卖方相信他们是唯一的买方；而作为卖方时，做法则相反，提出较高价格，敞开大门鼓动竞争，使许多买方彼此对立，怂恿买方竞相提价，以促进竞争。谈判代表权力有限，谈判前，最高权力仅赋予谈判代表有限权力，迫使谈判者在锁定范围和目标内有限发挥，超出范围时不能做出任何答复，必须反复向上级请示，推至僵局局面，情绪激动。此时，强硬型谈判对手经常利用冲动的情绪故意侵犯对手，从而引起对方愤怒，思维混乱，最终顺从退让。这类谈判人员不受谈判期限的制约，利用对方的急迫心理，采取停滞或拖延战术，坚持以较长时间去获取所需要的东西，在这段时间，他们至多做些微小让步，使对手逐渐疲弱。

第二，软弱型模式。和强硬型模式正好相反，软弱型模式的特点是：谈判开始时立场谨慎，不提出过高要求，一般在常规范围内提出中等偏高的价格标准，绝不漫天要价，在对手的压力之下，不断做出或一次性做出较大让步，在对手的强硬态度下，为避免谈判破裂，往往委曲求全，促成交易成功。

第三，合作型模式。又被称为双方胜利和“皆大欢喜”型模式，其特点是：谈判开始时，双方立场均谨慎，现实，双方都尽量寻求适合各方谈判需要的不同谈判方式，双方在原则问题上首先达成协议，不排除细节问题上的争议，双方都把谈判过程看作使双方调和或一致的过程，通过谈判，双方建立了一定的信任关系，为今后的进一步合作创造了条件。

通过不同途径掌握对方的谈判作风，便可以制定相应的策略，促使谈判成功。对付强硬的谈判对手，可以采取“以强制强”或“以柔克刚”的策略。如果对方急需己方产品，己方产品又很畅销，己方有较充裕的谈判时间，对方有强大的竞争对手，或摸清了对方底细，知道对方是虚张声势，那么就可采取“以强制强”的策略；如果急需对方产品且无其他货源可寻，谈判有较短的时间制约，需要将来与对方长期合作，或是适当让步可取得较好的经济效益，则可运用“以柔克刚”的策略。针对软弱型模式的谈判对手，可以适当采取“以强制弱”的谈判原则。针对合作型谈判对手，一般应当采用合作原则。在实际谈判中，要针对每次谈判的具体内容和各种不同的谈判作用，提出具体的策略和原则。

（2）对谈判对手资信情况的审查。

对谈判对手资信情况的审查是谈判前准备工作的重要环节，是决定谈判的前提条件，对谈判对手资信情况的审查主要包括对谈判对手的合法资格、公司性质和资金状况、公司性质和资金状况、公司营运状况和财务状况、公司商业信誉情况的审查。

①对客商合法资格的审查，对客商合法资格的审查应从两个方面进行，一是对客商的法人资格进行审查；二是对客商的资本信用和履约能力进行审查。

第一，对客商的法人资格进行审核。在民法中，法人作为权利义务的主体，在许多方面享有与自然人相同或类似的权利，例如，它们有自己的名称、自己的营业场所，又拥有财产权利，有参与各种经济活动的权利，有起诉他人的权利，也可被他人起诉，总之，法人可以以自己的名义从事各种经济活动，参与社会的经济生活，并独立承担法律责任。

从法律上来讲，法人的必备要件有：法人必须有自己的组织机构、名称和固定的营业场所，组织机构是决定和执行法人各项事务的主体；法人必须有自己的财产，这是法人参加经济活动的物质基础与保证；法人必须具有权利能力和行为能力。所谓权利能力是指法人可享受权利和承担义务，而行为能力则是指法人可以通过自己的行为享有权利和承担义务；最后是注册要件，法人必须经过注册登记，在哪个国家进行注册，即成为该国的法人。

对于谈判对手的法人资格的审查，可以通过要求对方提供有关文件，如法人成立地的注册登记证明、法人所属资格证明等。在取得这些证明文件后，首先应通过一定的手段和途径验证其真实性，在确认其真实之后，再查清以下几个方面的问题：一是弄清客商法人的组织性质。例如，是股份有限公司、有限责任公司，还是合伙企业等，其组织性质不同，所承担的责任亦大不相同。二是弄清谈判对手的法定名称、管理中心地址及其主要的营业场所，有些公司注册地点与实际营业场所完全不同，发生纠纷后无法找到对方的行踪。三是要确认法人的国籍，即其应受哪个国家法律管辖，发生纠纷时应使用哪一个国家的法律来解决，这对双方来说非常重要，因为不同国家的法律解决问题的办法和结果往往会有很大的差别。

第二，对客商的资本信用和履约能力进行审查。一般来说，前来洽谈的客商可能是公司的董事长、总经理，但更多情况下这是公司内部的某一部门的负责人。如果来者是该公司内部的某一部门的负责人，那么就存在一个代表资格或签约资格的问题，事实上，并非一家公司或企业中的任何人都可以代表该公司或企业对外进行谈判和签约。从法律的角度来讲，只有董事长和总经理才能代表公司或企业对外签约，而公司或企业对其工作人员超越授权范围或根本没有授权对外所承担的义务是根本不负任何责任的，这就需要严格把关，以防患于未然。

②对谈判对方公司性质和资金状况的审查。这种情况上面略有涉及，从法律上来看，企业的组织形式主要有独资企业、合伙制企业、公司制企业等多种。由于企业的类型不同，其法律性质、经营管理方式和经济上的利弊也各有相同。具体地讲，独资企业和合伙企业一般不是法人，不具备法律上独立的人格，出资者以个人的全部财产对企业的债务承担无限责任。公司制企业主要包括有限责任公司和股份有限公司两大类。有限责任公司和股份有限公司在法律上具有独立人格，是独立法人，享有民法上的权利和义务，可用公司的名义在法院起诉和应诉。每个股东对企业的债务承担仅以其出资金额为限。这两类公司之间的差别在于前者发行的股票不能在股票市场上交易，不能公开向社会募集资本，股东的人数以及股份的转让也受到一定的限制。相比而言，股份有限公司比有限责任公司更适合社会化大生产的需要。因此，在发达国家的社会经济生活中，股份有限公司起着十分重要的作用，是各国企业组织行驶中的最重要的一种。

我国同国外的企业合作，大多数也是与国外的股份有限公司进行的合作，但各股份有限公司的资本总额多寡不一，所设公司只要认购股票金额达到了法定的最低金额，并按一定的程序办理注册，公司就可以成立。因此，在谈判前不但要了解对方公司的性质，还需要了解对方公司的资本状况。

③对谈判对手公司的运营状况和财务状况的审查。如果谈判对手是买方，卖方必须迅速地了解对方的经营状况与财务状况，判断对方的购买力、可能的付款期限、付款方式等。

企业的经营状况与财务状况不完全一致，有的甚至有较大差异。其中，财务状况是指企业自有资金是否充裕，是否有足够的支付能力，盈利率的高低，固定资产的现状及折旧程度等有关资金、盈利的总体评价；经营状况是指产品的生产、销售状况等有关经验方面的评价，即使是一个注册资本很大的股份有限公司，也会由于经营不善、负债累累而濒临破产或实际已破产，根据大多数国家的公司法和破产法的规定，公司一旦破产，股东对公司的债务承担仅以其持有股票所代表的金额为限。

④对谈判对手商业信誉情况的审查。商业信誉是指在同行业中，由于企业经营管理

处于较为优越的地位，具有获得高于一般利润水平的能力而具有的一种价值，形成商业信誉的主要原因有优良的商品质量、良好的信誉、周到的服务、有力的广告宣传、著名的商标及品牌，巩固的垄断权力等，要了解对方的商业信誉情况主要应调查以下几个方面的情况。

第一，产品质量。产品质量是指产品内在质量和外观质量与竞争产品相比较更符合目标市场的要求，更能满足用户的需要，它和一定的价格相适应。

第二，技术标准。标准要符合规定，与相应机制（如国际标准、国家标准、行业标准、企业标准）相适应，更主要的是符合用户的要求，并在式样和颜色、包装和装潢上适合不同消费者的爱好。

第三，产品的技术服务。包括指导用户正确安装、使用和维护，代为修理、提供零件；代用户培训技术人员；设立技术咨询站为用户咨询；送货上门，质量不合格的产品在保修期内包退包换等。

第四，商标及品牌。商标具有表示商品出处，代表企业信誉，维持企业正当权益，标示商品的质量和特点，便于生产者推销商品，便于消费者认牌选购等作用。

第五，广告的宣传作用。广告宣传是有目的的经济活动。广告宣传的目的主要有：树立企业信誉、扩大企业影响，为商品创品牌，以提高其知名度，使商品在消费者心目中留下深刻的印象，赢得市场。此外，明确广告宣传的目的，还要考虑广告主要着眼于近期还是远期效果。

在了解上述各方面的资料后，最后应当了解对方谈判成员的有关资料。诸如对方谈判组的人数、职务、年龄及其分工；各个成员的性格、专长及爱好乃至社会和家庭关系，特别是要弄清对方成员中的实力派任务的情况，以便己方选择与对方情况相适应的合适人员，运用谈判技巧以促进谈判的顺利进行。

（3）对谈判双方谈判实力的判定。

谈判实力是指影响双方在谈判过程中的相互关系、地位和谈判的最终结果的各种因素的综合，以及这些因素对谈判各方的有利程度，它与企业实力不同，企业实力是指从总体上看一个企业的规模、技术水平、人员素质、市场占有率等方面均处于何种水平。企业实力是形成谈判实力的潜在基础，但并不一定直接构成谈判实力。例如，如果谈判的内容正好是实力很强的某一企业的薄弱之处，那么这个企业的谈判实力是弱而不是强，就一般情况而言，企业实力强有利于强化其谈判实力，而谈判实力较强的企业却不一定就说明企业实力一定很强，在通常情况下，谈判实力取决于以下几个因素：

①交易内容对双方的重要程度。商务谈判的成功标志着双方都得到了一定的好处，但这并不说明交易内容本身对各方的重要程度相同。实际上，交易内容本身对双方来讲，其重要程度往往各不相同，这就决定了双方谈判实力上的差异，一般来说交易对某一方越是重要，也就是说该方越希望成交，那么该方在谈判中的实力就越弱，反之越强。例如，在货物买卖业务洽谈过程中，若卖方的产品较为紧俏，而且买方急于购买此

产品，这时，对卖方来讲其谈判实力就较强，买方的谈判实力则较弱。

②看各方对交易内容与交易条件的满意程度，商务谈判双方对交易内容与交易条件的满足程度是存在差异的，某一方对交易内容与交易条件的满足程度越高，该方的谈判实力就越强，在货物买卖中，卖方的货物在质量、数量、交货时间上越能够满足买方的要求，那么卖方的谈判实力就越强，因为买方在这种情况下无法提出使对方让步的借口。

③看双方竞争的形式，在业务往来中，很少出现一个买方对应一个卖方的一对一现象，经常是存在多个买方对应多个卖方的情况，很显然，如果多个卖方对应较少的买方，即形成了买方市场，这时无疑会使买方谈判实力增强，而使卖方谈判实力减弱；反之，如果多个买方对应较少的卖方，即形成了卖方市场，在这种情况下，显然卖方谈判实力会增强，而买方谈判实力会减弱。

④看双方对商业行情的了解程度。谈判一方对交易本身的行情了解得越多、越详细，那么该方在谈判中就越处于有利地位，也就相应地提高了自身的谈判实力；反之，如果对商业行情了解甚少，显然其谈判实力就较弱。商业行情是极为宝贵的资源，它可以转化为财富，这在业务洽谈进程中是非常明显的，因此，只有在掌握了充分的市场行情的前提下，才有可能制定出有针对性的谈判战略和战术。

⑤看双方所在的企业的信誉和影响力。企业的商业信誉越高，社会影响越大，该企业的谈判实力就越强；反之，谈判实力就越弱。

⑥看双方对谈判时间因素的反应。在谈判过程中，一方如果特别希望早日结束谈判，达成协议，那么时间因素的限制就大大削弱了该方的谈判实力。由于时间限制，该方就不得不做出某些对其不利的让步，导致不利的结果。例如，对于季节性较强的商品，卖方往往是为了在一定的时间内出售，有时会不惜降价进行推销。这种时间的限制，就削弱了季节性商品卖方的谈判实力。

⑦看双方谈判艺术与技巧的运用。在谈判实践中，经常会出现这样一种现象，即一方原来在该项目谈判中并不占优势，反而出乎意料地取得了很好的谈判效果，这是由于谈判双方在洽谈艺术与技巧方面运用得当的结果。事实上，谈判人员如能充分地调动有利于己方的因素，尽可能地避免不利的因素，那么己方的谈判实力就会增强。谈判艺术和技巧运用得越高超，谈判实力就越强。

（4）摸清谈判对手的最后谈判期限。

任何谈判都有一定的期限，重要的结论和最终成果往往在谈判结束前取得，因而有必要摸清谈判的最后期限。

在日常生活中，我们可以看到许多交易行为都有时间限制，几乎每一个交易行为都包括时间因素，受到交易期限的制约，人们对交易期限都有着自觉或不自觉的反应，交易期限在谈判中有着巨大作用，最后期限往往能使买方决定购买。卖方可利用期限的作用。例如“厂里要求我本周六前完成订货”；“我星期一要回去开会，你要再不答应我的要求，这笔生意就做不成了”。总之，最后期限的压力常常迫使人们不得不采取快速行动，立即作出决定，当掌握了对方的谈判期限后，就可以促使对方接受有利于己方的条件。

谈判前，双方都在调查对方的谈判期限，对此要注意几个问题：

①对方可能会千方百计地保守谈判期限的秘密。了解情况要尽量提前，动手越早，取得资料就越容易，但要不留痕迹地去探求。

②在谈判时，要通过察言观色，抓住对方流露出来的情绪以摸清期限。

③在商务谈判中，谨防对方有意提供假情报，对方口头上有意无意提供的期限，要通过各种资料核实，判断卖方期限的真伪，要调查卖方存货的数量、质量，卖方的生产计划及现金需求的情况等。判断买方期限的真伪，要全面分析买方谈判期间的动态、有无同时和其他卖方谈判购买、买方的职员能力如何等，只有掌握大量买方和卖方的情况，才能使判断准确。

④己方谈判期限要有弹性，可以由此避开对方利用谈判期限对自己的进攻，无论己方是购买商品还是出售商品，都要有计划、有节奏地进行，不能过于急迫。

⑤在对方的期限压力面前提出对策，任何谈判都要考虑到对方可能会公开指定期限，己方必须在谈判前就要提出对策，排除期限的压力。

（5）摸清对方对己方的经营、财务状况、付款能力、信誉、谈判能力等多种因素的评价和信任。

对方若对己方有较高的信任度，可以促使谈判朝着对己方有利的方向发展，在商品价格、付款方式、运输方式、签订合同等方面易于达成协议。

为了全面、充分地了解谈判对手，为正式洽谈工作的开展做好准备，必须通过多方面的调查研究来收集谈判对手的信息资料。获得有关谈判对手信息资料的主要方式包括从国内的有关单位或部门收集资料，可能提供信息资料的单位有：

①商务部、中国对外经济贸易促进委员会及其各地分支机构；

②中国银行的咨询机构及有关的其他咨询公司。

（6）有关国家或地区进出口配额与进口许可制度方面的情况。

配额制度是指一个国家在一定时期内，对某些商品的进口数量或金额事先规定一个限额，从而起到限制某些商品的进口数量的作用。在这种制度下，凡进口的商品若是在规定的数量或金额的范围内，可以进口，超过限额则不准进口或征收高额关税甚至罚款以后方可进口。进口配额往往与进口许可证联系在一起，一国政府如果采用了进口配额，就必须发放进口许可证。其做法是：政府规定某些商品的进口配额后，再根据进口商的申请，对每一批进口商品在其配额限度内发给进口商一定数量的进口许可证，因此，许可证比配额的使用率更为广泛。目前，世界绝大多数国家都不同程度地采用了进口额配置，对此，必须加以详细了解。

（7）国内各项政策。

我国国内商务谈判要按照国家的法律、法规和政策执行，商务谈判人员不仅要掌握有关的现行税制，还要熟知经济法规，使各项经济交往能够有法可依。

3. 金融方面的信息

金融方面的信息主要包括以下四个方面：

（1）收集金融市场上的信息，随时了解各种主要货币的汇兑率及其浮动现状和发展趋势。

（2）收集进出口主要银行的营运情况，以及因银行倒闭而影响收汇的情况。

（3）收集进出口地的主要银行对开证、议付、承兑赎单或托收等方面的有关规定，特别是有关承办手续、费用和银行所承担的义务等方面的资料。

（4）收集商品进出口地政府对进出口外汇管制的措施或法令。

4. 有关货单、样品的准备

做好货单、样品等的准备，也是谈判前一项必不可少的工作，尤其是在国内外商品博览会上或是在海外市场推销、谈判中，货单必须具体、正确无误。如果在交易会上谈判，口岸之间、公司之间交叉经营的商品价格更应该核对无误，不能相互矛盾。谈判样品必须准备齐全，特别要注意事先准备好的谈判样品一定要与以后交货相符，即使包装也应保持一致，以免以后被动。在准备谈判样品的同时，还可以准备一些商品目录和说明书，以供顾客索取之用。

5. 有关政策法规的内容

在谈判开始之前，应当详细了解有关的政策、法规，以免在谈判时因不熟悉政策、法规而导致失误。

（1）有关国家或地区的政治状况。

政治对经济有着重要的影响，在商务谈判中，需要了解对方国家或地区的有关经济政策，经济合作的相关法令及国家实行的企业管理制度。

（2）谈判双方有关谈判内容的法律规定。

无论是国内贸易还是进出口贸易，都需要了解有关的法律、法规。法律所规定的当事人作为与不作为的界限，是企业经营合法或不合法的依据，除了要熟记我国现有的法律如《合同法》《专利法》《商标法》《国外企业所得税法》《中外合资经营企业法》等以外，还应了解国外的法律制度和惯例。

（3）有关国家或地区的各种关税政策。

需要了解有关国家或地区各种关税（如进口税、出口税、差价税、进口附加税、过境税或过境费等）的税率以及关税的税则和征税方法方面的资料，如果我国与交易国订有贸易协定或互惠关税的协定，还必须了解其详细情况。

（4）有关国家或地区的外汇管制制度。

有些国家或地区为了保证收汇和防止逃税、套汇、黑市买卖外汇，通过颁发进出口许可证等办法来加强对外汇的管制。

第五节　模 拟 谈 判

一、模拟谈判的作用

在现代企业的商务谈判中，特别是在重大的、关系到企业根本利益的活动中，模拟谈判受到的重视越来越多。可以说，谁在谈判前认真地进行了模拟，谁就掌握了先机，就有可能在正式谈判过程中处于优势地位。模拟谈判的作用主要体现在以下三个方面：

1. 模拟谈判可以使谈判人员及时发现和弥补谈判方案中的漏洞

作为对谈判具有战略指导意义的谈判方案，它一方面是根据企业所掌握的有关信息，另一方面则是根据企业有关人员的经验、假设和判断而制定的，而这些假设、判断是否正确，是很值得检验的，等到正式谈判时再发现这些假设的错误，就为时太晚了，所以，通过模拟谈判的举行，己方人员就可以在“实战”中一一检验事先对有关事物的假设，并对根据假设而制定的有关策略的实施效果进行评估，一旦发现问题，能够及时地加以修正。同时，己方谈判人员在拟定谈判方案时，也不可能把所有会发生的情况都考虑进去。模拟谈判则能在很大程度上避免这种情况的发生，通过模拟当时的客观形势，模拟对手的种种反应，模拟己方人员的对策，可以使谈判方案尽量地达到客观、实际，从而使其真正具有可行性和指导性。

2. 模拟谈判可以使企业从众多方案中选择最佳方案

为某场谈判所制定的方案往往不止一个，那么，究竟选用哪一个呢？如果不进行模拟谈判，只凭有关人员的假设、估计和经验，是很难达到最优化的。例如，A 企业准备和对手进行机械设备买卖的谈判，对于 A 企业而言，报价在每台 15 000 ~ 20 000 元都具有相当可观的利润。他们制订了两个谈判方案，甲方案为先报每台 20 000 元，根据对方反应再慢慢往下降，底线是每台 15 000 元；乙方案则为报价每台 15 000 元（这也是市场上同类产品的平均价格），以后在价格问题上不再让步。企业领导斟酌再三，认为为了显示诚意，给对方留下一个良好的印象，也为以后双方的长期合作打好基础，没有必要在报价时掺有大量的水分，因而决定选用乙方案。但是，在内部模拟谈判时却发生了意想不到的情况。虽然“对方谈判人员”已经知道这是一个比较公平合理的价格，但还是强烈要求己方人员把价格降低一点，而己方已经是底线价格了，再让步则其自身利润水平会大受影响，故不愿再调整价格，双方就此陷入僵局。在事后的总结会上，当负责谈判的领导问扮演“对手”的人员为何一定要坚持压价时，才了解到这是一种谈判心理在作怪。其实他们也知道市场上普遍就是这个价格，但总认为一开始就接受己方的报价，好像明显在谈判的气势上输了一筹，同时，也体现不出自身的谈判能力和水平，因此，要千方百计地迫使己方降价，甚至甘愿冒谈判破裂的危险。得知这一情况后，乙方案的缺陷也就不言自明了：它忽略了对手的谈判心理。一般而言，对方是不肯心甘情愿地接受己方的第一次报价的，总要力争讨价还价，而己方为了显示诚意过低地报价，反倒使自身没有什么回旋的余地，很难满足对方的心理需求，所以，谈判很容易陷入僵局。最后，企业决定选用甲方案，这个方案的第一次报价虽然高了些，但双方肯定会讨价还价的，只要企业能守住底线，在让步过程中对方反而会有一种满足感和成就感。这就是模拟谈判对选择方案的优化作用。

3. 模拟谈判可以锻炼己方谈判人员的实战能力

长期以来，我国的企业很少意识到模拟谈判的实战性，而把参加实际谈判作为锻炼新手、提高其能力和水平的机会，殊不知这种锻炼方式常常会使企业付出高昂的代价。由于谈判人员对谈判技巧不熟悉，准备不充分，对对手的有关反应茫然无知，很容易造成谈判人员的精神紧张或随便应付，从而造成失误。若出现这种局面，一方面会受到对方轻视，使对方感到己方无谈判诚意；另一方面则会给对方以可乘之机，使其利用己方弱点，任意摆布己方，从而降低了谈判的成功率，给己方造成不必要的损失。

模拟谈判则可以很好地弥补这一点，通过逼真的演练，可以使己方人员在不用顾虑失败的情况下（即使己方失败也不会带来实质性的利益损失），以放松的心情去适应谈判气氛，谋划谈判策略。通过一次次地扮演自己、扮演对手或观察别人的排练，不断地改进自己的谈判技能，及时纠正发现的问题。有的专家建议，有条件的企业应用摄像机把谈判过程记录下来，以便谈判人员从中发现并改善自己在语言、表情、动作方面的不适之处，有利于其塑造令人信服、钦佩、尊敬的仪表举止，为团队乃至企业树立良好的形象。

总之，模拟谈判是准备过程中不可或缺的一部分，是谈判能否成功的先决条件，只有做好模拟谈判才能准确把握对方心理，使己方长久处于有利地位。

二、模拟谈判准备

1. 分组与选题

（1）谈判小组 3 ~ 5 人每组为宜，3 ~ 5 人组成的团队合作容易协同，既能发挥小组成员的知识结构和能力特点，又有利于团队内的沟通协调。

（2）人选搭配：原则上以自由组合为主，但也应该考虑人员特点，小组内最好是由具有不同知识结构和能力特点的同学组合而成，应尽量避免在知识结构、能力特点和性格特征上相似或相同。

（3）分工：根据各人的特点进行合理分工，模拟商务谈判各阶段有大量的工作需要团队合作共同完成，各尽所能、用人所长。

（4）确定公司背景和交易背景，确定交易产品品种。

2. 信息收集与整理

（1）本公司生产经营信息：本公司的主营业务、行业地位、产品品牌、主要产品品种、产品技术参数、主要目标客户、市场销量及市场占有率等。

（2）行业信息资料：行业发展现状与趋势，行业竞争态势，行业利润水平。

（3）竞争对手信息资料：主要竞争对手企业名称、品牌及产品特点、产品品质、技术特点、市场定位、主要目标客户、品牌形象与市场地位、市场销量与占有率。

（4）市场行情资料：各产品品种市场价格行情、同等级或技术参数相同的各品牌产品的价格水平。

（5）行业交易惯例：付款方式、交货方式、包装方式、交货期等方面的行业惯例。

3. 确定谈判目标

包括价格目标、交货期目标、预付款目标及付款方式、售后服务等方面的最优目标和最低目标（底线目标）。

4. 拟定谈判方案

根据谈判背景、谈判实力地位、谈判目标等基本谈判环境条件，确定实现谈判目标的谈判方案。

5. 模拟商务谈判室内布置

根据现有教学条件，结合模拟谈判需要，合理布置模拟谈判室，可供 10 人以上就座的标准谈判席位，可供 50 人就座的旁听席。

三、模拟谈判实操流程及主要内容

1. 谈判前陈述演讲

演讲（每组 2 分钟）：演讲阶段进行的时候对方小组成员均不得在场，应自觉回避。演讲时先甲方，然后是己方，演讲人不能是己方主谈。

演讲时采用口头演讲的形式，演讲阐述己方小组的名称、成员、分工以及对谈判问题相关背景的分析；展示己方前期调查的成果的结论，展示己方的态度和优劣势，解释自己的谈判条件；介绍自己擅长的策略与战术，并声明己方希望达到的目标，同时表现出己方的谈判风采。

2. 面对面谈判

甲乙双方谈判代表进场，向观众及老师行礼，然后就座。双方寒暄、自我介绍、符合商务礼仪。

（1）开局或交涉试探阶段。

①有策略地向对方介绍己方的条件；有不明之处可以直接向对方提问。

②试探对方条件、目标、底线；但不能轻易暴露己方底线。

③也不要过于隐瞒己方信息以免进程受阻。不得提供虚假信息，要寻找对方所提供信息的不实之处以逼其让步。

④最好尽快获取对方的关键信息。

⑤可以先声夺人，但不要有暴力倾向或以气势压人。

（2）中期阶段。

基本了解对方信息后，对对方报价条件进行评判。

①深入讨论，寻找对方不足，无中生有亦可，自己也要有应对此类纠缠的心理准备。

②讨价还价。

③寻找共同点；找出分歧所在。

④争取己方利益最大化。

⑤出现分歧时要及时转移话题，不可在知识性问题上展开拉锯式的纠结和追问。

⑥注意素质。

⑦应当以成交为目标。

3. 休局阶段（中场暂歇商讨）

若开局20分钟内提前达成共识，可以提前进入休局暂歇阶段。20分钟内谈不拢的满20分钟也要强制休局。休局期间，谈判小组成员应商量对策。不要在休局之前答应对手任何条件，避免因为冲动引起的被动。

（1）双方退场；到幕后与经理商量。

（2）整理信息，重新审视对手底线和己方底线，如有必要可以修改己方的终极目标。

（3）分析讨价还价的空间。

4. 再谈判阶段

回到谈判桌，注意礼节。作谈判最后交锋，争取利益最大化，同时在底线之内尽力成交。

（1）有分歧时，双方都尽可能各退一步。

（2）如能成交，双方写下成交事项。

（3）如不能成交，则罢。

5. 谈判总结阶段

（1）先买方后卖方，做总结发言。

（2）向观众宣读成交事项（或双方未能成交）。

（3）展示己方为最终成交所付出的努力。

（4）针对谈判事项，分析双方的分歧和各自优势。

（5）对谈判的形势发展进行分析和总结。

（6）同谈判对手握手（或发表声明表示遗憾）。

四、模拟商务谈判点评与总结

就谈判流程完整性、谈判策略运用技巧、语言表达与理解、身体语言的运用技巧，商务礼仪规范、谈判者应变能力、谈判小组成员之间协调与配合等方面进行点评与总结，主要包括谈判现场的口头点评与事后的书面总结。

（1）小组总结：谈判双方进行自我总结评价。

（2）学生点评：旁听学生点评成功与不足之处。

（3）老师点评与总结：指导教师进行点评与总结。

【本章小结】

商务谈判是有计划、有目标、有组织的经济活动，是一个企业市场营销策略的重要组成部分。本章主要介绍了谈判准备工作的各个方面，如人员的组织和管理、信息准备和谈判方案的制定等。

【阶梯实训】

1. 实训名称

人类思维的相似性测试。

2. 实训目的

通过做下列测试，将结果进行统计，得出相应的结论。

3. 实训要求

（1）要求每个学生拿出纸笔，自己单独做下列测试；

（2）对学生分组，每组 4 ~ 6 个人，讨论并整理自己的答案，并且进行分析，得出相应的结论并加以讨论；

（3）以 PPT 或实训报告的形式，对得出的结论进行分析总结。

4. 实训内容（测试题）

（1）想一个 1 ~ 10 的数字；

（2）想一种颜色；

（3）想一种花；

（4）用你写字的那只手，竖起三根手指；

（5）想一种水果；

（6）想一种蔬菜；

（7）想一件家具；

（8）想一种动物。

第三章
谈判策略

【引导案例】

红豆交易谈判

有一年，因日本国内红豆歉收，有一家日本公司急需从中国进口一批红豆。我国有相当多的库存，但有一部分是往年的存货。我国希望先出售陈货，而日方则希望全部进口新货。双方就此展开谈判。

谈判伊始，日方首先大诉其苦，诉说其面临的种种困难，希望得到我国的帮助。我方说："我们很同情你们面临的现状，我们是近邻，我们也很想帮助你们，那么请问你们需要订多少？""我们肯定要订购的，但不知道你方货物的情况怎么样，所以想先听听你们的介绍。"我方开诚布公地介绍了我方红豆的情况，告知日方新货库存不足，陈货偏多，价格上新货要高一些。因此，我方希望日方购买陈货。我方再三说明，但日方仍然坚持要全部购买新货。因此，谈判陷入僵局。第二天，双方再次回到谈判桌前。日方首先拿出一份最新的官方报纸，指出上面的一篇报道说："你们的报纸报道今年的红豆获得了大丰收，可见并不存在供应量的问题。因此，我们仍然坚持昨天的观点。"但我方不慌不忙地指出："尽管今年红豆丰收，但是我们国内需求量很大，政府对于红豆的出口量是有一定限制的。你们可以不买陈货，但是如果等到所有陈货在我们国内市场上卖完，而新货又不足以供应时，你方再想买就晚了。建议你方再考虑考虑。"日方沉思良久，仍然拿不定主意。为避免再次陷入僵局，我方建议道："这样吧，我们在供应你们陈货的同时，供应一部分新货，你们看怎么样？"日方再三考虑，也想不出更好的解决办法，终于同意购买一部分陈货。双方以订货量与新、陈货物的比例问题继续进行谈判。

【互动环节】

求同存异的谈判

准备：

（1）两人一组，可在不受干扰的情况下多组同时进行；

（2）双方只能通过谈话形式交换信息，不允许交换阅读对方的纸条；

（3）谈判时间控制在 10 分钟左右，以意向达成时间长短定各小组排名；

（4）提前准备谈判情境介绍，避免触及核心信息点。

第一节 开局策略

经过深入细致的准备，谈判者确立了谈判目标，拟订了谈判计划，接下来便是谈判双方进入面对面谈判的开始阶段，即谈判开局阶段。

谈判的开局又称非实质性谈判阶段，是指从谈判人员见面到进入具体交易内容的讨论之前，彼此介绍、寒暄，以及洽谈一些非实质性的问题。从时间上看，它只占整个谈判过程中极小的一部分，在大型的谈判中，其控制在谈判总时间的 5% 以内；从内容上看，与谈判的主题关系不大，但它却非常重要。

在开局阶段，谈判人员的首要任务就是要为即将开始的谈判创造出一个合适的气氛。谈判实践表明，在谈判初期所营造的气氛，会对谈判的全过程产生持续的影响，作为第一印象，它为整场谈判确定了基调。

一、开局阶段创造良好的谈判气氛

谈判气氛就是谈判双方人员进入谈判场所的方式、目光、姿态、动作、谈话等一系列有声和无声的信号，在谈判双方人员大脑中迅速得到的反映，大体有以下几种类型。

1. 热烈、友好的谈判气氛

在这种气氛下，谈判双方态度诚恳、真挚，见面时，态度积极、口气轻松、情感愉快，双方都对谈判的成功充满热情、充满信心。

2. 严肃、严谨的谈判气氛

通常双方已不是谈判生手，也非初次见面，双方自信而检点，平静如水而不声张，进入谈判的速度适中，默默缓缓而行。双方态度都极其认真严肃，每一方讲话、表态都思考再三，绝不盲从，谈判有秩序、有效率。

3. 冷淡、对立的谈判气氛

在冷淡、对立的谈判气氛下，双方见面不关心、不热情，谈判人员在谈判中表现出漫不经心、东张西望、私下交谈、打瞌睡、吃东西等松散现象。这种谈判进展缓慢、效率低下，谈判也常常因故中断。

二、创造良好的谈判气氛应注意的问题

要想创造良好的谈判气氛，就要把谈判的时间、环境等客观因素与谈判者自身的主观努力相结合，应该注意以下几个方面的问题。

1. 谈判者积极、主动引导

创造良好谈判气氛的关键因素是谈判者的主观态度，谈判者要积极主动地与对方进行思想上的沟通。例如，当对方严肃、冷淡时，应该首先露出笑容、主动地握手、主动地关切、主动地交谈，这都会有利于创造良好的谈判气氛。

2. 心平气和，以诚相待

谈判之前，双方无论是否有成见，身份、地位、观点、要求有何不同，一旦坐到谈判桌前，就意味着双方共同选择了以磋商与合作的方式解决问题。因此，谈判之初就应心平气和、以诚相待，这样才能使谈判在良好的气氛中开场。

3. 从中性话题引入

谈判刚开始，良好的气氛尚未形成，最好先谈一些友好的或中性的话题，如：询问对方问题，以示关心；回顾以往可能有过交往的历史，可以简单地聊一聊双方过去的业务往来及人员交往；谈谈共同感兴趣的新闻，亦可说一说双方人员在日常生活中的兴趣和爱好；幽默而得体地开开玩笑；等等。这些都有助于缓解谈判开始的紧张气氛，达到联络感情的目的。在此基础上，再选择适当的时间，自然地将话题引入实质性谈判。

中性话题内容丰富，可以根据谈判的时间和地点，以及双方谈判人员的具体情况，信手拈来，脱口而出，显得亲切自然。不过，中性话题也有积极和消极之分。谈判者应当设法避免谈论令人沮丧的话题，这样的话题无形中令人情绪低落。

4. 不要一开始就提出要求

如果一开始就提出要求，很容易使对方的态度马上变得比较强硬，谈判的气氛随之恶化，双方唇枪舌剑，寸步不让，易使谈判陷于僵局。由此可见，谈判尚未达成必要的气氛之前，不可不讲效果地提出要求。不合时宜地提出要求不仅不利于培养良好的谈判气氛，还会使谈判基调骤然降温。

三、开局阶段应考虑的因素

不同内容和类型的谈判，需要有不同的开局策略与之对应。一般来说，确定恰当的开局策略需要考虑以下几个因素。

1. 考虑谈判双方的关系

谈判双方的关系主要有以下几种情况。

（1）双方过去有过业务往来，且关系很好。

对于双方过去有过业务往来的情况，开局阶段应将这种友好的关系作为双方谈判的基础。开局阶段应营造一种友好的、热烈的气氛。在语言上，应该以热情为主、礼貌为辅。寒暄内容上，可以畅谈双方过去的友好合作关系，也可适当地称赞对方企业的进步与发展。在结束寒暄后，可以这样将话题切入实质性谈判："过去我们双方一直合作得很愉快，我想，这次我们仍然会合作愉快的。"

（2）双方过去有过业务往来，但关系一般。

对于双方过去有过业务往来，但关系一般的情况，开局阶段可以营造一种自然的、既不热烈也不冷淡或友好的、积极的、热烈的气氛。开局语言应该以礼貌为主、热情为辅。在寒暄时，可以聊一聊双方过去的业务往来，也可说一说双方人员在日常生活中的兴趣和爱好。在结束寒暄后，可以这样将话题切入实质性谈判："过去我们双方一直保持着业务往来关系，我们希望通过这一次的交易磋商，将我们双方的关系推进到一个新的高度。"

（3）双方过去有过业务往来，但对对方印象不佳。

在双方过去有过业务往来，但对对方印象不佳的情况下，开局阶段可以营造一种严肃、冷淡的气氛或友好的、积极的、热烈的气氛。语言应该是礼貌为主，可以带一点儿冷峻。寒暄时可以就过去双方的关系表示遗憾，以及希望通过磋商来改变这种状况。在结束寒暄后，可以这样将话题切入实质性谈判："过去我们双方有过一段合作关系，但遗憾的是并不那么令人愉快，千里之行，始于足下，让我们从这里开始吧。"

（4）双方过去没有业务往来。

在双方过去没有业务往来的情况下，开局阶段可以营造一种友好的、积极的、热烈的气氛。语言应该是礼貌为主。寒暄时内容多以天气情况、途中见闻、个人爱好等比较轻松的话题为主。在结束寒暄后，可以这样将话题切入实质性谈判："这是我们双方的第一次业务交往，希望它能够成为我们双方长期友好合作关系的一个良好开端。"

2. 考虑谈判双方之间的实力

（1）双方谈判实力相当。

为了防止一开始使对手存有戒备心理或激起对方的对立情绪，以致影响到实质性谈判、在开局阶段，要力求创造一种友好的、积极的、热烈的气氛。在语言和姿态上，要做到轻松又不失严谨、礼貌又不失自信、热情又不失沉稳。

（2）己方谈判实力明显强于对方。

为了使对方能够清醒地意识到这一点，并且在谈判中不抱过高的期望值，从而产生威慑作用，在开局阶段，大多数情况下，会创造一种严肃的、冷淡的、紧张的气氛或自然的、既不热烈也不冷淡的气氛。在语言和姿态上，表现得礼貌有余，热情有限，充分显示出己方的自信和气势。

（3）己方实力明显弱于对方。

为了不使对方在气势上占上风，从而影响后面的实质性谈判，应在开局阶段的语言和姿态上，一方面要表示出友好和积极合作的意愿，另一方面也要充满自信，使对方不能轻视自己。

四、开局阶段的策略选择

1. 一致式开局策略

一致式开局策略，就是在谈判开始时以问询方式或补充方式诱使对手走入你的既定安排，从而使双方达成一种共识。所谓问询式，是指将答案设计成问题来询问对方，例如，“你看我们把价格和付款方式问题放在后面讨论怎么样？”所谓补充方式，是指借以对对方意见的补充，使自己的意见变成对方的意见。运用这种方式应该注意的是，拿来征求对手意见的问题应该是无关紧要的问题，对手对该问题的意见不会影响己方的利益。另外，在赞成对方意见时，态度不要过于谄媚，要让对方感觉到自己是出于尊重，而不是奉承。

2. 保留式开局策略

保留式开局策略是指在谈判开始时，对谈判对手提出的关键性问题不作彻底的、确切的回答，而是有所保留，从而给对手造成神秘感，以吸引对手步入谈判。在采取保留式开局策略时不要违反商务谈判的道德原则，即以诚信为本，向对方传递的信息可以是模糊信息，但不能是虚假信息，否则，会让自己陷入非常难堪的局面之中。

3. 坦诚式开局策略

坦诚式开局策略是指以开诚布公的方式向谈判对手陈述自己的观点或想法，从而为谈判打开局面。坦诚式开局策略比较适合有长期合作关系的双方，以往双方的合作都比较满意，彼此比较了解，不用太多的客套，减少了很多外交辞令，节省时间，直接坦率地提出自己的观点和要求，反而更能使对方对己方产生信任感。采用这种策略时，要综合考虑多种因素，例如自己的身份、与对方的关系、当时的谈判形势等。

4. 进攻式开局策略

进攻式开局策略是指通过语言或行为来表达己方强硬的姿态，从而获得对方必要的尊重，并借以制造心理优势，使得谈判顺利地进行下去。采用进攻式开局策略一定要谨慎，因为在谈判开局阶段就设法显示自己的实力，使谈判开局就处于剑拔弩张的气氛中，对谈判的进一步发展极为不利。进攻式开局策略通常只在这种情况下使用：发现谈判对手在刻意制造低调气氛，这种气氛对己方的讨价还价十分不利，如果不把这种气氛扭转过来，将损害己方的切身利益。进攻式开局策略可以扭转不利于己方的低调气氛，使之走向自然气氛或高调气氛。但是，进攻式开局策略也可能使谈判一开始就陷入僵局。

5. 挑剔式开局策略

挑剔式开局策略是指开局时对对手的某项错误或礼仪失误严加指责，使其感到内疚，从而达到营造低调气氛、迫使对方让步的目的。

6. 试水温式开局策略

试水温式开局策略是一个常识性的手段。“试水温”说的是一个人在跳入游泳池之前，先要有一个试水温的过程，以保证整体的适应。商业谈判中降低价格的情况是很常见的。买方和卖方经常使用一个降低价格的“诱饵”信息来了解对方将在这笔交易上花多少钱，然后再决定自己的下一个步骤。这个试探性的动作，发出的信息可以是真，也可能是假。所以，参与谈判的人员要有足够的鉴别力和对局势的控制力，来确保谈判利益的获得、谈判目标的实现，但应当知道一个起码的常识，即对轻易获得的信息资料一定要保持高度的警惕。

五、开场陈述

开场陈述是指在开始阶段双方就本次洽谈的内容，陈述各自的观点、立场及其建议。它的任务是让双方能把本次谈判所要涉及的内容全部提示出来；同时，使彼此了解对方对本次谈判内容所持有的立场与观点，并在此基础上，就一些原则性分歧发表建设性意见或倡议。

1. 开场陈述的内容

开场陈述的内容是指谈判双方在开始阶段理应表明的观点、立场、计划和建议，其主要包括以下几个方面。

（1）己方的立场。即己方希望通过洽谈取得的利益及准备采取何种方式为双方共同获得利益作出贡献，今后双方合作中可能会出现的成效或障碍，以及己方洽谈的方针等。

（2）己方对问题的理解。即己方认为本次会谈应涉及的主要问题及对这些问题的看法、建议或想法等。

（3）对对方各项建议的回答。如果对方开始陈述或提出某些建议，我们必须对其建议或陈述作出应有的反应。

2. 开场陈述的技巧

在开场陈述时，双方都不想把话说绝，也不会单方面作出让步。在这一阶段应该注意以下几个方面。

（1）说话要谨慎，不能把不想让对方知道的情况暴露在对方面前。谈判人员应注意言辞和态度，不要因出言不慎或态度欠佳引起对方的反感，否则就会在谈判双方间筑起无形的墙，失去对方的配合。

（2）内容要把握要点，集中阐述己方想法：己方认为谈判控制在哪些范围合适；认为哪些问题较重要，应优先考虑；己方有什么希望，基本态度怎样；比较关心哪些问题；愿为谈判作哪些努力；等等。

（3）己方开场陈述后，应留时间给对方陈述。在对方陈述时，应注意倾听，并对对方的观点和意见进行整理；分析对手的谈判目的和意图，找出双方的共同点与不同点，以确定己方策略。

（4）陈述内容要得到对方的首肯。对方同意陈述内容就意味着在最初谈判阶段双方意见相和。

（5）在对方陈述时，通过己方的提问，探知对方在谈判中所持立场的坚定程度，以便在磋商中有的放矢地讨价还价。因此，要把对方陈述中的要点搞清，即使是再三询问也没关系。

（6）陈述既要简明扼要，又要尽可能广泛，还要注意内在联系，以利于创造合作机会。广义的谈判是指人类解决问题的一种活动过程，是人类生活的组成部分。广义的谈判作为一种普遍的社会现象，大量存在于各种社会机构和人与人的交往中。只要是人类为了满足各自的某种需要而进行的交往活动就是谈判，儿童游戏过程中的角色分配或朋友们商量度假的方式也都是谈判。

第二节　报价策略

一、报价的原则

1. 开盘价的高低

对于卖方来讲，开盘价必须是“最高的”，相应地，对买方来讲，开盘价必须是“最低的”。

（1）若我们为卖方，开盘价为我方的要价确定了一个最高限度。一般来讲，除特殊情况外，开盘价一经报出，就不能再提高或更改了。最终双方成交的价格肯定是在此开盘价格以下。若我们为买方，开盘价为己方的要价确定了一个最低限度。一般来讲，没有特殊情况，开盘价也是不能再降低的，最终双方成交的价格肯定在此开盘价格之上。

（2）人们普遍的观念是“一分钱、一分货”。因此，开盘价较高，会影响对方对己方提供的商品或劳务的印象和评价。

（3）开盘价较高，能够为以后的讨价还价留下充分的回旋余地，使己方在谈判中更富有弹性，便于掌握成交时机。

（4）开盘价的高低往往对最终成交水平具有实质性的影响：即开盘价高，最终成交价的水平也就比较高；开盘价低，最终成交价的水平也相应比较低。

2. 开盘价必须合情合理

开盘价要报得高一些，但绝不是指要漫天要价、毫无道理、毫无控制，恰恰相反，高的同时必须合乎情理，必须能够讲得通才行。可以想象，如果报价过高，又讲不出道理，对方必然会认为你缺少谈判的诚意，或者被逼无奈而中止谈判；或以其人之道还治其人之身，相对地来个“漫天砍价”；抑或一一提出质疑，而我们又无法解释，其结果只好是被迫无条件地让步。在这种情况下，有时即使你已将交易条件降低到较公平合理的水平，对方仍会认为尚有“水分”可挤，因而还是穷追不舍。可见，开盘价脱离现实，便会自找麻烦。

3. 报价应该坚定、明确、完整，且不加任何解释和说明

开盘价的报出要坚定、果断，并且毫不犹豫，这样做能够给对方留下己方是认真而诚实的好印象。要记住，任何欲言又止、吞吞吐吐的行为，必然会导致对方产生不良感受，甚至会产生不信任感。

开盘报价要明确、清晰而完整，以便对方能够准确地了解己方的期望。实践证明，报价时含糊不清最容易使对方产生误解，从而扰乱己方所定步骤，对己方不利。

报价时不要对己方所报价格作过多的解释、说明和辩解，因为对方不管己方报价的水分多少都会提出质疑的。如果在对方还没有提出问题之前，己方便主动加以说明，会提醒对方意识到己方最关心的问题，而这种问题有可能是对方尚未考虑过的问题。因此，有时过多地说明和解释，会使对方从中找出破绽或突破口，向己方猛烈地反击，有时甚至会使己方十分难堪，无法收场。

以上是就一般情况而言的报价原则和策略。必须指出的是，报价在遵循上述原则的同时，必须考虑当时的谈判环境和与对方的关系状况。如果对方为了自己的利益而向己方施加压力，则己方就必须以高价向对方施加压力，以保护己方的利益；如果双方关系比较友好，特别是有过较长的合作关系，那么报价就应当稳妥一点，出价过高会有损双方的关系；如果己方有很多竞争对手，那就必须把要价压低到至少能受到邀请而继续谈判的程度，否则会连继续谈判的机会都没有，更谈不上其他的了。因此，除了掌握一般性报价的原则和策略，还需要灵活地加以运用，不可教条主义。

二、报价的策略

报价不仅局限于商品的价格，而是泛指谈判一方向另一方提出的所有要求，包括商品的质量、数量、价格、包装、运输、保险、支付、商检、索赔、仲裁等各项交易条件，其中价格条款最为显著，地位最为重要。

具体来说，报价有以下几种策略。

1. 报价时机策略

价格谈判中，报价时机也是一个策略性很强的问题。有时，卖方的报价比较合理，

但并没有使买方产生交易欲望，原因往往是此时买方正在关注商品的使用价值。所以，价格谈判中，应当首先让对方充分了解商品的使用价值和能为对方带来的实际利益，待对方对此发生兴趣后再来谈价格问题。

先后报价都有利有弊，而且“利”与“弊”都和一定的条件相联系。实际谈判中的“先入为主”与“后发制人”，也都不乏成功的范例。关于先后报价孰优孰劣，要根据特定条件和具体情况灵活掌握。一般地说，应注意以下几点。

（1）如果对方是“行家”，自己不是“行家”，以后报价为好；

（2）如果对方不是“行家”，自己是“行家”，以先报价为好；

（3）双方都是“行家”，则先后报价已无实质性区别；

（4）在高度竞争或高度冲突的场合，先报价有利；

（5）在友好合作的谈判背景下，先后报价无实质性区别；

（6）商务性谈判的惯例是：发起者与应邀者之间，一般应由发起者先报价；投标者与招标者之间，一般应由投标者先报价；卖方与买方之间，一般应由卖方先报价。

经验表明，提出报价的最佳时机，一般是对方询问价格时，因为这说明对方已对商品产生了交易欲望，此时报价往往水到渠成，比较自然。

有时，在谈判开始的时候对方就询问价格，这时最好的策略应当是听而不闻。因为此时对方对商品或项目尚缺乏真正的兴趣，过早报价会徒增谈判的阻力。这时应当首先谈该商品或项目能为交易者带来的好处和利益，待对方的交易欲望被调动起来再报价为宜。当然，对方坚持即时报价，也不能故意拖延，否则，就会使对方感到不受尊重甚至引起对方反感，此时应采取折中的态度，把价格同对方可获得的好处和利益联系起来。

总之，报价时机策略往往体现着价格谈判中相对价格原理的运用，体现着促进积极价格的转化工作。

2. 报价表达策略

报价无论是采取口头方式还是书面方式，都必须十分肯定、干脆，似乎不能再做任何变动或没有任何可以商量的余地。“大概”“大约”“估计”一类含糊的词语都不宜在报价时使用，因为这会使对方感到报价不实。另外，如果买方以第三方的出价低为由胁迫时，你应明确告诉他“一分钱，一分货”，并对第三方的低价毫不介意。只有在对方表现出真实的交易意图，为表明至诚相待，才可以在价格上开始让步。

3. 价格解释策略

在谈判一方（通常是卖方）报价后，另一方（通常是买方）可要求其做价格解释。所谓价格解释，就是对报价的内容构成、价格的计算依据、价格的计算方式所作的介绍或解释。报价方在进行报价解释时，也应该注意遵守言简意赅的原则，即不问不答、有问必答、答其所问、简短明确。

（1）“不问不答”是指对对方不主动提及的问题不主动回答，不能因怕对方不理解而做过多的解释和说明，以至于言多有失。

（2）“有问必答”是指对对方提出的所有问题都要一一回答，并且要迅速、流畅。如果吞吞吐吐、欲言又止，就容易引起对方的疑虑，因而提高警惕，穷追不舍。

（3）“答其所问”是指仅就对方所提问题做出解释说明，不做画蛇添足式的多余答复。实践证明，在一方报价之后，另一方一般要求报价方对其价格构成、报价根据、计算方式等问题做出详细解释。因此，报价方在报价前要就这些问题的解释多加准备，以备应用。

（4）“简短明确”就是要求报价方在进行价格解释时做到简明扼要、明确具体，以充分表明自己的态度和诚意，使对方无法从价格中发现破绽。

4. 价格分割策略

价格分割是一种心理策略。卖方报价时，采用这种技巧，能使买方心理上感到价格更便宜。价格分割包括以下两种形式：

（1）用较小的单位报价。用小单位报价比大单位报价会使人产生便宜的感觉，更容易使人接受。

（2）用较小单位商品的价格进行比较。用小商品的价格去类比大商品会给人以亲近感，拉近与谈判对手之间的距离。

5. 采用心理价格策略

人们在心理上一般认为9.9元比10元便宜，而且认为零头价格精确度高，给人以信任感，容易使人产生便宜的感觉。像这种在十进位以下的而在心理上被人们认为较小的价格叫作心理价格。因此，市场营销中有奇数定价这一策略。

6. 中途变价策略

中途变价策略是指在报价的中途，改变原来的报价趋势，从而争取谈判成功的报价方法。所谓改变原来的报价趋势是说，买方在一路上涨的报价过程中，突然报出一个下降的价格，或者卖方在一路下降的报价过程中，突然报出一个上涨的价格来，从而改变了原来的报价趋势，促使对方考虑接受所报的价格。

7. 报价差别策略

由于购买数量、付款方式、交货期限、交货地点、客户性质等方面的不同，同一商品的购销价格也不同。这种价格差别体现了商品交易中的市场需求导向，在报价策略中应重视运用，例如：对老客户或大批量购买的客户，为巩固良好的客户关系或建立起稳定的交易联系，可适当实行价格折扣；对新客户，有时为开拓新市场，也可适当给予折扣；对某些需求弹性较小的商品，可适当实行高价策略；等等。

三、讨价还价策略

讨价是指谈判中的一方首先报价之后，另一方认为离自己的期望目标太远，而要求报价方改善报价的行为。

一般情况下，谈判的一方报价以后，另一方不会无条件地全部接受所报价格，而是相应地做出这样或那样的反应。谈判中的还价，实际上就是针对谈判对手的首次报价己方所做出的反应性报价。还价以讨价作为基础。

1. 投石问路策略

要想在谈判中掌握主动权，就要尽可能地了解对方的情况，尽可能地了解和掌握当己方采取某一步骤时，对方的反应、意图或打算。投石问路就是了解对方情况的一种战略战术。运用此策略的一方主要是在价格条款中试探对方的虚实。例如，一方想要试探对方在价格上有无回旋的余地，就可提议："如果我方增加购买数量，你们可否考虑优惠一下价格呢?"这样，买方就可以根据卖主的开价进行选择比较，讨价还价。

2. 抬价压价策略

抬价压价策略技巧是商务谈判中应用最为普遍、效果最为显著的方法。在谈判中，通常没有一方开价，另一方就马上同意，双方拍板成交的，都要经过多次的抬价、压价，才互相妥协，确定一个一致的价格标准。所以，谈判高手也是抬价、压价的高手。

抬价的作用还在于：卖方能较好地遏制买方的进一步要求，从而更好地维护己方利益。压价可以说是对抬价的破解。如果是买方先报价格，可以低于预期目标进行报价，留出讨价还价的余地。如果是卖方先报价，买方压价，则可以采取多种方式。

3. 目标分解策略

在对方报价时，价格水分较大，如果我们笼统地在价格上要求对方做出机械性的让步，既盲目，效果也不理想。比较好的做法是，把对方报价的目标分解，从中寻找出哪些技术是我们需要的，价格应是多少；哪些是我们不需要的，哪一部分价格水分较大，这样，讨价还价就有利得多。

4. 价格诱惑策略

价格诱惑策略就是卖方利用买方担心市场价格上涨的心理，诱使对方迅速签订购买协议的策略。因此，买方一定要慎重对待价格诱惑，必须坚持做到：首先，计划和具体步骤一经研究确定，就要毫不动摇地去执行，排除外界的各种干扰。所有列出的谈判要点，都要与对方认真磋商，决不随意迁就。其次，买方要根据实际需要确定订货单，不要被卖方在价格上的诱惑所迷惑，买下一些并不需要的辅助产品和配件，切忌在时间上受对方期限的约束而匆忙做出决定。

四、商务谈判中价格谈判的注意事项

作为商务谈判的核心环节，价格谈判往往主导着谈判的过程，并决定着谈判的成败。那么，在商务谈判过程中，价格谈判应特别注意以下事项。

1. 实事求是

商品价格是商品价值的货币表现，因而，价值是价格的基础。在商务谈判中，我们对于谈判标的商品的价格的确定，无论是买方还是卖方，都应遵守实事求是的原则，既不刻意抬高价格，也不肆意压低价格。谈判各方的物资供应部门应将生产部门所需材料和设备计划汇总，以表格形式注明产品的名称、规格型号、用途、质量要求、生产厂家，向有关厂商公开招标，根据情况采取面对面或背对背的报价方法进行，使谈判双方能够开诚布公、实事求是、增进信任。

2. 循序渐进

商务谈判中的价格是一种动态价格，因而，价格谈判也应该是一个动态的过程。这里的动态价格是指谈判标的物的价格随着相关因素的变动而不断变化的价格形成和运行机制。作为一名优秀的谈判人员，首先必须洞悉特定环境下影响标的物的价格因素，再通过分析各种因素对谈判价格影响程度，来确定己方的价格方案。

具体而言，商务谈判的价格应该根据市场供求关系、对方需求偏好、交易量与交易方式、生产成本与技术水平等情况，进行循序渐进的动态谈判，切实顺应市场的变化趋势，满足谈判双方的需求。

例如，某一生产型的企业，要保证正常生产所需的原料供给，就需要根据自身的发展战略、采购策略、采购原物料的特点、原物料供应商现状等制订供应商开发计划，并根据开发计划进行供应商开发工作，定期储备和引入一定数量的供应商，营造供应环境中的竞争气氛，提高供应水平。企业对于合作供应商可以开展日常考评，并根据考评中发现的问题进行针对性的调整，督促供应商加以改进，对于无法满足战略合作要求的供应商，应将其降级为普通供应商，对于符合企业供应商退出标准的供应商，应在不影响供货的情况下果断退出。

3. 价格谈判的有效性

谈判的有效性是指谈判最终达成的协议能够持久的程度。在商务谈判中，谈判各方的利益被满足的程度越高，则协议越能持久，价格谈判的有效性也越高。如果价格谈判只能较高程度地满足一方的利益而忽视另一方的利益，那么谈判的有效性就会弱化。从经济学的角度来说，价格谈判的有效性也是降低谈判过程中交易成本的必然要求。

谈判方的地位、谈判人员的素质等因素会影响价格谈判的战略选择，从而产生不同的谈判结果和不同程度的价格谈判有效性。在多轮重复价格谈判的情况下，不同的谈判结果和谈判有效性又会反过来影响谈判的战略选择。

4. 必要的妥协和让步

妥协和让步是商务谈判得以成功的必备条件。因而，关于价格的谈判，谈判双方必须做出必要的妥协和让步。价格永远是让步的焦点，当然，我们要注意，让步的类型有很多种方式，不同的让步方式会产生不同的结果。而且，第一次让步要充分激起买方的商务谈判欲望，在商务谈判中期不要轻易让步，每一次幅度都要递减，并且要求买方在其他方面给予回报，最后的让步要表现出异常的艰难，必要时要使用上级领导策略，引导买方顺着你的思路进行商务谈判，最终取得“双赢”的交易。

哈佛商学院教授马尔霍查指出，谈判时要愿意让步，才能获得对方让步，让步时需要注意四个技巧，即凸显出让步、要求并且界定对方应有的对等回报、有条件的让步、分期付款式的让步。

在商务谈判实践中，成功的谈判人员所做的让步，通常都会比对方做出的让步幅度小，但他们善于“放大”这种让步，善于渲染夸张让步的艰难性。

总之，在商务谈判中，价格谈判是最为核心和关键的环节，必须高度重视，采取合理方式和策略，以实现谈判的圆满成功。当然，要实现价格谈判的成功，还需要谈判人员具备较为全面的信息和较高的综合素质。

第三节　交锋策略

一、让步策略

让步，是谈判者必须掌握的策略与艺术。科学地、灵活地运用让步策略，就会使犹如战场的谈判场具有了一些“美感”。美国的谈判学家霍华德·雷法将之称为“谈判舞蹈”（negotiation dance），即交易双方在讨价还价中，同时也做出一些必要的让步，不断地把双方价格差距缩小，直至在价格谈判的合理范围之内确定一点，“谈判舞蹈”的舞步方告停止，最终形成双方满意的成交价，实现谈判目的。

例如，某卖方初始报价为160元，理想价格为100元，卖方为达到预期目标需做出的让步即为60元（160－100）。假定双方共经历四轮让步，常见的让步方式可归结为8种（见表3－1）。

表3－1　霍华德·雷法的“谈判舞蹈”

序号	第一轮让步	第二轮让步	第三轮让步	第四轮让步	让步方式
1	0	0	0	60	冒险型
2	15	15	15	15	刺激型
3	8	13	17	22	诱发型
4	22	17	13	8	希望型
5	26	20	12	2	妥协型
6	59	0	1	1	危险型
7	50	10	－1	1	虚伪型
8	60	0	0	0	低劣型

该实例说明，第一种让步方式是一种较坚定的让步方式。它的特点是在价格谈判的

前期和中期，无论买方做何表示，卖方始终坚持初始报价，不愿做出丝毫的退让，而到了谈判后期才迫不得已做出大的退让。这种让步方式容易使谈判形成僵局，甚至可能导致谈判的中断。这种让步方式称为“冒险型”。

第二种让步方式是一种以相等或近似相等的幅度逐轮让步的方式。这种方式的特点是使买方每次的要求和努力都能得到满意的结果，但也会因此刺激买方坚持不懈的努力，以取得卖方的继续让步。而一旦停止让步，就很难说服买方。这种让步方式称为“刺激型”。

第三种让步方式是一种让步幅度逐轮增大的方式。在实际价格谈判中，应尽量避免采取这种让步方式。因为这样会使买方的期望值越来越大，并会认为卖方软弱可欺，从而助长买方的谈判气势，很可能使卖方遭受重大损失。这种让步方式称为“诱发型”。

第四种让步方式是一种让步幅度逐轮递减的方式。这种让步方式一方面表现出卖方的立场越来越强硬，另一方面又会使买方感到卖方仍留有余地，从而始终抱有继续讨价还价的希望。这种让步方式称为“希望型”。

第五种让步方式是一种开始先做出一次大的退让，然后让步幅度逐轮急剧减少的方式。这种让步方式的特点是，它既向买方显示出卖方的谈判诚意和妥协意愿，同时又巧妙地暗示出卖方已做出了巨大的牺牲和尽了最大的努力，进一步的退让已近乎不可能。这种让步方式称为“妥协型”。

第六种让步方式是一种开始让步幅度极大，接下来则坚守立场、毫不退让，最后一轮又做了小小的让步的方式。这种让步方式，充分表明了卖方的成交愿望，也表明进一步的讨价还价是徒劳的；但开始的巨大让步也会大幅度地提高买方的期望，虽然之后卖方态度会很快消除这一期望，可是买方很高的期望一旦化为泡影往往又会难以接受，从而影响谈判的顺利进行。另外，开始就做出巨大让步，可能会使卖方丧失在较高价位成交的机会。这种让步方式称为“危险型”。

第七种让步方式是一种开始做出大的让步，接下来又做出让步，之后安排小小的回升，最后又被迫做一点让步的方式。这是一种较为奇特和巧妙的让步技法，往往能操纵买方心理。它既可表明卖方的交易诚意和让步已达到极限，又可通过“一升一降”使买方得到一种心理上的满足，这种让步方式称为“虚伪型”。

第八种让步方式是一种开始便把自己所能做出的全部让步和盘托出。这种让步方式会在谈判初期大大提高买方的期望值。而后几轮完全拒绝让步，没有给卖方留出丝毫余地。这种让步方式，首先，既缺乏灵活性，又容易使谈判陷入僵局；其次，开始即做出全部让步，也许会使卖方可能损失不该损失的利益。这种让步方式被称为“低劣型”。

从表 3－1 中的 8 种让步方式可以看出：不同的让步方式传递着不同的信息，对对方形成不同的心理作用，也对谈判进程和结果具有不同的影响。在实际的价格谈判中，采用较为普遍的是上面第四种“希望型”和第五种“妥协型”的让步方式。它们的特点是，让步的幅度是逐轮递减的，以此向对方暗示正在逼近让步的极限值，同时，为顺利达到或接近双方的成交价格铺平了道路。

最后需要说明，由于交易的内容和性质不同，双方的利益需求和谈判实力不同，以及其他各方面因素的差异，价格谈判中的让步方式不存在固定的模式，而通常表现为多种让步方式的组合。

让步策略的运用都要注意遵循以下基本的原则。

（1）所做的让步，是战略性让步，是整体性的。不做无所谓的让步，不轻易让步。

（2）在重要的关键性问题上要力争使对方先做出让步。

（3）注意把握让步的时机。

（4）不要答应做出与对方同等幅度的让步。

（5）适当让步，可以同步于对方的让步。

（6）一次让步的幅度不宜过大，让步的节奏也不宜过快。

（7）让步之后如觉得不妥，可以寻找合理的借口推倒重来。

总之，所做的让步要能够使对方获得一定利益或好处，让他们感觉到谈判方的诚意，以促使最后的谈判目标实现。

二、“攻避御合”策略

谈判桌就像竞技台，谈判对手们灵活多变地采用各种策略及策略的组合，应对谈判方。有人把针对谈判对手的个性作风采取的相应的应对性战术或策略称作“谈判柔道”（negotiation judo）。

1. 以攻为主策略

针对“不合作型”谈判对手，最好采用以攻为主的策略，攻其弱点，攻其情感点，使其看到前来谈判的利益所在，激发对手的合作意识。

（1）以情动人。

以情动人是比较基础的策略。在商务谈判中，常常有一些自以为是的讨价还价者，他们只关注双方实力和意志的较量，忽略感情因素的作用。其实不然，许多谈判的顺利推进，以至于一些棘手问题的最终解决，往往是凭借当事双方已存在的感情基础和良好的关系。

把谈判活动作为建立良好的人际关系的活动。人际关系的基础是信任、友情。你想要影响对方，实施感化策略，可以遵循以下原则：①要正确对待谈判、正确对待对手。整个谈判过程，要遵循平等、双赢原则，从大局出发，互谅互让。同时，对于谈判对手，必须充分尊重，绝不应敌视。要做到台上是对手、台下是朋友。要注重展示自己的修养和人格魅力。②在价格谈判中，不必计较一些较为次要的问题，可主动迎合对方，使对方觉得你能站在他的角度考虑问题，从而赢得对方的好感。③注意利用谈判中的间隙机会，谈论业务范围以外对方感兴趣的话题，如体育、文艺节目、时事新闻、当地的土特产、名胜古迹等，借以增加交流、增进友情。④对于彼此之间有过交往的，要常叙旧，回顾以往合作的经历和取得的成功，增强此次合作的信心。

（2）制造僵局术。

因各方利益所在，谈判尽为利益而来。但因谈判人员对谈判的认识不同，采取的谈判态度、谈判方式有所不同，也会因为某谈判方故意玩弄心术，致使谈判进展艰难。有时，在对付实力雄厚的对手时，为了保护自己，采取制造僵局术，会使对方产生畏难情绪，而不得不调整谈判思路或谈判方式。

（3）“炒蛋战术”。

常言道，把事情简化要比使它复杂更聪明，但“炒蛋战术”却恰恰相反，让一些自以为是的谈判方必须通过辛苦的工作才可能从中获得一些好处。“炒蛋战术”一般用在谈判初期或末期。例如，在某次谈判中，会谈才开始没多久，买家就要讨论新的交货日期、服务、品质标准、数量、价格、包装等项目，把问题弄得十分复杂。他之所以这样做，是要看看卖方是否已准备充分、是否愿意重新了解不熟悉的问题。有的谈判者甚至喜欢在深夜谈判时把事情搅和得很复杂，如果对手表现不耐烦、急躁，那就容易犯下不细心的错误。

（4）出其不意术。

出其不意这种策略一反常规的做法，往往能够引起他人的注意。例如，某一家黏合剂生产厂家的推销员来到某化工商场的经理办公室，看见经理正在与别人交谈，就拿起一叠报纸到一旁翻看，这时秘书过来递上一杯热水，他道了声谢，未及喝到口，杯子“砰”的一声掉到地上，摔碎了，声响惊动了在场的人。推销员连声说“对不起”，赶忙把杯子碎片捡起来，从自己的提包里掏出一个小瓶和一支毛笔，把瓶中的透明液体涂在茶杯的碎片边上。过了一会儿杯子竟被复原。在场的人感到十分有意思，都想看一看杯子的接口。谁知那位推销员在给别人递杯子的时候，竟然又把杯子脱手掉在地上。杯子再次打破，推销员笑了，捡起摔破的杯子给大家看，玻璃的破口竟不是原黏合口。大家这才明白这个推销员的用意。

2. 避其锐气策略

在战争中防守和抵御都是必需的手段。在商务谈判中，我们可能遇到各种局势，也会经常面对各种性格的谈判对手。当应对强硬作风型对手时，积极的守御策略会是比较有效的手段。守御，可以是积极的守御，也可以是消极的守御。

（1）“黑脸白脸”术。

在谈判中，如果发现对手是一个强硬作风型的对手，已方便可以着意安排已方的两种作风的谈判员，“白脸”谈判员用以给对方制造麻烦，扰乱对方思维并打破对方的预设态度。比如说，“就我本人而言，我愿意和你做生意，但是委员会一些领导只考虑最低的价格”，这就是利用后台背景的谈判者，将者作为“黑脸”人。

假如对手用黑脸白脸术来对付你的时候，可以使用下面的应对策略。

第一，揭穿他。不妨微笑着说：“喂，接下来你是不是要用黑脸白脸的策略？来来来，坐下来，咱们解决解决这个问题。”通常他们会感到不好意思而偃旗息鼓。或者你可以对那个“白脸”说：“算了吧，这种小游戏就不必在朋友面前玩了吧。从现在起他说的任何话我都认为是你说的。”从而化解这种策略。当然，如果心里有准备，也可以不必揭穿他们。

第二，也可以制造一个更加强硬的“黑脸”来回击，告诉他们你愿意按照他们的要求去做，但坐在办公室里的领导坚持原来的计划。

（2）车轮战术。

由于对方坚持己见的谈判方式，己方不得不采取一种新战术来应对。可以告诉对方因为某种原因（如水土不服、本部某领导变更或其他特殊原因）现场主要谈判人需要离开，所以谈判人员有变动。而新的谈判人员一到，还可以新的理由推翻或变更先前的谈判方式，以此来挫一挫对手的锐气。

（3）以退为进术。

在我国军事上，常常使用“以退为进”的战术。像古代孙膑和庞涓之战中孙膑使用的减灶法，隋唐时期的罗家枪法和宋代的杨家枪法中的“回马枪”，都是以退为进的招数。

这样的战术，讲的是“避其锋芒，先让一步，后发制人”的策略，利用智慧谋划取得胜利。在商务谈判中，买卖双方心理较量、语言碰撞、策略实施并举，讨价还价恰如战场，人们通常会使用“退一步，进两步”的制胜方法。

（4）绵里藏针术。

那些相信能够对局势有所把握的人，往往会遇事不惊、处事不乱，在谈判中能够冷静应对事态、妥善地处理各种问题，从而取得谈判主动。

通常的谈判场合，双方所摆出的阵营中往往有首席代表与次要代表、前台代表和后台代表之分，一方的主谈人在回答问题时，通常要看一看辅谈人的态度或辅谈人的某种暗示，即使他们心里想迅速谈成交易，也总是表现出一种从容不迫的态度，努力放慢谈判的节奏，做到不急不躁、沉着应战。

谈判对手的进攻，有时很猛烈，有时别有用心，如果使用绵里藏针术，既能够有效地避开对手锋芒，又不是消极应付，仍不失其风度和形象。这种战术与“沉默是金”的战术有时是异曲同工的。

3. 攻御阴谋策略

大多阴谋都是非公开性、曲折性计划，挫败阴谋需要有眼光、有胆识、有智慧。

（1）反车轮战术。

针对谈判对手采用换人战术轮番谈判，己方谈判人员一定要冷静应对，不得急躁，可采用限时术来要求对方给予明确答复。

（2）对付抬价的策略。

有时卖方谈判人员会拿出“知名”背景、“名牌”资料来为自己装点实力，以抬高谈判的价码。对待不合理的抬价，买方应直接指出，争取主动。

（3）请君入瓮术。

“请君入瓮”的成语，比喻用某人整治他人的方法来整治某人自己。在谈判中，谈判双方都会采取各种策略，那么针对竞争对手的跟随战术，灵活采取请君入瓮术是聪明之举。

4. 友合共赢策略

虽然讲谈判是一种竞技，但从人们谈判的实质来讲，谈判是不同利益群体通过协商、沟通方式对各自利益的争取活动，所以，谈判结果应是大家都获得自己满意的利益结果，实现共赢。

因此，大部分情况，我们遇到的是合作型对手。那么针对合作型谈判对手的策略，应遵循“人和”的原则。其谈判策略主要应讲究两个方面。

（1）努力使对手明白，谈判即是大家寻找利益的过程，是协商性的活动。要撇开那种“谈判是你死我活”的谈判概念，摒弃那种坚持立场式的强硬态度。心平气和的磋商会有助于获得更大的利益。

（2）为了表示友好，己方可以做出适度开放的姿态，如放宽政策条件、价格优惠、期限合理等，以获得对方的信任、理解及合作。

第四节　僵局策略

来自不同的企业、不同的国家或地区的谈判者，在商务谈判中对利益的期望或对某一问题的立场和观点存在分歧，很难达成共识，而又都不愿做出妥协让步时，谈判进程就会出现停滞，谈判即进入僵持状态。谈判僵局出现后对谈判双方的利益和情绪都会产生不良影响。谈判出现僵局会有两种后果：打破僵局继续谈判或谈判破裂，后一种结果是双方都不愿看到的。

商务谈判双方各自的利益和目的有差异，并且都想在谈判中取得尽可能大的利益和成果，加上谈判背景、条件、气氛的影响，因此商务谈判中出现的质疑、意见分歧、激烈争议，甚至陷入僵局都是常见的。

应该说，僵局对谈判双方都是不利的，如果处理不当，僵局会成为“死局”，最终导致整个谈判破裂。因此，运用一定的技巧打破僵局，不但有利于谈判的顺利进行，还可以取得谈判的主动权，为取得有利的谈判成果占得先机。

一、正确看待商务谈判中的僵局

商务谈判僵局，是指谈判双方谈判的问题出现了较大的争议，双方都不做任何让步的僵持局面。对于商务谈判来说，不管争论多么激烈，只要谈判能继续下去，总有成交的希望。而商务谈判出现僵局，会使双方无谓地浪费大量的时间、精力、资金，各自又一筹莫展，而且成交的希望又难以预料和实现。所以，商务谈判双方都力求在谈判中避免僵局。但这种主观愿望有时又很难实现。由于双方对所谈问题认识的角度不同，差距较大，又各抒己见，互不相让，就容易出现僵局。

商务谈判出现僵局的原因，一般有因意见分歧引起对立和因感情上的伤害而引起的对立两大类。

（1）意见性对立，只因对某些具体问题的不同认识所引起，所以不管分歧多大，或者通过新的方法，或者寻求双方妥协，创造性地解决意见对立的希望还是很大的。

（2）如果属于感情上的伤害即情绪性的对立，解决的困难则要大得多。这主要是因为人在遭受屈辱之后，言行很容易走向极端。

遇到僵局时，气馁沮丧，信心动摇，甚至怀疑自己的判断能力，这是谈判者的大忌。而关键在于有信心对付僵局，讲策略地利用僵局，对症下药缓解僵局，使它变成争取成功的转机。

（1）利用僵局更能试探出对方的决心、诚意和实力。在谈判高手眼中，利用相持不下的僵局是商务谈判中一种有力的策略。利用僵局，常常可以缓和对方的态度，因为双方还是希望打破僵局的。因此，只要一方稍做让步，哪怕是表面形式的让步，也会打破僵局，使对方的态度明显缓解。如果双方保全了面子，达成协议并不困难。所以在商务谈判中出现僵局时，不要气馁，树立信心，可能又会出现新局面。

（2）有效地利用僵局，不仅可以缓解僵局，还可以化险为夷，使之成为争取谈判成功的契机。谈判高手常常不仅善于缓解僵局，有时还有意制造僵局，然后经过巧妙的处理运用，使双方谈判前景豁然开朗，显示出了谈判高手驾驭谈判的非凡能力。但是，有意制造僵局是一手“险棋”，非谈判高手或万不得已不要轻易采用，万一失手可能使谈判真正失败。

二、制造僵局的技巧

构成双方谈判关系的条件是双方在物质实力、人格、地位等方面都具备了相对独立或对等的资格。如果一方实力较强，另一方实力较弱，那么实力较强的一方可能对实力较弱的一方不屑一顾。这时，就需要制造一个僵局，即把一方的问题变成双方共同面对的问题，这个问题必须同时困扰着双方，且使双方都无法回避。到了这时，实力较弱的一方才会被对方所重视，其所期望的谈判才有可能发生。

制造僵局的方法有三种：小题大做、增加议题、结盟。

（1）小题大做。

小题大做是指将原来相对较小的议题或不太重要的问题作为较大的议题或重要的问题来讨论，将原来可以由下级管理人员或业务人员解决的问题上升为必须经决策人员亲自过问才能解决的问题。小题大做的关键是在“做”字上下功夫，把事态扩大，造成非决策人员不能解决的态势。

（2）增加议题。

增加议题是指将原来可以取得共识的议题与另外的一时无法取得共识的议题“挂钩”，并使之互为条件，以此来增加协商的难度，并使自己在谈判中的地位和实力得到加强。

（3）结盟。

结盟是指在谈判中实力较弱的一方联络与双方都有利益关系的第三方或更多的相关方，并在特定的议题上结成利益同盟，从而与实力较强的一方在力量对比上达到势均力敌，迫使实力较强的一方坐在谈判桌前认真与其协商。

在实力较弱的一方制造僵局时，实力较强的一方通常会采取两种对策：一种是断然拒绝，不予理睬；另一种是给其小利，诱其归顺。断然拒绝、不予理睬的对策常会使一些原本就信心不足的弱方知难而退。若弱方坚持僵局，不肯退却，则可能引发一场比试实力和耐力的对抗。给其小利、诱其归顺的对策常会使弱方顾及近利而放弃对抗，以此来瓦解对方的结盟，则可做到“各个击破”。若两者合并使用，则可以达到恩威并施的效果。但是，有时候实力较强的一方可能会无法运用上述两种对策。

比如，实力较弱的一方掌握了必需的资源或信息，离开他或他们的合作，实力较强的一方将陷入困境；或者，他或他们具有一票否决的权力。另一种情况是实力较强的一方暂时未能与对手的同盟方取得沟通和妥协。这时，双方就只能通过对话和谈判来解决他们共同的问题。

三、突破僵局的技巧

既然商务谈判中出现僵局是不可避免的，我们就要正视它，更要有理有节地、积极地、妥善地处理。

在商务谈判过程中，处理僵局的基本原则是：

（1）尽可能实现双方的真正意图。谈判是双方寻求满足各自需要的过程。僵局的解决，最终表现为双方各自利益的实现，即实现双方的真正意图。如果做不到这一点，僵局是无法打破的。这是最主要，也是最根本的原则。

（2）不带个人情绪。在一般情况下，谈判双方发生冲突的根本原因是双方利益上的矛盾。谈判气氛的紧张，双方唇枪舌剑，甚至失去理智，其实质是利益冲突，并非个人之间的矛盾。因此，要把人和事严格区别开来，不可夹杂个人的情绪对立。

（3）努力做到双方不丢面子。谈判双方，都必须尊重对方的人格，在调整双方利益的前提下，不可让任何一方下不了台。

第五节　签约策略

谈判双方经多次谈判，就经济交往中的各项重要内容完全达成一致以后，为了确认彼此各方的权利和义务，一般都要签订经济契约，即通过合同的形式来确立、变更、终止其经济权利义务关系。

一、商务谈判合同的种类

商务谈判合同的种类有很多，常见的有购销合同、包销合同、联营合同、进出口合同等。

1. 购销合同

购销合同是指供方出售商品给需方，需方接受商品并按规定支付价款的协议。购销合同是买卖合同，出售商品的一方称为卖方，接受商品的一方称为买方。购销合同适用于所有从事生产制造商业经营和服务的部门、企业相互之间的交易，其适用范围十分广泛，形式也多种多样。

签订购销合同时应注意的问题，一是要尽量采用产品的标准名称，注明产品的标号、商标、款式、产地，以及某种级别的质量标准；二是要标明产品的数量和计量单位，其中还应明确允许的正负尾差、运输中的自然损耗和验收时的合理超欠幅度；三是标明包装的标准及相关规定；四是尽量写明产品的价格如单价、等级价和运费等；五是要明确规定产品的交货期限和验收具体要求如交货的车站、码头等；六是明确规定产品货款的结算方式；七是列出具体的违约责任和赔偿办法。

2. 包销合同

包销合同一般指那些规定了买卖双方对某种商品在一定的地区和一定的期限内互有专营权的合同。即使在规定下给予第三方销售的权利，而买方也只有向卖方购买，不得向第三方购买；同时买方在购回商品后，自行销售，自负盈亏。这种合同与一般商品买卖合同的区别是，它有商品专营权、包销范围和包销期限等规定。由于这种合同交易时间较长，卖方在规定的期限内分批交货，因而在价格条件上涉及一次性作价和分批作价的问题。正确签订包销合同关系到双方企业在较长时期内的合作关系与经营效果。

3. 联营合同

联营合同一般是指两个或两个以上的经济组织相互约定联合经营一定的经济事业所

签订的合同。在流通领域里，有为举办工商联营、农商联营、商贸（外贸）联营、商商联营而签订的合同，其业务内容有联购、联销、产销联合、内外销联合等。联营合同要经协作主管部门批准，并经工商行政管理部门核准登记。签订联营合同必须明确规定：联营的宗旨及内容，联营的各方面的名称和所有制性质，联营各方面的投资额，联营收益的分享和亏损的负担，联营的方式，联营的期限，联营各方原分工及责任等。

4. 进出口合同

进出口合同包括进口合同和出口合同。

在我国对外贸易的出口业务中，从合同的内容详简情况来看，常采用的出口合同有销售合同和销售确认书两种。销售合同的内容比较全面，除包括产品的标准名称、规格、包装、单价、装运港和目的港、交货期和付款方式、运输标志和商品检验等条件外，还有议异索赔、仲裁、不可抗力等条件。对双方的权利和义务及发生争议时的处理，均有详细的规定。所以对大宗商品或成交金额比较大的商品交易，一般采取这种合同的形式。

销售确认书是一种简式合同，只包括名称、规格、包装、单价、装运港和目的港、交货期和付款方式、运输标志和商品检验等条件，而议异索赔、仲裁、不可抗力等条件一般都不列入。它适用于涉及金额不大、批次较多的轻工业产品和小土特产的交易。

这两种合同在法律上具有同等效力，双方签字后，都必须遵守执行。

二、要约和承诺

经济合同签订的过程，也就是谈判双方对合同内容进行讨论、协商，为谋求各自经济利益并取得一致意见的过程。它是经济谈判一方以缔结合同为目的，向对方提出签订经济合同的建议、要求或一种意思表示。提出要约的一方称为要约人，对方称为受要约人，又称承诺人。要约人在提出要约时，除表示谈判合同的愿望外，依法还必须明确提出合同的主要条款，以供谈判对方考虑是否同意签约。这个过程概括起来，一般要经过要约和承诺这两个主要步骤。实际上，签约往往要经过多次的要约和承诺。

1. 要约

要约，在贸易中称发盘，是一种法律行为，在报价到达对方时发生法律效力，对要约人有法律约束力。如果要约中规定了答复期限，要约人在规定期限内要受约束。只要在规定期限内收到对方表示接受提议的答复，要约人就有与对方订立经济合同的义务。同一标的的合同，在这期限内，要约人不得向第三人提出同样的提议或与第三人订立此项合同。否则，对由此给对方造成的损失就要负赔偿的责任。但是属于这类的合同，在下列三种情况下，要约人可以不受原要约的约束：一是在规定期限内收到对方拒绝接受要约的答复，或者谈判对方做出了改变原要约主要条款的答复；二是对方超过期限才做出同意就要约进行谈判的答复；三是虽然对方是在规定期限内做出同意要约的答复，但是要约人收到答复时已经过期，并且将此情况通知了对方。

如果要约人没有规定答复期限，用口头方式提出时，在对方立即接收要约的情况下，要受要约的约束；用文字形式提出要约时，在合理期限内要受要约约束。不受约束的要约，要约人不承担法律责任。

2. 承诺

承诺即接受要约，在贸易中称还盘，或叫接受提议，也就是受要约人按照要约所指定的方式，对要约的内容表示完全同意。所谓完全同意，是指受要约人（承诺人）对于要约中所提出的各项条款，都表示赞同。要约一经承诺，合同即告成立。承诺是一种法律行为，承诺人要承担合同履行的义务。

在谈判中，对要约提出修改，部分同意或附有条件地接受，则不能认为是接受提议，应当看作是拒绝原要约而提出新的要约，这是因为它已改变了原要约的内容。

作为有效的承诺，必须具备下列条件。

（1）承诺必须由受要约人做出。

经济合同必须要由具有法人资格的企事业等单位出面签订，而法人的活动是由它的法定代表进行的。但在现实的经济活动中，企业的经理或厂长并不都亲自同其他单位谈判签订合同，而往往授权本企业所属职能部门负责人或专业人员负责签订合同。有些谈判还可以委托其他法人或律师代订经济合同，所以受要约人包括法人代表及其取得委托单位委托书的代理人。除此之外，任何第三人即使知道要约内容，并参加了谈判全过程，对此做出同意的表示，都不能算作承诺，不能成立合同。

（2）承诺必须在要约的有效期限内进行。

如果要约规定了有效期限，承诺的时间迟于要约的有效期限，就不是有效的承诺，而是一个新的要约，必须经原要约人承诺后才能成立合同。

（3）承诺必须与要约内容一致。

承诺是受要约人愿意按照要约的内容与要约人订立合同的一种意思表示。因此，承诺的内容应当与要约内容一致。如果受要约人在承诺中将要约内容加以扩充、限制或变更，这就不是承诺而是一项新的要约或反要约，它必须经过谈判，使原要约人接受新的要约，即获得原要约人的承诺，方能成为合同。

（4）承诺的传递方式必须符合要约所提出的要求。

在谈判中，要约人在要约中可以对承诺的传递方式做出具体规定，受要约人在承诺时如果擅自改变传递方式，承诺就不能成立。如果要约人在要约中没规定具体的传递方式，承诺人一般应按要约所采用的传递方式办理。

承诺也可以撤回。承诺必须在生效前撤回，一旦生效，合同即告成立，承诺人就不得撤回其承诺，如果撤回已生效的合同，就是单方撕毁合同，就要承担法律责任。

谈判签约都必须经过要约和承诺这样两个步骤，经过反复谈判协商，取得一致意见，达成协议。法律另有规定的除外。

三、签订经济合同应该避免的错误

经济谈判的成果要用经济合同保证，但由于经济谈判和经济活动的复杂性，双方协商的意见不一定能完整准确地反映在经济合同上，经济合同履行中往往就会出现问题和纠纷。所以，应当注意避免在签订经济合同时易犯的错误。

1. 避免合同条款不全，规定不明确

（1）必须明确质量要求与标准。

谈判双方在签约时，必须充分协商，明确具体地规定产品质量标准。因此，在合同中必须写明执行的标准代号、编号和标准名称。对成套产品，应对附件的质量要求做出明确的规定。有些特殊商品，国家还规定有特殊的质量要求。一旦在合同条款中缺乏质量要求与标准，或合同虽规定了产品质量要求，但要求不具体，发生问题时，双方各执一词，问题则无法解决。如在一个购销合同中，质量标准条款中规定："质量标准参照产品说明书"，这就犯错误了，因为"产品说明书"有许多种，有专门说明质量的，有专门说明使用方法的，有专门介绍装配方法的，应根据"产品说明书"的具体情况来定。产品的包装质量仅写成"外观完好"是不够的。包装质量不仅包括外观完好，而且还应具有一定的防震、防湿、防腐蚀的能力。

（2）必须明确价款的规定。

在现实生活中，价款不清最容易发生争执。针对某种产品的价格，必须标明是国家有关物价管理的规定，或者说明是经双方协定后的价格。如因对产品有特殊技术要求或需要提高或降低价格的都应经双方商定，或还可在合同中注明："按谈判双方最后商定的价格（或物价主管部门批准的价格）结算，多退少补"。有的合同价款写"估算价"，订立"开口合同"。在实际交货时，供方单方面决定新价格；因事先未经谈判协商一致，合同中又未做具体规定，遭对方拒付，发生纠纷。这种情况在购销合同中时有发生。

（3）必须明确交货期。

根据国家有关法律规定，应当按照谈判双方协议规定的交货时间按时交货，延期交货的供方应向需方偿付违约金；擅自提前交货的，需方有权拒收。之所以有这样的规定，是因为在实践中有些单位的仓库有限，如供方擅自提前交货，就会使货物无处存放，造成损失。同时也会打乱需方的工作计划。交货期条款应起到准确制约供方交货行为的作用，交货期不明确很容易引起纠纷。有的合同将××××年四季度交货简称为××××/4 或××××/4G，这算是四季度还是 4 月份呢？有的合同虽明确交货期为第几季度，却又加上争取提前完工的要求，如××××年三季度交货，争取二季度完工；有的写××××年三季度交货，8 月完工；等等。到正式交货时，双方各执一词，则会引起纠纷。

（4）必须写明确切的验收方法、地点。

验收是一项严肃的法律制度，它包括验收时间、验收的方式、提出异议的期限三项基本内容。这三项基本内容是相辅相成、缺一不可的。它们分别从各自不同的角度，在确保商品质量、明确违约责任等方面发挥着自己的作用，如在合同中简单地写成“以样品为准”是错误的。根据这一条款，当事人既不知道何时开始验收，也不知道用什么方式进行验收（如用多大的抽样比例），合同的标准是什么，也不知道提出异议的期限是什么，如果谈判双方商定以样品作为质量标准，正确的做法应该是谈判双方共同验证质量标准，进行详细记录后，由双方共同互封。验收时，应首先共同检查封存情况，然后开封。如果发现有拆封现象，则该封存样品作废。

合同写成“由双方当面验收确定”也是不科学的。因为，质量标准是多方面的，有些是可以“当面验收确定”的，例如，物品的外观、颜色等。有些则不能“当面验收确定”，如写“到厂验收”，到哪个厂，如何验收都不明确。

（5）必须明确合同的结算办法。

“货到付款”是经济合同中常见的错误用语。它没有说明付款的确切时间，也没有说明是现金支付还是通过银行办理转账结算，需方可以据此无限期地拖延付款。其他经济合同应根据其技术经济特点，在支付方式条款中注明时限和结算方式。按照《中国人民银行结算办法》付款单位的承付包括验单付款和验货付款两种方式，在这两种不同的承付方式中，付款单位（需方）和收款单位（供方）的权利义务是不同的。一般购销合同，如果是“验单付款”，那么付款的期限为 3 天，从付款单位开户银行发出承付通知的次日算起。付款单位在承付期内，未向银行表示拒绝付款，银行视为同意承付，并在承付期满的次日上午（节假日顺延）将款项主动从付款单位账户内拨出，按收款单位指定的划款方式划给收款单位。如果是“验货付款”，则支付期限为 10 天，从运输部门向付款单位发出提货通知的次日算起。由此可见，不同的承付方式对谈判双方权益的影响是不同的。笼统地把“结算方式”写成“通过银行转账结算”是不合适的。应具体注明是“验单付款”，还是“验货付款”。

（6）合同条款用词不能含糊、模棱两可。

经济合同具有法律的严肃性，一经签订就具有法律效用。合同用语的起码要求是要准确具体，反对一切抽象的、笼统的表达和含糊不清的用语。如某贷款协议的“借款用途”条款中，写成“购置设备等”，这个“等”就使借款用途得到无限扩大，使贷款方失去了监督检查和制约借款方的依据。还有些合同上有“马上”“争取”“尽力”“尽快”等词，这些词都是“画蛇添足”，在发生争执时，都能成为扯皮的口实。

此外，“签约地”是当前许多经济谈判容易遗漏的一个项目。缺少“签约地”项目，不利于迅速、准确、合法地解决合同纠纷，不利于确认谈判双方的权利义务和制裁违约行为。

2. 避免签订经济合同的主体不明确或不合法

有的合同主体不明确。如某羊毛购销合同中，开始的地方出现了四个当事人，即甲方的“××实业贸易公司”“××工农商联合公司”，乙方的“××联合企业公司”“××开发公司”。而在合同最后，签章的却又是一个单位，即甲方的“××实业贸易公司”，乙方的“××联合企业公司”。这样从合同文本上，我们就不能一目了然地认清这四者之间的关系，也不易辨明谁是该合同真正的主体。所以，这个合同的主体名称的签署是混乱的、不明确的，它不符合《中华人民共和国合同法》（以下简称《合同法》）的规定。

有的单位签约人员在携带合同专用章外出签合同时，往往不持本单位签发的委托书。严格地说，不具备法人代表资格也不具备委托代理人资格的人员，不能代表本企业签订合同；即使签订了合同，这样的合同也应当视为无效合同。

3. 避免合同违约责任表述不正确

《合同法》用了很大篇幅对违约责任做了明确而具体的规定，不同类型的合同，违约的内容也有所不同。但在实际的签约中，往往靠“君子协定”，而不规定谈判双方违约应负的经济责任和法律责任。一旦合同发生纠纷时，双方意见很难一致，情况就很难处理。

也有个别合同的违约责任的规定是以谈判一方（往往是强势的一方）有利与否及有利程度而定。只规定对方单方面的违约责任，有意避而不写自己的违约责任，像“解释权在己方”这类“格式合同”或“格式条款”，显然违反了平等“双赢”的原则，也容易引起合同纠纷。

4. 避免草率签订，任意中止合同

由于出现价格差错，写错地点，漏写交货日期、标的单价、运输方式和付款方式而引起纠纷的情况不少。还有些合同，在资金、货源、运输、产品销路不落实的情况下，就草率签订，随后又任意中止或单方撕毁合同，从而埋下纠纷的隐患。有些单位看到产品销路好，就盲目订购大批原材料和零配件，一旦产品滞销就拒收毁约，此类情况时有发生。还有些因客观条件的变化给合同的签订和履行带来一定的困难。例如，行政下达新的指标影响已经签订的部分经济合同的履行；物资供应上存在缺口，以致合同承约一方的企业难以得到确实的物质条件保证；运输力量不足，基建项目调整等，使个别合同无法履行，造成的损失往往无法赔偿。但合同中止绝大多数是谈判双方的主观原因造成的，我们应该积极地从中总结经验教训，把合同订得完备科学，以便于全面有效地履行。

5. 合同条款互不衔接，相互之间发生矛盾

经济合同种类很多，各类合同因谈判双方的经济目的和具体要求不同而各不相同。但是不管哪种合同，一般由约首、正文和约尾三部分组成。约首是合同的首部，用来反映合同的名称、号数，签约的日期、地点，双方的名称、地址，以及序言等内容。正文也就是谈判双方协议的具体内容，是合同的核心部分，它包括标的、数量和质量，价款

或酬金，履行的期限、地点和方式，包装和验收方法，违约责任等主要条款。约尾是合同的尾部，用来反映合同文字的效力、份数、附件及其效力，以及双方签字盖章等。一份完整的、有效的合同，一般要求各主要条款完整且相互衔接，如果出现其中一项条款与另一项条款相抵触的现象，实际上就是两项条款相互否定，一旦发生纠纷，双方将各执一词、互相扯皮。因此，在签约时，不仅各条款要完备，不可漏签，而且要保证各条款不发生矛盾。有时某些合同还会附带一些附件，对合同的条款做进一步解释或规定，同样也具有与合同同等的法律效力。

【本章小结】

本章按照商务谈判的整体流程进行介绍，从商务谈判的开局阶段，到报价阶段、磋商阶段，最终到成交签约阶段，这一整体流程是商务谈判的实务阶段，具有非常重要的实操意义。

谈判的开局是商务谈判的起点。一个良好开局将为谈判的成功奠定良好的基础，它同时也是商务谈判策略的承接，也是接下来正式进入面对面谈判的起点，所以具有非常重要的意义。

在经历了谈判双方最初的接触、摸底，并对所了解和掌握的信息进行相应的处理之后，商务谈判往往由横向铺开转向纵向深入，即从广泛性洽谈转向对一个个议题的磋商。在每一个议题的磋商之初，往往由一方当事人报价，另一方当事人还价，这种报价和还价的过程就是报价阶段。

商务谈判的艺术性更多地体现在商务谈判中的磋商阶段。所以，磋商是商务谈判的一项重要内容。一个优秀的谈判者不仅要掌握谈判的基本原则、方法，还要学会熟练地运用磋商的策略与技巧，具体包含讨价还价、僵局解决、让步及最终促成。

商务谈判磋商结束后，成交和签订协议是谈判最后一个重要阶段，也是衡量谈判成功与否的关键标志。

【阶梯实训】

涡轮机购销谈判

买方：森瑞达公司。

卖方：华西涡轮机公司。

以下是根据实际谈判案例改编的角色扮演练习，划分为甲乙两方（甲方：森瑞达公司采购代理商、生产工程师以及泰克公司咨询设计工程师；乙方：华西涡轮机公司销售代表、地区销售经理与设备工程师），不同谈判角色领取不同的角色扮演卡。

乙方角色1：华西涡轮机有限公司销售代表。

你将扮演华西涡轮机有限公司的销售代表，该公司是一家工业燃气涡轮机和天然气压缩机制造商。现在已经安排了你们公司的谈判代表团（包括一位销售经理、一位设备工程师和你）和森瑞达天然气公司的客户代表们的一次会议。此次会议的目的在于就合同的最终细节问题进行谈判，该合同是你过去六个月持续为之奋斗并努力争取在近期使之得以实现的。这份特殊的合同对你个人来说非常重要，因为它将使你今年的销售业绩达到分红标准。

经过总部批准，你已经向你的客户提供了一份报价单。森瑞达公司经要求比原报价降低一些。对于标准协议中的部分条款和条件，你也有机会制定机器价格。华西公司的标准条款作为报价单附属的一部分列出来。过去你发现坚持标准在公司看来是最重要的，特别是在海湾安装时，保障标准工作的劳力成本是很难预测的。而且在最近的销售会议上，你的经理也指出了付款条款和在高通货膨胀环境下的通货调整的重要性。由森瑞达公司选择的产品对于你来说并不是特别重要。你关心的是在基本的机器上达成协议，因为这明显地会影响到你的年终奖，而额外的产品对你的绩效考核和补偿并没有什么影响。

你有 30 分钟的时间和谈判组其他成员商量谈判战略，以上部分或全部信息可以用于支持你的战略选择，如果需要的话你也可以创立其他论点来支持你的立场。尽力扮演好分配给你的角色是非常重要的，因为这可以使所有参与者学到更多的东西。你可以就表格内容交换信息，但是请不要与谈判组其他成员交换表格。你将有 1 小时的时间用来和森瑞达谈判代表团达成协议，在这些表格上作记录，如果对谈判规则不清楚可以提问。最终协议条款将被记录在后面所附的合同中，并由双方公司的代表签署。

华西涡轮机有限公司报价单	
福建省厦门市 林荫道 7 号 森瑞达天然气有限责任公司	安装： 南沙群岛海上 6 号生产平台
JR2000 型天然气压缩机	25 000 000 元
产品选择：	
定制海洋掩体	4 000 000 元
还原器	5 000 000 元
盐水喷雾空气过滤器	1 000 000 元
服务协议（提供两年正常维护、零部件更换和劳务）	1 500 000 元
总价合计	36 500 000 元
标准条款和条件	
交货时间	6 个月
延迟交货罚金	100 000 元/月
取消费用（如果客户取消订单）	合计价格的 10%
保证（对于不完善的机器）	一年内保证提供部件
付款方式	货到付款
通货调整	每年 15%

续表

最终合同条款	
JR2000 型压缩机	
产品选择（在选项里打钩）： （　）掩体 （　）还原器 （　）过滤器合计________元	
服务条款（列举条件） 价格________元	
条款和条件：	
交货时间	
延迟交货罚金	
取消费用（如果客户取消订单）	
保证（对于不完善的机器）	
付款方式	
通货调整	
保证	零部件劳务年限
仲裁条款（选项里打钩）	包括（　　）不包括（　　）
签署人 __________　　__________ 森瑞达公司代表　　　　华西公司代表	

乙方角色 2：华西涡轮机有限公司地区销售经理。

你将扮演华西涡轮机有限公司地区销售经理的角色，该公司是一家工业燃气涡轮机和天然气压缩机制造商。你将带领华西公司的销售代表和森瑞达天然气公司围绕价值 3 650 万元的压缩机设备进行最终的销售谈判。你的销售人员已经就销售和技术问题与对方进行了初步讨论，在这次和客户的最终谈判里，你必须作出一些决策争取和森瑞达公司达成协议。

在过去的几周里，你们公司和其他公司的一些大宗合同都被竞争对手抢走，因此这次能否与森瑞达公司合作变得很重要。再者，由于谈判标的涉及还原器产品，使得此次交易变得更加重要，因为该类型还原器是一种新型节能器，也是目前华西公司正在力推的重点产品。你的销售人员已经向森瑞达公司提交了一份产品报价单。公司允许你根据具体情况最多可以有 10% 的让价，更多的折扣价则需要向总部汇报同时说明充分的理由。另外，你的大部分年薪是根据你在公司完成的利润指标来计算的。最后，根据市场调查发现，华西公司的竞争者近来提高了相应产品的价格，这也使得你的报价更有吸引力。一些客户要求把仲裁列为合同的补充条款和条件，你们公司的法律部门认为这样的条款没有必要。事实上，过去每当华西公司和客户纠纷提交到第三方仲裁时，华西公司总是输。因此，法律部门要求你尽量避免任何仲裁条款。

你有 30 分钟的时间和谈判组其他成员商量谈判战略，以上部分或全部信息可以用于支持你的战略选择，如果需要的话你也可以创立其他论点来支持你的立场。尽力扮演好分配给你的角色是非常重要的，因为这可以使所有参与者学到更多的东西。你可以就表格内容交换信息，但是请不要与谈判组其他成员交换表格。你将有 1 小时的时间用来和森瑞达谈判代表团达成协议，在这些表格上作记录，如果对谈判规则不清楚可以提问。

乙方角色 3：华西涡轮机有限公司设备工程师。

你将扮演华西涡轮机有限公司设备工程师的角色，该公司是一家工业燃气涡轮机和天然气压缩机制造商。考虑到客户是对 JR2000 型天然气压缩机设备进行购买，公司选择你参加和森瑞达天然气公司代表的谈判。一份基本机器和相关产品选择的报价单附后。

作为你们公司设备工程部门的一员，你对跟顾客交流所列产品选择这一点非常感兴趣。华西公司提供的这些产品选择，在安装和使用机器时会遇到少许困难，这已经是你们部门经历过的。

在提供服务时应避免客户由于不正确操作导致设备不能正常工作。华西公司认识到，在提供海上安装设备方面，包括抗腐蚀掩体和盐水喷雾过滤器，它们都是该行业的领先者。还原器（一项充分利用多余的热量来减少燃料消耗的设备）是该项目特别重要的一部分，因为这是由华西公司提供的一项新产品。因此，你们公司正积极地探索安装和服务该产品的经验，并且在以后销售使用中提供经验记录。由于天然气成本经常增加，你们的客户将会更加关注你们产品关于燃料消耗方面的特性。

你有 30 分钟的时间和谈判组其他成员商量谈判战略，以上部分或全部信息可以用于支持你的战略选择，如果需要的话你也可以创立其他论点来支持你的立场。尽力扮演好分配给你的角色是非常重要的，因为这可以使所有参与者学到更多的东西。你可以就表格内容交换信息，但是请不要与谈判组其他成员交换表格。你将有 1 小时的时间用来和森瑞达谈判代表团达成协议，在这些表格上作记录，如果对谈判规则不清楚可以提问。

甲方角色 1：泰克公司咨询设计工程师。

你将扮演来自泰克公司的咨询设计工程师的角色。你现在正在给森瑞达天然气有限责任公司设计一座海上天然气生产平台。作为你的部分责任，你将出席一份价值 3 650 万元合同的谈判，因为该协议涉及华西公司 JR2000 型天然气压缩机，该机器是提供给由你负责设计的海上工程的。你已经和华西公司销售代表在这项工作中共同工作了 6 个月了，前几年也从事过其他的几份工作。你很信任华西公司在产品和工作人员方面的质量。

关于 JR2000 型天然气压缩机和相关产品选择的价格报价单，你感觉该报价还是比较合理的，总的来说物有所值。从你的观点来看，最近三个月之内交货是关键的问题。按照你提出的每期计划表，为了完成整个天然气产品平台的安装、调试和生产，需要华西公司的机器比预期的交货期还要早。由于其他产品设备部件的交货已经被拖延，所以要给华西公司机器设备及早安装空出时间来。

最后，你强烈地感觉到还原器燃气涡轮机（还原器是一项用涡轮机多余的热量来减少燃料消耗的设备）是未来的发展方向。你确信在购买华西公司的产品中包含这项重要的革新产品也符合森瑞达公司的最大利益。另外，你个人对这项先进技术和它的使用也比较感兴趣。

你有 30 分钟时间和谈判组其他成员商量谈判战略，以上部分或全部信息可以用以支持你的战略选择。如果需要的话你也可以创立其他论点来支持你的立场。尽量扮演好分配给你的角色是非常重要的，因为这可以使所有参与者学到更多的东西。你可以就表格内容交换信息，但是请不要与谈判组其他成员交换表格。你将有 1 小时的时间用来和华西公司谈判代表团达成协议，在这些表格上作记录，如果对谈判规则不清楚可以提问。

甲方角色 2：森瑞达有限责任公司采购代理商。

你将扮演森瑞达有限责任公司采购代理商的角色。该公司是一家在南沙群岛海域生产天然气的生产商。你将带领森瑞达公司代表团对价值 3 650 万元的合同进行最后谈判，该合同是为一套新的海上生产设备提供华西公司生产的 JR2000 型的天然气压缩机。一位来自华西公司的销售代表已经提交了一份协议报价单，你感觉该协议有可能解决你们的购买问题。然而，最终的细节仍需商榷。你认为华西公司提出的价格和对应的产品不一致。你认识到华西涡轮机是目前为止在需要的时间段内提供的最好的产品。然而，因为华西公司最近在销售方面输给了竞争对手，所以你期望劝说华西公司能从实质上降低你先前制定的购买价格水平。

在最初的投标包含的条款和条件中，你感觉有三项对森瑞达公司特别重要。首先，最近几个月内，华西公司在交货日期方面有些困难。因此，在讨论过程中对延迟交货的处罚将会是一个重要的议题。其次，公司一项延期付款的政策已经公布了。除了那些已经在购买目标中列出来的条款以外，森瑞达公司的管理人员强烈反对其他购买商同意的付款条款。最后，你们公司最近削减了法律部门，并采用了一项在协议辩论中采取第三方仲裁的政策。第三方仲裁条款也是和华西公司协议的关键部分，最后关心的条款是还原器项目。从事平台项目设计的咨询公司感觉还原器是必须确定增加的燃料成本。作为选择，生产部门预测主要令人头疼的机器问题是使用没被证明的项目，比如还原器。

你的任务很明确，就是解决谈判中的这些问题，保证工程才可以准时完成。你有 30 分钟的时间和谈判组其他成员商量谈判战略，以上部分或全部信息可以用于支持你的战略选择。如果需要的话你也可以创立其他论点来支持你的立场。尽力扮演好分配给你的角色是非常重要的，因为这可以使所有参与者学到更多的东西。你可以就表格内容交换信息，但是请不要与谈判组其他成员交换表格。你将有 1 小时的时间用来和华西公司谈判代表团达成协议，在这些表格上作记录，如果对谈判规则不清楚可以提问。

甲方角色 3：森瑞达有限责任公司生产工程师。

你将扮演森瑞达有限责任公司生产工程师的角色。该公司是一家在南沙群岛海域生产天然气的生产商。你将带领森瑞达公司代表团对价值 3 650 万元的合同进行最后谈判，该合同是为一套新的海上生产设备提供华西公司生产的 JR2000 型天然气压缩机。在最近的几个月内，你一直都和华西公司的销售代表从事整个工程的细节的洽谈。你将参与该产品的日常使用，因此你主要关心的是该产品的性能，商业细节对你来说就不那么重要了。

根据你运行海上生产设备 20 年的经验，你认为 JR2000 型天然气压缩机是能够在海上生产的最好的产品。从你的观点来看，海上掩体和盐水喷雾过滤器是关键产品项目。然而，你感觉还原器（还原器是一项用涡轮机多余的热量来减少燃料消耗的设备）是一个潜在的令人头疼的大问题和一项没有必要的装饰品。根据你的经验，其他这样的产品革新需要两三年时间才能测试出存在的机械漏洞，这是一个明显的时间段。最后，你认为在华西公司的设备报价单中服务协议明显要价过高。那些被计算在森瑞达公司购买目标中的机器服务成本，你自己就可以搞定。考虑这些条款和条件，包含劳务保障是非常重要的。到海上生产平台和离开海上生产平台的时间是花在故障修理工作中的 3 倍，你感觉买方应该对这些费用负责。

你有 30 分钟的时间和谈判组其他成员商量谈判战略，以上部分或全部信息可以用于支持你的战略选择，如果需要的话你也可以创立其他论点来支持你的立场。尽力扮演好分配给你的角色是非常重要的，因为这可以使所有参与者学到更多的东西。你可以就表格内容交换信息，但是请不要与谈判组其他成员交换表格。你将有 1 小时的时间用来和华西公司谈判代表团达成协议，在这些表格上作记录，如果对谈判规则不清楚可以提问。

第四章
谈判过程

【引导案例】

谈判迟到谁之过

日本一家著名汽车公司的产品刚刚进入美国，他们急需在美国找一个代理商来为其推销产品，弥补他们不了解美国市场的不足。

当日方公司准备同一家美国公司谈判时，谈判代表因为堵车迟到了，美方谈判代表抓住这件事紧紧不放，想以此为手段来获取更多的优惠条件。日方谈判代表发现无路可退，于是站起来说："我们十分抱歉耽误了您的时间，但这绝非我们的本意。由于我们对美国的交通状况了解不足，才导致了这个不愉快的结果。希望我们不要再因为这个无所谓的问题耽误宝贵的时间了。如果你们因为这件事怀疑我们合作的诚意，那么我们只好结束这次谈判。我们所提出的优惠条件是不会在美国找不到合作伙伴的。"

日本谈判代表的一席话让美国谈判代表哑口无言。美方谈判代表也不想失去一次赚钱的机会，于是谈判得以顺利地进行下去。

【互动环节】

甲乙双方就土地买卖进行谈判，双方所做的开场陈述：

甲方（买方）：这块地皮对我们很有吸引力。我们打算把原有建筑拆掉后盖商店。我们已经同有关部门打过交道，相信他们会同意的。现在关键的问题是时间，我们要以最快的速度在这个问题上达成协议。为此，我们准备简化正常的法律和调查程序。以前我们从未正式打过交道，不过据朋友讲，你们一向是很合作的。这就是我们的立场。我是否说清楚了？

乙方（卖方）：我们非常愿意出售这块土地。但是，我们还承诺别的单位在这块地皮上保留现存建筑物。当然，这一点是灵活的。我们关心的是价格是否适当，反正我们也不急于出售。

第一节　谈判感知、认知、情绪

我们的社会行为受到我们对他人、当时的情境以及自身的利益和立场的认知、分析和感觉的支配，从这个意义上说，感知、认知与情绪是构成包括谈判在内的一切人际互动的基本组成模块。人类如何感知周围的世界、如何处理信息以及表达情绪等方面的知识，对于理解人们在谈判中的行为方式是十分重要的。

我们从剖析心理学的感知与谈判过程的联系入手，重点分析那些可导致谈判者在理解和表达上出现问题的感知失真的形式。接着，我们着眼于谈判者如何利用信息作出战略和策略上的决策——认知过程。我们从两个方面展开讨论：第一，我们将重点讨论框架形成——战略性地运用信息来定义和表达谈判问题或者谈判形式；第二，我们谈论谈判者在信息处理过程中容易犯的各种系统偏差和认知偏差，这些偏差可能影响谈判者的绩效。本章也会讨论谈判者是如何管理错误感知和认知偏差的，从而最大化战略优势和最小化他们的不利影响。

然而人际互动不仅是感知和认知的问题，我们在与他人的交往过程中都在体验和表达情感，谈判也不例外。

一、感知与谈判

感知是个体同周围环境相联系的过程。谈判者对于每一种谈判情境的理解，受其关于以往谈判情境的感知、当前态度以及对行为的感知的引导和支配。许多事情都会引导个体对于信息和事件的理解以及给这些信息和事件分配具体含义的方式，包括感知者当前的精神状态、角色、对早期沟通的理解。谈判的一个目标就是准确地感知和解释另一方所表达的内容及含义。感知是一个“意义建构”的过程，人们解释它们所处的环境，以便能够做出恰当的反应。环境通常是错综复杂的，所呈现出的是大量形形色色的刺激物。每个刺激源都有不同的属性，如不同的数量、颜色、形状、构造、相关新颖性等。环境的这种复杂性使得对所有可得信息都进行处理变得完全不可能，于是作为感知者的我们变得具有选择性，选择某些刺激物的同时，放弃其他的刺激物。这种选择性的感知通过一系列感知的“捷径”发生。这些感知的“捷径”允许我们更加容易地处理信息。遗憾的是，感知的效率是以牺牲感知的准确性为代价的。

二、认知偏差

到目前为止，我们已经分析了信息是如何被感知过滤削减和被整合入框架的。本节我们将分析谈判者在谈判的过程中，如何利用信息做出决策。当然，谈判者在处理信息时容易犯系统误差，他们并不是完美的信息处理者。这些误差容易影响谈判者的绩效，可以统称为认知偏差，包括：（1）承诺的非理性升级；（2）虚构的“固定”蛋糕的信念；（3）决策中的锚定与调整过程；（4）议题和问题框架的确定；（5）信息的有效性；（6）赢家诅咒；（7）谈判者的自负；（8）小数法则；（9）自我服务偏差；（10）禀赋效应；（11）忽视他人认识的倾向；（12）反射性贬值（如表4－1所示）。

表4－1　　谈判中的认知偏差

偏差的类型	定义
承诺的非理性升级	个人在做决定的过程中，坚持错误行动路线的倾向
虚构的“固定”蛋糕的信念	在双方利益强烈冲突的情况下，将谈判视为零和或者输赢的情况的倾向
决策中的锚定与调整过程	过度相信一个标准或者参照点（一个锚定点），而没有做出调整
议题和问题框架的确定	过分被消极的或者积极的框架（通过这些框架，可以预测风险）所影响的倾向
信息的有效性	过分看重那些很容易就能被想起或者以关键但不重要的信息为代价就能获得的信息的倾向
赢家诅咒	在很快就能决定一个结果的情况下，对谈判赢得太快感到不安的倾向
谈判者的自负	相信一个人的能力比实际情况强的倾向
小数法则	根据很少的数据样本或者少数例子得出不合适结论的倾向
自我服务偏差	将有利于自己的行为归因于自己的倾向（以个人信用为代价取得成功，责备产生消极结果的情形）
禀赋效应	吹捧自己拥有东西的倾向
忽视他人认识的倾向	不考虑对方的想法和观点，没有关于他们的精确的利益和目标
反射性贬值	仅因为对方自己做出的让步就认为让步没有什么价值

三、管理谈判中的错误感知和认知偏差

人们在收集和处理信息的过程中会不自觉地形成错误感知和认知偏差。如何更好地应对错误感知和认知偏差是一个难题。当然，因为这样的偏差，首先要意识到此类偏差。然而，只意识到是不够的。研究资料表明，仅告知人们出现了错误感知和认知偏差对于消除其影响几乎没有作用。例如，福尔曼和摩尔奈军试图教会学生在一系列的拍卖模拟活动中，避免出现“赢家诅咒”。他们在4周的时间里讲解了128种拍卖的结果，但是发现这种培训对于减少“赢家诅咒”没有什么作用。

为谈判者提供如何应对谈判中错误感知和认知偏差带来的负面影响的建议，还需要做更多的研究。到目前为止，谈判者可采用的最好的建议是要认识到这些认知偏差的负面作用，并以结构化的方式在团队内部或与谈判对方讨论这些效应。

四、情绪、情感与谈判

谈判过程应该是理性的、认知的和经济的观点主导了谈判学研究。此类研究往往对谈判进行理性分析，审视谈判者由于理性方面原因而导致的决策失误，或者评估谈判者如何才能优化谈判结果。谈判者被描绘成是精明、沉着和有控制力的非常理性的人，但是这种研究忽视了情感在谈判中的作用。

一般来说，积极情感产生于被对方所吸引，对谈判进程以及取得的进展感觉良好，或者对谈判取得的成果感到满意。相反，消极情感产生于厌恶对方，对谈判进程以及取得的进展感到不满，或者不满意取得的结果。我们往往用“高兴”这个词来笼统地表达积极情感，却往往用许多词来更加准确地表达消息情感。有些情感表现为沮丧，有些表现为忧虑、焦虑或恐惧等。与沮丧相关的消极情感可能导致谈判者的行为偏激，而与焦虑有关的情感则会导致谈判者设法进行报复或者逃避目前的处境。

1. 积极情感对谈判有积极作用

积极情感更可能导致谈判双方向合作的方向发展。研究人员指出，彼此双方有着积极情感的谈判者，更有可能努力争取达成正整合式协议。在达成问题解决方案的方式上也更加灵活。积极情感还可以使谈判者对对方产生积极的看法。当谈判者喜欢对方时，他们在谈判中往往更灵活。对对方有了积极的看法，谈判者就可以做出更大的让步，减少不友好的行为和建立信任。积极情感还可以提高谈判者必胜的信心。如果谈判者感到确实被对方所吸引，他们就会更加自信。因此在谈判中也就会坚持下去，力争使问题得到解决和取得更好的结果。

2. 消极情感对谈判产生的消极作用

消极情感可以导致谈判者将谈判情境定义为竞争型的。消极情绪使谈判者更有可能向对方发出更多的挑衅行为。在特定的谈判情形中这种消极的行为最可能以竞争型的姿态呈现出来。消极情感还可以削弱谈判者准确判断形势的能力，对谈判及成果产生不利的影响。研究表明，与情绪稳定的谈判者相比。愤怒的谈判者对对方利益的判断欠准确，对自身利益的考虑也欠准确，甚至还可能导致双方的冲突升级。当谈判的双方感到沮丧、失败和相互指责时，冲突就有可能变成人身攻击，冲突涉及的问题可能会增加，而且可能将其他方也牵扯进来。一方表达愤怒可能会激起对方的愤怒，减少达成成功协议的机会。

第二节 谈判中如何发现、运用权力

一、权力对谈判者的重要性

大多数谈判者相信权力在谈判中的重要性，因为它能够给谈判者带来优势。具有优势的谈判者通常想利用它获得更大的利益，或者达成他们偏好的解决方案。谈判者之所以寻求谈判中的权力，通常是由于以下两种原因：（1）谈判者认为自己目前的权力不如对方。在这种情况下，谈判者认为对方有可利用的优势，所以他会寻求权力以消除或抵消对方的优势。（2）谈判者认为自己需要比对方更大的权力以提高获取期望结果的可能性。在这种情况下，谈判者认为增加的权力对于他们获取或保持谈判中的优势非常必要。

二、权力的来源

要理解权力运用的不同方式，最好先看一下权力的不同来源。在他们关于权力的创新性研究中定义了权力的五种主要类型：专家权力、奖赏权力、强制权力、法定权力、参照权力。

（1）专家权力：源于对某一领域独特、深入的理解。

（2）奖赏权力：源于能够奖励别人去做需要做的事。

（3）强制权力：源于能够惩罚别人不做某些不需要做的事。

（4）法定权力：源于在组织中拥有正式的头衔及相关的权力。

（5）参照权力：源于因个人性格、诚信、人际风格等赢得的尊重和钦佩。

正如我们通常所说的，这些分类并不是固定的，也不是绝对的。权力可以源于许多不同的方式和情境，也会随着时间的变化而变化。

1. 权力的信息来源

在权力的诸多来源中，信息可能是最常见的来源。信息权力源于谈判者收集、组织事实和数据支持其立场、观点或者达到其预期结果的能力。谈判者也可能会利用信息权力去阻碍对方的立场和期望的结果，或质疑对方观点的有效性。源于专业的权力是信息权力的一种特殊形式。任何人只要收集了事实和数据以支持其观点，就获得了信息权力，而专业权力只有那些对某个信息体系的使用和掌握达到了一定级别的人才会拥有。专家由于他们的经验、研究和成就而得到尊重、敬仰和信任。相对于非专家而言，谈判中的一方或双方将会更加信任专家——但也仅限于他们的专业知识和谈判内容。

2. 权力的个体来源

（1）个人取向。

个人对社会情境有不同的心理取向：认知取向、动机取向和道德取向，它们指导人们在特定情境下的行为和反应。这些都是稳定的个体差异，影响个人如何获取和运用权力。

（2）认知取向。

个人在意识参照体系上的差异，是一种认知取向的呈现方式，对他们获取权力的方式至关重要，这里介绍三种类型的意识体系：

单一体系；认为社会是一个综合的整体，个人和社会的利益是一致的，因此权力在多数情况下并不重要，而在需要的时候会有权力者为大众谋福。

激进体系：认为社会处于持续不断的冲突中（社会的、政治的、阶级的、利益的），权力在本质上和结构上都是失衡的。

多元体系：认为权力相对平等地分配于各类集团中，这些集团之间相互斗争以争取权力，以使权力始终保持平衡状态。

（3）动机取向。

动机取向关注个人动机的差异，就是在个人需求和人格的驱动因素上的差异，而不是意识上的。个人在影响和控制欲及对权力、权威的追求的取向上是存在差异的。

（4）权力取向。

权力取向在很大程度上基于个人性格是合作型的还是竞争型的。竞争型的性格和技能会强调“强权”方式，这些人拥有旺盛的精力和持久的忍耐力，注意力集中，专业性强，高度自信，对冲突高度忍耐。合作型的性格和技能与“分权”的方式更为相关，强调对别人的敏锐观察力，遇事灵活处理，在达成谈判协议时也能考虑到别人的观点。

（5）道德取向。

个人在对权力及其运用的道德观念上也存在差异。不同的追求个人利益的行为广泛影响谈判中道德和非道德策略的运用。个人利益和道德认同之间有着强烈的相互关系，即对代表更广泛的共同利益的行为有着更广泛的承诺。

（6）情绪。

谈判者的情绪也能创造权力，同时权力又加强了这种情感表达的影响。对于一个有影响力的谈判者而言，愤怒有调节作用，愤怒往往使他们更完全地集中精力到其想要的事物上，引导他们更加坚定自信，从而在一场竞争性谈判中获得更高的价值。与此相反，权力较弱者不会对自己的情绪做出回应，结果更有可能被带入到对方的情感状态中去，而变得不那么专注，因而将谈判的价值拱手让给对方。

3. 权力的职位来源

相比于基于性格特征得来的权力，权力还能通过组织的结构特点来塑造，即根据一个团体或组织的设计方式，某些个体会比别人有更多的影响力和优先权。下面我们讨论两种不同的影响权力和机构方法。第一种方法符合传统的组织结构，是由层次方框或组织职位形成的传统组织架构；第二种方法是符合新型的、被认为是网络结构的组织结构方式，显示了谈判者在网络结构中的位置是如何促进他们讨价还价的。

（1）源于传统组织层次的权力。

基于组织地位的权力有两种来源：①法定权力，基于在组织中的头衔、职务、工作中明确规定的责任，以及在组织中特殊位置而产生的权力；②基于对与职位相关的资源（预算、资金等）的控制产生的权力。

（2）法定权力。

法定权力产生于在组织中从事一项具体的工作或职位。在这种情况下，权力源于工作本身的头衔、职务和明确规定的责任，而其“合法性”也是由工作中具有的头衔和职责而带来的。有时人们总是听从别人的指示，即使你不愿意这么做，但是你总觉得他们有权力发布命令（合法性），而你有义务服从他们（义务性），这就是法定权力的威力。法定权力是社会结构的基础。当个人或群体加入任何社会体系中——小企业、部队、联合会、政治组织、体育队、任务团队，他们几乎立刻就会形成一些形式的结构和阶级制度。他们会选取或指定一个领导，制定决策规则、分工规则、责任分配规则和冲突管理规则。如果没有这个社会秩序，群体就不会有协调性的活动（混乱盛行）。同时，如果每个人都参与决策，那决策过程将陷于无休止的协调中。社会结构是有效率且有用的，这为法定权力奠定了基础。人们通过授予能够代表他们的人一定的权力，而放弃自己参与每个决策的权力。通过建立一个群体结构给某个人提供一个权力基础，可以使群体中每位成员都产生遵从那个人的指令的意愿。

虽然我们一直强调法定权力的合法性是由组织结构及职位赋予的，但也必须认识到，这一“合法性”同样也适用于某些对人们具有强烈控制力的社会规范及习俗，比如互惠主义的法定权力。互惠主义是一种强势的社会规范，表明了当一个人为他人提供了某些帮助或者好处时，往往是期望得到回报的。第一，公平的法定权力。公平也是一种很强的社会规范，其机制是如果当事人为另一方做出了某些牺牲或是承担了某些痛苦，则当事人有权要求从另一方那里得到相应的补偿。责任或依赖的法定权力，这是第二种较为强大的社会规范。在这种规范的影响，我们会对那些无助的人或是依赖于我们的人产生一种帮助他们的义务。

（3）资源控制。

掌握资源的人可以将资源分配给那些服从他们意愿的人，而将资源从那些不按他们意愿行事的人的手中撤回。这里的资源的形式是多样的。谈判中参与者对某项资源越重视，这项特定资源就越会被视为一种有用的权力工具。在组织环境中，包括以下几种重要的资源：

①金钱：现金、工资、预算经费、补助、奖金、报销、可自由支配的资金。

②供应物品：原材料、配件、物件、零件。

③人力资本：有效的劳动力、可解决问题或完成任务的员工、临时工。

④时间：空闲时间、按时完成任务的能力、控制截止期限的能力。如果谈判中的一方或双方都感受到了时间的压力，那么此时若能帮助他们满足或是改变截止期限将被看是一种权力。

⑤设备：机器、工具、技术、计算机硬件及软件、交通工具。

⑥关键服务：维修、维护、保养、安装及运送、技术支持、运输。

⑦人际支持：对良好表现的口头表扬及鼓励，或对不良表现的批评。这是一种有趣的资源，因为几乎人人都可以利用它，不需要花费大力气去获取，而且它的影响力很大。

对资源的控制、分配的能力是组织中一种主要的权力来源。当资源处于稀缺状态时，对资源的囤积同样可以产生权力。在谈判中要想利用资源作为权力的基础，谈判者必须掌握和控制另一方所需要的资源，比如物理空间、工作、预算权或者原材料，或者是控制住另一方所极力逃避的惩罚措施。正如我们所指出的那样，这些奖励和惩罚可以是有形的，也可以是无形的，比如喜欢、赞许、尊重等。要想成功实现对资源的控制，还要求对方必须与权力拥有者直接接触。由权力拥有者根据大家对他的意愿的顺从、合作程度来决定资源的分配。

（4）关系网络中的权力。

第二种主要的结构性权力同样来自一个人在组织结构中所处的位置，但是不一定是等级制组织结构。在这种情况下，权力源自从组织中流经某一特定职位的一切事物（通常包括信息及资源，比如金钱）。例如，办事员或数据输入操作员，他们可以接触到大量的信息，或者是收集、管理、分配关键资源（金钱、原材料、许可、授权），那么他们就会拥有权力。

即使没有高的职位及头衔，只要一个人的行为及职责与信息、商品、服务，或者合同的流动联系在一起，那么他就拥有极大的权力。信息及资源可看成是交易、人际关系、参照权的主要聚焦点，“压力”也能通过这些网络来谈判。在正式的等级结构中，权力直接与个人在等级结构中所处地位的高低及向他报告的下属人数的多少联系在一起。权力的大小由关网中的这几个方面决定：关系强度、关系内容、关系的网络结构。

①关系强度。

这是一个衡量个体与他人间关系的强度及质量的指标。这种质量可以由个体之间的亲密度、分享私人信息的程度、愿意为对方做出让步的程度来衡量。个体之间的关系强度则由双方交往的频次、互相认识的时间、个人间的密切程度、交往的方式、关系网络中互惠的多寡来决定。与另一方的关系越牢固，意味着让对方接受你的请求的权力越大。

②关系内容。

关系内容就是你可以与他人分享的资源，包括金钱或者其他资源，比如信息、支持、情感、喜好等。关系内容越丰富，人际关系就越强，你获得的信任及尊重就越多，关系也就越牢固。

③关系的网络结构。

关系强度及关系内容都是针对关系网络内个人间的关系而言的。关系的网络结构则是一个社会系统内（比如，工作场所所处部门、学校或者其他社会环境）所有关系的总和。关系的网络结构中的某些方面决定了权力的大小，具体包括以下几个方面：第一，中心性。一个节点在交换及关系网络中越居于中心位置，则占据该节点的人就会有越大的权力。该节点的中心性由流经它的信息量、交易量，以及该节点对这些信息的控制力度决定。有研究者指出，无论是在工作网络中、非正式的交流网络中，还是在朋友圈中，处于信息流的心位置都很重要。一个新的教职工也许会自愿担当教师研讨会中“发言人”的角色，因为这样做他将会成为每周教职工讨论会中的中心人物。第二，关键性和相关性。在关系网络结构中，权力的第二大来源是节点的关键性。虽然很多信息及资源不会流经某个节点，但流经的那些信息及资源对于完成组织任务、主要工作或关键产品都是不可或缺的。对于那些高度依赖他人的人，若他们的职责是聚集多方面的信息，那么他们也有可能成为关键人物；也就是说，他们可能会经常与一些重要的人物接触，并把接触过程中获得的信息进行整合，进而形成一个建议、一套行动战略，或者一项决策。因此，这里建议那些想要迅速获得成功的应聘者，可以去应聘那些在组织中处于中心或关键位置的职位，在这些职位中你可以得到快速晋升的经验和必要的知识，成为关键，甚至是不可替代的是获取并保持权力的一个核心要素。第三，灵活性。关系网络中权力的第三个来源是职位的灵活性，或者说主要人物在大多程度上对于某一决策或任务分配具有自行决定权。灵活性经常与关键性联系在一起。任何想接近主角的人必须先通过中间人，比如若你想见老板，你必须得到秘书的许可。第四，可见性。不同的节点具有不同的可见性，可见性即组织中其他的人在多大程度上能够看见你的工作绩效。如果谈判者争取让对方做出了很大的让步，并且其他人也看到了谈判者的努力及成绩，团队就会给予该谈判者高度的肯定。第五，联盟中的会员身份。最后，就像关系网络中的一个节点一样，你也许是一个或多个小群体或联盟中的成员。联盟往往会通过共同行动来代表同一个观点或是促进某种行动及改变；你隶属的联盟越多，你越有可能找到帮你接近关键人物、获得重要信息、实现目标的“朋友”。

4. 权力的情景来源

权力不仅存在于个体及个体间的人际关系中，同样也根植于谈判所处的环境及情景中。然而这些形式的权力在短时间内往往无法被人们所认识，因为我们都倾向于将权力看作是永久性的，由个人的特质和情境的结构差异来反映，而不是包含于一个冲突的结构及情境中。但是在一次谈判中，这种短期情境来源却是至关重要的，建议那些感到没有影响力的谈判者通过加强短期权力基础来加强他们的影响力。

（1）最佳替代方案。

一个强大的最佳替代方案作为权力来源，首先，有最佳替代方案增加了成为首轮出价者的可能性。其次，相比于没有替代方案者，一个好的最佳替代方案能增加谈判者的收入。而且，好的替代方案不仅给了谈判者影响对方的能力，同时给予谈判者自信与底气，而不是听从别人提出的解决方案。除协议之外的情形，可替代性方案使谈判者拥有高度的权力感和更高的战胜目前对手的斗志，进而激励谈判者采取更具机会性的行为。

（2）文化。

文化决定了一个社会环境的“含义系统”。文化就是一个包含了基本假设、规范和共同价值观的系统，这份共同的价值观是团队或组织中的个体共享的关于如何与人交往、共事，如何面对外部环境，以及把组织推向未来的价值观念。文化理所当然存在于不同的国家中，但它们也同时存在于不同的组织、群体或家庭中。

5. 与权力较强的一方谈判

到目前为止，我们已经重点讨论了多种在谈判中利用权力来获取优势的方法。但是，谈判者在权力方面却往往处于劣势。我们将对那些处于劣势地位的谈判者提供一些建议。迈克尔·沃特金斯专门探讨了“与大象共舞”的问题，并且指出了权力处于劣势地位的谈判者在商业交易及合作中应对强势对手的方法，下面是他的几条建议：

（1）绝不做孤注一掷的交易。

只依赖于一位谈判对手并与其达成一项破釜沉舟的决议，将使得劣势方处于一个极度脆弱的境地。例如，一家小公司如果同意让沃尔玛成为它的唯一客户，那么它将承担被沃尔玛完全控制的风险。

（2）削弱对方。

在应对强权方时，尤其是当对方是一个团队或组织时，弱势方应该设法建立多边关系并展开多场谈判。通过与强权方的多个个体及部门进行交涉，弱势方可以在这些小组织中建立多样性的关系、呈现多样化的利益，最终通过分化来实现自己的目标。

（3）强化己方力量。

类似地，弱势方可以与其他弱势方合作，从而增强他们共同的权力。这件事情做起来要小心谨慎，研究者建议，如果弱势方试图通过变得更具挑战性来强化己方力量，他获得的收入将会比直接接受弱势地位少得多。

（4）通过逐步达成协议来提高自己的权力。

初期的交易可以为了建立双方关系、巩固自己与强权方的关系或是获取资源而展开。选择能够让你获取最大好处的强权方，并且让其他方看见你达成了这些协议。

（5）利用竞争力获得权力。

如果你能够提供某项资源，那么一定要把它提供给多家强权方。如果你可以使这些强权方为了获取你拥有的这项资源而展开竞争，那么有些强权方就可能仅为了你不与其他强权方达成协议。

（6）约束自己。

通过限制自己的业务方式及业务对象来约束自己，虽然这样做能够减少你的竞争对手，但同样也束缚了你自己的行为。

（7）好的信息永远是权力的源泉。

寻找能够加强你的谈判地位的信息。抢先使用对对方最具说服力的信息，但要注意组织好这些信息，以便你能最快地利用它来达到最具说服力的效果。

（8）多问问题以获取更多的信息。

研究表明，弱势方在谈判中倾向于询问诊断性问题而非领导性问题，并始终如一地表现出他们合作的意愿。当然，这些行为往往能产生更好的结果。

（9）尽可能控制谈判过程。

如果强权方控制了谈判过程，他就会确保以自己想要的方式展开谈判，以确保自己想要的结果。如果弱势方控制了谈判过程，他就有可能使这场谈判朝着有利于他的方向进行。

第三节　价格谈判

一、定价要素

1. 定价目标

定价目标应该与你的营销目标保持一致。本质上讲，定价目标可以从利润的角度或者是销售量的角度来界定。利润目标一般是以在成本或售价上以某一百分比的形式出现，或者是投资额的目标回报率，而销售量目标通常具体化为销售量的某一增长率，或者是意欲达到的某一市场份额。

2. 成本分析

成本是价格决定中的重要影响因素之一。在众多的成本概念中，固定成本和变动成本与价格制定的关系最密切。固定成本是指不随实际生产规模，如生产的产品数量之类的变量变化而变化的成本，如员工工资、办公场所的租金费用以及其他有关办公室和厂房的一般管理费用都属于固定成本范畴。变动成本，如产品生产中使用的原料和劳动力的成本，就与企业的生产水平直接相关。

3. 顾客需求

顾客对某一产品的需求情况是决定价格的又一关键因素。顾客的需求是建立在众多因素基础之上的，价格就是其中之一。这些因素包括顾客的购买能力、顾客的购买意愿、该产品在顾客生活方式中所起的作用、替代品的价格、该产品的潜在市场容量、该市场上非价格竞争状况如何、消费者总体的行为以及在不同市场部门中的消费者行为。所有这些因素都是相互依赖的，因此要弄清楚这些因素间的关系并不容易。

4. 政府与定价

在制定价格时，与定价有关的政府规章制度也应该纳入考虑范围。东道国政府和母国政府的法律法规都必须遵守。为了达到有效控制价格的目的，东道国政府制定的与价格有关的法律包括从宏观的指导方针到具体的操作程序等方方面面的内容。虽然在市场上价格的决定取决于多种因素，但实际上，总成本还是最重要的因素。对竞争者定价方针的考虑是影响价格制定的次要因素，紧随其后的是公司的付现成本、公司的投资回报政策以及顾客的支付能力。

二、定价面面观

1. 定价导向策略

公司采取的定价导向策略主要有两种，即成本定价法和市场定价法。成本定价法要求计算所有相关的成本，再进行理想的加价，以此来确定价格。成本定价法较受欢迎，因为它易于理解和使用，而且由此计算出来的价格也相当稳定。但这种定价方法有两个缺点：第一，对成本的定价和计算可能会遇到麻烦，是包括所有的成本，还是仅包括变动成本；第二，这种方法因为过于强调成本，也使得价格的制定不够灵活。

2. 出口定价

通常，出口产品的定价会受到三个因素的影响：

（1）定价的最终接受者：通常指的是为此价格买单的人，包括最终消费者、独立分销商、全资子公司、合资企业，或者是其他一些单位或个人。

（2）出口产品的性质：指出口的是原材料或半成品、原件、成品或已基本成型的产品，还是服务或无形资产，如专利、商标、配方及其一些类似的东西。

（3）结算时使用的货币：指使用买方国家的货币、出口方母国的货币，还是某种国际通用的货币进行结算。

3. 出口价格增高的原因

同一种产品的出口零售价格，通常会比相应的国内零售价格高得多。这种出口价格的增高是由以下一些成本方面的原因造成的，比如运输成本、海关关税以及分销商的利润，所有这些都与产品的出口息息相关。这些货物的进口也可能被东道国政府加征进口货物关税。此外，出口货物销售的渠道远比国内销售渠道要多，而且又必须要对每一个渠道成员提供的服务给予一定的回报，这些当然会增加产品出口的成本。

4. 出口商品报价

出口商品可以有多种报价方式，可以选择任何一种向海外进口商进行报价。每一种报价方式都包含着进口商与出口商之间相互的承诺，并具体规定了相应的贸易条件。每选择一种报价方式，出口商就要承担对应的某种程度的责任，因此出口价也会随之相应变化。出口商品报价的方式有五种：工厂交货，装运港船边交货，装运港船上交货，成本、保险费加运费，以及完税后交货。工厂交货价代表的是出口商最简单的交易安排，也就是进口商要到出口商的工厂提货，由此产生的一切费用及风险都由买方承担。

三、价格谈判前的计划工作

为了获得一个有利的谈判结果，出口商应该事先草拟一个行动计划，对一些谈判中可能出现的重要事项有所准备。经验丰富的谈判者都清楚，他们花在一次谈判上的时间，有 80% 都是在做这些准备工作。在做这些准备工作时，应该把重点放在获得目标市场和客户的相关信息上，同时，还应该对对方可能的反对意见有所准备，以防其针对出口商已经公开的谈判条件提出异议。因此，事先的准备工作也应该包括对己方谈判策略的确定。

要想了解什么是买方想要或需要的，就必须预先有所研究。除了客户的偏好之外，出口商还应该从国内和国外供应商的角度对竞争状态进行估计，并对他们的报价有所了解。出口商还应该事先检查一下其产品的经销渠道、促销工具以及需要的相关信息。当与买方进行谈判时，就会发现这些信息是多么有价值了。出口商对目标市场以及产品相关买方了解得越多，就越能在谈判中游刃有余，更好地满足买方的需求。另一方面，买方要对产品或者交易条件进行还盘，也必须对出口商的生产成本、运费、保险、包装及其他相关费用的具体信息有所了解。出口商应该对其公司能够供应的产品数量作一个现实的估测，并列出供应安排，不过出口商所作出的各种努力，也要与其自身的状况相适应，比如出口商的企业规模、财务状况、生产能力、专业技术水平，组织机构的有效性，以及对潜在客户作出的出口承诺。谈判者进行谈判准备工作时，还应该列出买方对出口方报价可能存在的反对意见，以及出口商对此异议可以作出的回应。

进入谈判现场谈判前期进行的基础准备工作，应该给谈判者提供足够的信息以使其能顺利展开价格谈判。谈判者应该了解对方的需求。如果价格议题在谈判开始就要进行，谈判者应该避免在此问题作出任何其他的承诺或者让步。双方在谈判现场的对话应该包括以下一些实质性的话题。

1. 强调谈判企业的口碑

谈判者应该向对方充分展示己方优势，给对方以可靠商业合作伙伴的形象，并表达保持彼此间长期业务联系的意愿。谈判者应该努力使对方相信，己方有能力以双方都能接受的条件，提供对方所需类型的货物。而谈判者可以通过在企业的实际运营中，注重以下方面来做到这一点：企业的管理能力；企业的生产能力和生产流程；质量控制体系；企业与其他外国公司可能进行的技术合同；企业的出口商品结构；企业的出口经历，包括与其合作过的各种类型的公司；从相关金融机构获得企业财务状况的参考信息；企业参与主要行业协会的情况，包括商会。

2. 突出产品的特性

在对方确认出口企业的可靠性之后，谈判方向就可以集中在产品及产品优点上了，产品的特性在不同顾客看来似乎有所不同。因此，谈判者必须确定己方产品是否符合对方的需求。在某些情况下，满足买方对产品的要求是一个简单的过程。有这样一个例子，在销售谈判中，一个泰国的餐具出口商被其产品市场的一个美国进口商告知，虽然他们的产品质量能满足其市场需求，但产品价格有些偏高。在讨论的过程中，出口商逐渐了解到，进口商宁愿要散装的货物，也不愿意将货物放在昂贵的柚木箱中，采用一套 12 件的分包的形式。因为美国的消费者购买餐具，要么按单件购买，要么就是买每套 8 件的款式。了解到这些之后，出口商就决定以低得多的价格向对方以散装出口，当然这种低价也是因为采用散装后在包装、运输和进口关税上有所节省。进口商当然愿意接受这样一种报价，双方也都能从这一交易中获利。这个例子说明了解进口商所需求的产品特性对出口商会有好处。出口商可能没有什么独特的产品，但通过在谈判中强调的产品特性以及其他营销因素，出口商也可以提供能够满足进口商需求的独特的包装。

3. 保持灵活性

在谈判过程中，买方有可能会对产品改装或其外形改变提出要求，这时出口商应该表示出如果可能就一定满足对方这一要求的意愿。但出口商也应该分析一下，对原产品的这种改变能否给自己留有获利的空间。举例来说，有关出口柚木咖啡桌的谈判陷入了僵局，因为桌子的报价太高。但在讨论过程中，出口商意识到，买方首先对桌面的磨光度是满意的。因此，出口商就将交易条件改为：降低桌子的价格，仍保留相同的柚木桌面，而桌腿和一些细节的地方则用相对便宜的木料。最终，进口商接受了这一条件，而出口商同时也做成了一笔利润可观的出口交易。

4. “一揽子”报价

在双方磋商完产品出口的所有非价格因素后，出口商就可以将话题转到双方谈判的最后一个阶段，即有关产品报价的财务问题的讨论。这时双方会就以下一些问题进行协商：赊销付款条件、支付安排、支付货币、保险、佣金率、仓储费用、售后服务责任以及调换损坏产品的费用等。双方在这些要点上达成的一致意见就构成了所谓的“一揽子”报价。例如，如果买方喜欢这一产品但认为其最终价格太高，出口商就可以提出一些应对提议，比如，降低价格，但同时要求买方承担运费，接受散装，以及提前付款，使产品差异化。

在某些情况下，价格是销售谈判中最重要的一个因素。最典型的一种情形就是，出口产品所在的市场是一个高度竞争的市场，产品同质化现象严重。如果买方关注的只是最有优势的价格，而不在乎产品的来源，那在谈判之初绕过价格谈判的想法就显得不切实际了。在这种情况下，谈判者应该考虑将其产品与周围的其他竞争产品相区别，以将谈判的重点转移到其他因素上，比如产品样式、质量以及装运条件。

四、价格谈判指南

进口商可能会在价格磋商一开始时就拒绝出口商的价格，而这样做仅是为了从谈判的一开始就占据上风，以期在其他条件的协商上能获得对方最大的让步。进口商对初始报价的拒绝，也可能是为了考验进口商报价的诚意，以确定出口商愿意降低价格的空间到底有多大，或者就是因为该产品确实没有满足市场的某些要求，进口商表示对此交易已经失去兴趣。

如果进口商不接受对方的报价，出口商应该对此作出积极的回应，将谈判转向非价格问题的协商，而不是立即提供价格让步或者是对进口商的这种异议采取一种防御的姿态。只有拓宽双方可商议事项的范围，并探寻买方拒绝这一价格的真正原因，才能将双方的对话建立在一个更加平等和有建设性的基础上。只有通过了解对方异议的真正原因，出口商才能够对其最初的报价作出合理的修改，而且新的报价也不应该仅基于价格的高低，还应该涉及相关的其他条件。

为了满足进口商对价格提出的异议，有些出口供应商会人为地抬高其最初的报价。这种做法使其能在毫无财务风险的情况下，在谈判的开始阶段就能轻松地给出价格上的让步。但这种做法的风险在于，很容易就使双方谈判的重点转向价格的讨论，而忽略对营销组合的其他要素的关注。总体来说，一开始就对价格作出这种让步，会导致以后谈判过程中买方提出更多的要求，同时也会进一步降低卖方在这笔出口交易中的获利性。例如，买方有可能迫切要求出口商就以下问题作出让步：

（1）数量折扣。

（2）对重复订单给予的折扣。

（3）更好的包装盒标签。

（4）更早的交货期。

（5）以进口国市场的语言提供免费的产品促销材料。

（6）无偿的售后服务。

（7）为因正常磨损而损坏的零部件无偿提供替换。

（8）对维修和使用相应设备的人员提供免费培训。

（9）独占市场。

（10）签订长期的代理协议。

（11）更高的佣金率。

（12）更优惠的支付条款。

第四节　谈判的伦理关系

一、伦理的定义

伦理是在具体的情景下，被广泛用于评判对与错的社会标准或建立这些标准的过程。它与道德不同，道德是个人评判对与错的信仰。伦理产生于具体的哲学，其主旨一是定义我们所生活的世界本质，二是界定我们的生活规则。对于这些看法，不同的哲学观点也截然不同，实际上也就意味着在特定情境下所做的是与非的评判会不同。实践中伦理问题的“难点”在于理清不同伦理哲学之间的区别，确定对个人来说更可取的方法，且随时将它们应用于实际问题的解决中。

我们的目标是对不同标准加以区分，以便判断和评价谈判者的行为，尤其是可能涉及伦理问题时。尽管谈判是我们的重点，但是谈判中所涉及的标准可能与用于评判商业活动伦理的标准并无区别。当谈判者可能采取的行动或战略使交易的潜在经济效益与其对其他谈判各方或者更大的团体所肩负的社会责任发生冲突时，他就会面临伦理问题。许多研究商业伦理问题的学者已经提出了关于解决竞争中伦理标准问题的一些框架（这些框架大多是基于一些早已存在的经典伦理哲学所提出的）。利用这些学者所做的研究，我们提出评价谈判与商业活动中战略和策略的四条标准：

（1）基于所预期的结果来选择行动路线（如投资的最大回报）。

（2）根据对遵守规则和原则的责任来选择行动路线（如遵从法律）。

（3）基于所在的组织或团体的规范、价值观以及战略来选择行动路线（如我们在公司做事情的通常方式）。

（4）根据我自己的个人信念（如凭良心该怎么办）来选择行动路线。

以上每种方法都反映了截然不同的伦理推理方法。第一种方法可称为“最终结果论”，行动的正确与否是由对最终结果的赞成与反对决定的。第二种方法可以被称为“责任伦理”，行动的正确与否是由个人是否符合原则、遵守法律以及坚持评判对错的社会标准所决定的。第三种方法可称为“社会契约伦理”，行动的正确与否是由某一团体的习惯做法和规范决定的。第四种方法可称为“人格伦理”，行动的正确与否是由个人自己良心和道德标准决定的。

二、伦理推理在谈判中的应用

1. 伦理、审慎、可行与合法

在讨论商业伦理时经常会产生这样的困惑：什么是符合伦理的，什么是审慎的，什么是可行的，以及什么是合法的。我们在考虑解决方案之前，第一步就要对其所面临的道德问题进行全面理解。要掌握各方的主管标准，并识别混杂在特定情境中的潜在危害、利益和权利。（1）确定潜在行动可能带来的经济后果；（2）考虑在此谈判情境中所涉及的法律要求；（3）在有关“正确”“合理”和“公平”的问题上，应该评估对其他各方所应承担的伦理责任。

（1）谈判中会出现何种伦理行为问题。

为何有些谈判者会选择使用一些可能不合伦理的策略呢？许多人所能想到的第一种答案是：这些谈判者腐败、堕落或者不道德。但是这个答案太过于简单了。从归因心理学的著作中我们了解到，人们倾向于把别人丑恶的行为归因于其他人格或者个性，而把自己的行为归因于社会环境。因此，谈判者可能会把使用存在伦理问题策略的对手当作是毫无原则，或者为了其想要的结果而不择手段的人。相反，当你解释自己作为谈判者为何也采用同种策略时，则倾向于说自己是讲原则的人，但这次没有坚持原则是有许多理由的，而且这种做法仅此一次。

谈判中所涉及的大多数伦理题都是与实事求是的标准相关的，即谈判者的诚实率和公开程度应当达到什么水平。在这里我们更多关注的是谈判者所说的（沟通内容）或者是他们说自己将会做的事情（他们是如何说的），而不是他们实际做的（尽管谈判者可能做出不符合伦理的行为）。有些谈判可能会欺骗（违反正式或非正式的规则，如谎称有关最后期限或程序的规则不适用于他们）或盗窃（如闯入对方或竞争对手的数据库或总部来获取秘密文件和简要备忘录），但是对谈判者伦理给予最多关注的还是说谎行为。

大多数谈判者可能会很重视自己在诚信方面的声誉，然而诚信的含义是什么呢？表面来看答案非常简单明了，但实际上却不是很明确。首先，一个人对真实性的定义是什么？是遵守了一套明确的规则，还是遵从组织群体中的社会契约，还是凭良心来做事？其次，人们应该如何界定与真实之间的偏差？无论与真实之间的偏差有多小，也都算是谎话吗？最后，给这些问题添加一个相对维度，即一个人应该时时刻刻都讲真话吗？或者有时候不讲真话也是可以接受的（甚至是必须的）行为？这些问题对于那些想要确定什么能说、什么不能说并且还想保证行为符合伦理的谈判者（古老时代的科学家）来说，都是应该考虑的主要问题。

商业杂志刊登的许多文章都是关于商业欺骗方面的伦理观问题。比如，一位叫卡尔的商人在《哈佛商业评论》上发表了一篇有争议的文章，题目是《商业欺骗符合伦理吗》，他指出商业策略与扑克牌游戏中的策略很类似。文章声称，在玩扑克的过程中只要没有采用直接的欺骗手段（比如在扑在牌上做标记或把“A”藏在袖子里）就可以，商人应该和玩扑克牌一样地做生意。扑克牌玩得好的人，经常要隐藏信息和虚张声势（以使对方相信你手中有牌，尽管实际上你并没有），在许多商业交易中也需要如此。有时候，很多经理人会发现，当自己迫于实现个人或者公司的利益，与客户、供应商、工会、政府官员以及其他重要经理人打交道时，就得采取一些欺骗性的做法。通过有意识地错误陈述、隐瞒相关事实或虚张声势来说服对方同意自己的看法。卡尔称，如果经理人拒绝偶尔的虚张声势——他感觉自己有责任说真话，并且是说出全部实情，一直都没有假话——那么他可能会错过在商业规则下的许多机会，并且可能在商业交易中完全处于下风。

卡尔主张，对个体和公司而言，为了实现自身利益最大化，虚张声势、夸大其词、隐藏或者操纵信息都是可采用的合法手段。采用这种手段既有有利的一面，也有不利的一面。在与公司的重要员工进行合同谈判时经理人可能以资金不足为借口而为公司节约大量资金。然而，这种成本削减手段可能会导致经理人在公司产品的安全性和质量方面管理失利，最终将造成严重的长期后果。卡尔的观点在《哈佛商业评论》的读者中引发了争议。许多评论家批评了卡尔的观点，并指出应该用更高的伦理行为标准来要求个体商人和公司。关于谈判中实事求是的伦理标准问题一直存在着争论。我们讨论依赖性时指出，谈判是基于信息依赖性的，即有关谈判双方的真实偏好以及优先事项等信息的交流。想要达成清晰、准确、有效的谈判协议取决于各方是否愿意分享有关自身的偏好、优先事项以及利益的准确信息。同时，由于谈判者也可能对实现自身利益最大化感兴趣，所以他们希望尽可能地少披露有关自己立场的信息——尤其当他们认为操纵了向对方泄露的信息后就能获得更好的结果时。然而，这样会令谈判陷入信任困境和诚实困境两个最基本的困境。信任困境是指谈判者完全相信对方所说的话，会被对方的不诚实行为所操纵。诚实困境是指谈判者把自己的需要和局限如实告诉对方，但最后的谈判结果却只能达到底线要求，绝不会比这更好。想要维持谈判关系就得在对一切开诚布公和隐瞒欺诈之间选择一条中庸之路。对于商业欺骗问题，我们需要指出的最后一点是，除了伦理以外，还有法律方面的要求，谈判中的欺骗行为可能会上升为在法律中的欺诈，关于这方面的法律（就像其他大多数方面的法律一样）非常复杂，而且一般也难以定罪。

（2）辨别边缘伦理策略及对其使用者的态度。

①有哪些边缘伦理策略?

欺骗和伪装在谈判中可能会呈现出多种形式。20 多年以来，研究人员持续努力地寻找这些策略的本质及基本结构。他们广泛探索了谈判中边缘伦理策略的本质和概念结构。所采用的研究方法通常是让学生和管理人员根据许多指标对一系列策略进行评定，这些指标包括策略的恰当性、评定者使用这种策略的可能性以及使用这种策略的效用。研究人员分析这些调查问卷的结果后，发现这些策略可以被分为六类。非常有趣的是，这六种分类中的两类策略——情绪操纵和传统的竞争型谈判——被认为是基本恰当的和可能被使用的。因此，这两种策略尽管略微不恰当，但在成功的分配式谈判中则被看作是恰当和有效的。其他四类策略——误传、虚张声势、向对方的关系网误传信息以及收集不正当的信息——则被视为谈判中不恰当和不合伦理的行为，这些关于伦理的判断都是非常主观的，而且有非常多的变量影响判断；在任何给定的策略下，有些人认为它们的运用在伦理上是错误的，其他人则认为它们并不涉及伦理问题。

②使用边缘伦理策略正确吗？

研究表明，谈判中存在一些被默认的游戏规则。在这些规则中少数的虚假行为——如何向对方传自己的真实立场、虚张声势和情绪操纵——可能在伦理上被一些谈判者认为是可以接受和符合规则的（但也有谈判者不这么认为）。相反，直接的欺骗是不符合规则的。然而，我们必须就这些结论告诫大家：首先，这些结论是在庞大群体（大部分是商科学生）评价的基础上得出的，因此他们不可能预测到某一特定谈判者对这些策略是如何看待和使用的，或者经历过的人会如何评价这些策略。其次，这些观察结果基本上是根据人们嘴上说将如何做而得出的，并不是根据他们的实际行动得出的。当谈判各方在真实的环境中做出决策时，其感知和反应与在调查问卷中对这些策略做出评价时可能完全不同。我们对边缘伦理策略进行研究以及对研究成果做出报告，并不意味着我们的本意是认可任何边缘伦理策略的。相反，我们的目标是准确聚焦谈判者对此问题的争论，试图分析何时使用这些策略是恰当的。最后，我们承认这是国外学者的观点，即由个人决定哪些策略在伦理上是能被接受的。有些文化中（如某些存在新兴自由市场的国家）论理对谈判交易的限制可能已经达到最低或者难以清晰划分了，并且一直都是“请购买者提高警惕”。

③蓄意隐瞒和蓄意欺骗。

欺骗策略的使用既可以是主动欺骗，也可以是被动欺骗。为了说明这个问题，我们来研究一下谈判者们在共同价值上——双方都想寻求取得同样的结果——误传自身利益倾向性的问题。谈判者使用欺骗手段来使对方错误理解自己的真正需要，然后（勉强地）接受对方的要求，然而实际上这正符合自己的需要。这样做就使谈判的结果看起来好像是己方做出了退让，从而能令对方也做出让步作为回报。总的来说，28%的研究主体为了努力从对方那里获得让步而误传了共同价值。研究人员发现，谈判者采用了两种欺骗手段来误传共同价值：蓄意隐瞒（对于存利于对方的信息不进行披露）和蓄意欺骗（确实在共同价值问题上说谎）。

2. 谈判中会出现的蓄意隐瞒和蓄意欺骗

在一些其他研究中，学生们参加了一个有关买卖变速器有缺陷汽车的角色扮演游戏。学生们可以蓄意隐瞒，既不提及变速器的缺陷，也可以蓄意欺骗，即在对方问及时否认变速器存在缺陷。愿意蓄意隐瞒（不揭露全部的实情）的学生远比愿意蓄意欺骗（当被问及时不说出实情）的学生多。这一发现对人的本性做出了重要的洞悉：许多人愿意在一方首先引出该话题的情况下将错误陈述进行下去，而不会自己主动去做一个错误陈述。以上研究更加明确地强调了“一经出售概不负责（让顾客警惕）”的商业行规，并表明在接受别人的推销时，是否能对商品情况提出合适问题和对商品表示怀疑都取决于买者。

（1）运用边缘伦理策略的决策模型。

在这部分中，我们将用一种相对简单的、有助于解释谈判者如何决定是否采用的一种或多种欺骗策略。个体首先得确定一些在给定情境下可能有效的策略，这些策略可能是欺骗性的、不适当的或者边缘伦理策略。一旦策略得到了采用，谈判者就会用三条标准来对其效果进行评估：①策略是否有效（能产生想要的结果）；②采用该策略以后，谈判者对自身的感觉如何；③该谈判者将会被对方或中立者如何评论。经过这三条标准的评估后，其结论无论是积极的还是消极的，都可能使谈判者对策的采用做出解释和说明，而且最终也会影响谈判者在今后的决策中采用同类策略。

（2）谈判力动机。

在谈判中，使用边缘伦理策略的目的是增强谈判者的谈判力，而信息又是谈判力的主要来源。信息具有魔力，因为谈判是一种充满信息交换和有说服力地运用信息的理性过程。通常情况下，谁拥有更有利的信息或者能够更好地运用信息，那么谁就能在谈判中居于“获胜”的地位。当然，这种观点的前提是信息是准确和真实的。当然，如果向对方公开提出这种问题，也许就是对方的无礼，同时也降低我们对对方的潜在信任感。更进一步地说，调查别人的诚信情况是一件既耗时又费力的事。因此，任何不准确、不真实的陈述被引入社会交换后，都会使信息变得有利于虚假信息的提供者。通过之前我们对一些策略的描述——虚张声势、弄虚作假、误传、欺骗和选择性地披露信息——可以看出说谎的人获得了优势。实际上，事实已经表明在谈判者认为对方没有掌握足够信息或者对局势不了解的情形下，尤其是在谈判结果胜败攸关时，个体更愿意使用欺骗策略。如果欺骗是获得权利的一种方式，那就意味着处于劣势地位的谈判者更有可能会受到欺骗。在一个有关为获得一个满意的进步而与同事竞赛的试验中，研究人员将一个人嫉妒其他处于更有利地位的人的程度分了不同的等级，并且测度了在随后的谈判中，经历了嫉妒的人会使用欺骗策略的可能性。他们发现，嫉妒通过增加欺骗行为的心理收益降低心理成本促进了欺骗行为的发生。这个发现的一个启示是，在之前的谈判中取得成功可能是一把“双刃剑”。我们通常认为之前在谈判上的成功会使得在之后与同样的对手谈判时处于优势地位，然而，如果过去的成功促使了嫉妒的产生，那么可能会使得对方在之后的谈判中采用欺骗策略，从而带来一个不好的后果。

（3）行为不合乎伦理的其他动机。

谈判者的动机能够明显影响其采用欺骗策略的倾向。也许，最简单的动机假设是最有帮助的那个：谈判者在有其他方法能够达成他们目标的时候，会更倾向于用欺骗来达到目标，以及避免变得有欺骗性。探究这种观点的研究为这种预言找到了支持证据，但是仍然有研究表明，许多谈判者都在使用欺骗上很犹豫，即使他们经受少量的风险和代价就能获得财务利益。研究者总结，显然，欺骗的不合乎伦理的本质限制了一些交易者运用它。除了追求目标的实现，谈判者希望避免自己被对手利用，他们可能会用欺骗来减少风险。一项研究表明，考虑到利用会引发欺骗，特别是当双方缺乏相互信任时，为了得到准确信息而不是欺骗，谈判者需要传递一种他们将会遵守承诺的形象。个体的“动机取向”——无论谈判者的动机是促进其合作、竞争还是个人主义——会影响他在谈判中所追求的战略和策略。在一项研究中，研究者根据情境来控制谈判者的动机取向，使他们以竞争或者合作的态度来对待对方。竞争型的谈判者——那些只是追自身利益最大化，而不顾给对方带来的后果的人——更有可能采用误传的策略。文化差异也会在动机的影响中体现出来：有证据表明，为了获取个人的利益，高个人主义文化环境（美国）中的个体比高集体主义文化环境（以色列）中的个体更有可能采取欺骗策略。但是，动机的影响可能会更复杂。在一项有关策略的研究中，使用边缘伦理策略的倾向性时，不同版本的调查问卷都清楚地告诉应答者，假设一方的动机取向是竞争型或者合作型的，那么另一方的动机取向也将是竞争型的或者合作型的。研究者们预测，竞争型的动机将会在很大程度上引起边缘伦理策略的使用。然而结果表明，谈判者自身动机取向的差异——合作型的而不是竞争型的——不会影响他们对使用边缘伦理策略合理性的认识，而谈判者对对方动机的预期却会产生这种差异，换句话说，如果谈判者预期另一方是竞争的而不是合作的，他们更有可能把边缘伦理策略视为是合理的。这个发现表明，谈判者可能会把应对对方的预期行为当作合理化其使用边缘伦理策略的理由，就不用承担自己由于采取竞争型态度而使用这些策略所应承担的责任。如果其他人意识到而且不认同你的有问题的策略，那么你的名誉将会受到损害。

3. 行为不合乎伦理的后果

谈判者采用不道德策略后产生的结果是积极的还是消极的，是由三个方面因素决定的：策略是否有效；其他人（如委托和旁观者）如何评价该策略；谈判者自己如何评价该策略。

（1）有效性。

如果效率意味着经济利益的产出量，那么在一个特定环境下，就会有一个对效率的很明显的指向。一种策略的有效性可能会对今后是否运用这种策略有影响。谈判者会增加使用不道德行为的频率，因为他认为自己可以逃脱惩罚。采用该策略后产生的真正后果——使用或者不使用这种策略后得到的奖励和惩罚——不仅会对谈判者的当前行为产生影响，而且会影响他将来在类似情况下使用类似策略的倾向性，然而遗憾的是，大多数采用欺骗手段的谈判者也在短期内忽略了这种影响。这些倾向还没有在谈判情境中得到验证，但是已经在其他有关伦理决策的研究中得到了广泛检验。比如，当研究参与者们参加模拟回扣试验时，如果他们预期做出不伦理的决策可以获得酬劳，那么他们不仅会参加该试验，而且也表示如果将来还有机会的话仍然愿意参加。此外，当对被试者们施加压力，使他们之间相互竞争时——比如，宣读每个人的任务完成情况并给得分最高者颁发奖品——不符合伦理行为的出现频率会进一步增加。

（2）他人的反应。

评论不合乎伦理的策略所带来后果的第二个方面是策略应用对象、委托人或旁观者对此的看法。当人们发现自己被骗或者被人利用时，通常会格外愤怒。他们除了输掉谈判外，可能还会因为被对方操纵或欺骗而感到自己很愚蠢。受骗者不可能再信任这个行为不合乎伦理的谈判者，而且还有可能会在将来的交易中进行报复，并把自己的谈判经历告知他人。一项研究表明，在以下情况下消极后果会非常明显地表现出来：当受害者与实施欺骗策略的人关系密切或者涉及信息非常重要，或者说谎对于他们之间关系来讲是一种无法接受的行为时，受害者就会反应强烈。大量的案例发现，谎言的存在是导致双方关系破裂的一个重要原因，而且在多数案例中，都是由受害者提出终止关系的。策略的欺骗性越严重、越针对个人、对彼此之间的关系越重要，那么对双方之间关系的破坏性就越大。同时也有证据表明，采取欺骗手段的个体会被人们认为不是诚实的人，而且将来也不愿意再与之交往。在这里我们强调一下，一个人的名誉受到损坏后是难以修复的。一项研究表明，只要在不可靠的行为中不包含欺骗，那么它对一个人可信度的影响就可以通过以后的诚实行为来弥补。但如果关系的破裂是由欺骗引起的，那么想要通过道歉行为来修复可信度是没有用的。欺骗会增加未来接触的风险。尽管不合乎伦理的策略可能使谈判者取得短期成功，但也可能给自己树立一个不可信的甚至是伺机报复的对手。

（3）自身的反应。

在某些条件下，如当对方真正遭受损失时，谈判者可能会有一些不安、压力、内疚或者懊悔的感觉，这就会导致谈判者寻求方法来减轻精神上的不适感。在一项模拟商业谈判的研究中，向对方说谎的个体随后会做出更大的让步作为补偿。在研究参与者中，把自己评价为高“道德特性”，以及声称自己是“在商业交易中以公平和诚实为荣”的个体，对先前说谎所做的补偿会特别普遍。

当然，认为使用欺骗策略没什么大不了的人，以后可能还会继续使用这类策略，甚至会考虑如何让使用这种策略更有效，一方面，尽管使用存在伦理问题的策略可能会对谈判者的声誉和诚信产生严重影响，但是短期内似乎很少有谈判者会考虑这些影响。另一方面，特别是当这种策略起作用时，谈判者可能会为这种策略的合理性和正当性寻找借口。

（4）解释和证明。

当谈判者采用边缘伦理策略时，正如我们之前阐述的，他必须做好自己。谈判者经常声称当时的情境迫使他们不得不这么做，以此来合理化自己的行为。谈判者可能感觉自己不能完全控制自己的行为，或者没有其他选择了，因此自己不应该承担责任。或许谈判者不想伤害任何人，但采用这种策略是迫于某人的压力，采用这种策略有助于避免消极的后果。在这种情况下，辩护理由是采用这种策略可以避免更大的伤害。当谈判者以这种理由为自己辩护时，实际上是在争辩说，为了达到目的可以不择手段。同样，谈判者也可以认为说谎是正当的，如果讲真话不能使他们达到更理想的结果。

三、谈判者如何应对对方的欺骗策略

1. 提出锐利的问题

许多谈判者没有提出足够的问题，然而通过提问可以发掘出大量信息，其中也可能含有对方故意隐瞒的信息。在一个买卖电脑的模拟谈判试验中，买方或者被鼓励计算机的状况问题向卖方提问，或者是不被鼓励提问。全面观测结果表明，向卖方提问电脑的状况就会减少卖方的欺骗性描述。然而，在某些条件下，提问题也会使卖方就电脑的其他方面欺骗买方的可能性增加。因此，提问既能帮助谈判者辨别对方是否在实施欺骗，同时也可能会使卖方增强在问题未涉及领域实施欺骗的倾向性。

2. 以不同的方法来表述问题

某种提问的方式可以引出一个技术上的正确答案，但是却绕过了质问者想要发现的真正实情。不同的问题有不同的答案，而且会减少对方回避问题的可能性。

3. 迫使对方说谎或退缩

如果你怀疑对方在某个问题上欺骗你，但他又没有用很直接的语言表述出来，那么你就提出问题来迫使他直接说谎（如果他所说的是假话），或者放弃、证明他所说的话。比如，如果某产权的卖方向潜在的买者暗示说还有别人出价购买，那么买方就应该明确地对那些另外的报价提问，并要求卖方对此给出明确的回答。这之所以是一种有效的策略，是因为研究表明人们更倾向于无意说谎而不是有意说谎。有些人对闪烁其词或误导对方很擅长，但当他们直视别人的眼睛说谎时，就会良心不安。撇开良心的谴责不谈，这种直接的提问并要求做出明确回答，会使对方因为欺骗行为所应承担的责任而感到不安。因此，及时向对方提出尖锐、直接的问题会促使对手退缩而不是撒谎。

4. 试探对方

对对方是否是一个说谎的人不确定吗？可以考虑问对方一个你已经知道答案的问题。如果你得到的答案是闪烁其词或者欺骗性的，你对对方以及对方的可靠性就有了一个重要的了解。当对方的忠诚度不高时，就可以在谈判过程中做好记录，以便后来能做一个说明。

5. “挑明”策略

指出你知道的对方有虚张声势或者说谎的情形。巧妙并坚决地挑明真相，并表明你的不愉快。但是记住，发现谎言并不总是容易的。误把对方判为欺骗或不符合伦理，不是富有成效的谈判过程以及获取有效结果的方式。

6. 不理睬策略

如果你意识到对方正在虚张声势或者说谎，只需不去理睬，尤其是当欺骗所涉及的问题是谈判中的次要方面时。有些人可能会如预期的一样说谎或虚张声势，他们应该会认为这只是谈判中的惯例和插曲，而不是对伦理和道德的损害。谈判者有时会做不明智的保证——做出了他们之后会后悔的承诺——这时可以为对方的利益着想，帮助他“逃避”承诺、挽回面子。

7. 讨论你的所见所闻并使对方变得更加诚实

这种策略是对“挑明”策略的变形，但是它会试图令对方确信，从长期来看，讲真话比虚张声势或欺骗策略更有可能满足其需要。

8. 同样的回应

如果对方虚张声势，你就要更加虚张声势。如果对方误传信息，你也误传信息，我们不推荐采取这种策略，因为这样做只会提升行为的破坏性，并把你和对方共同“拖入泥潭”。但是如果他意识到你也在说谎，那么他就可能认为其策略没有起到作用。当然，如果对方的谎言很直接也很极端，并且在法律允许的范围内他的欺骗行为会继续下去，那么你想要模仿他的做法就不适用了。通常来说，“同样的回应”可以看作是一种“最后的修复”策略。

第五节　多方谈判与团队谈判

一、多方谈判

1. 多方谈判的本质

多方谈判是指两方以上的谈判代表为了取得一致的目标而进行的协商。

2. 双方谈判与多方谈判的区别

（1）谈判方的数量。

第一个区别，即最明显的不同是：多方谈判中有更多的谈判者参与，因此，谈判人数增加了。这样，对于掌控几种不同观点并且确保每位谈判者有足够的时间来表达自己的观点显得更加困难。此外，谈判者在谈判之外可能扮演不同的社会角色，这样可能会导致在谈判中所处地位和权力水平的差异。如果所有谈判者都是平等的，那么他们在谈判中的交流要比存在一个地位或权力高的参与者时更加开放。

（2）信息和计算机的复杂性。

多方谈判与双方谈判的第二个区别是有更多的问题，以及关于这些问题的更多观点和更多的信息。谈判者数量增加的一个最基本的结果就是谈判境况趋于更加错综复杂，随着谈判人数数量的增加，将有更多的价值、利益和观点被融合和采纳。

（3）人际交往的复杂性。

第三个区别是随着谈判者人数的增加，人际交往环境由一对一的对话变成了小组内的讨论。结果是，小组内的所有力量开始影响谈判者的行为习惯。首先，谈判过程的发展取决于谈判者对其他人的动机倾向。具有合作动机的谈判者（相对于具有自我意识的谈判者）在谈判中更加能够取得更高质量的结果，并且具有合作动机的谈判者要比那些具有自我意识的谈判者更加能够彼此信任，减少争论。这种倾向似乎也影响到谈判者对问题的讨论方式。其次，团体压力可能会使团队行为保持一致。但是除非找到一个大家都可以接受的解决方案，否则成员之间将会出现冲突且不能团结一致。成员常常与他人进行比较，以他人为标准来评估自己，并尝试用各种有影响力的策略去说服别人接受自己的观点。团体压力产生于团体成员对其他成员所施加的压力，迫使其对共同问题采取一致的观点，或达成一致的解决方案。此外，这样的团体也可能会产生不良的团队动力学。

（4）程序上的复杂性。

第四个区别是参与多方谈判的谈判者比双方谈判的谈判者要遵守更复杂的程序。在一对一谈判中，成员仅按次序表达自己的问题和观点，反驳对方的观点，或依照从谈判前期到后期的顺序逐步进行。当有更多谈判者参与谈判时，谈判规则变得更不清晰。该轮到谁去做什么？在谈判中的成员应该如何协调（例如，开场白观点的陈述以及逐步达成协议）？错综复杂的程序可能会产生几个结果：首先，谈判时间的延长。其次，谈判人员越多，谈判就越复杂，越难以控制，特别是当一些谈判者面临讨价还价手段时，或在谈判过程中通过不正当压力来使自己的观点得到认可时。再次，因为前两个因素所导致的结果，谈判者可能会不得不投入更多的讨论时间来明确自己应该怎样掌控谈判程序才能达到他们所想要的解决方案或协议。最后，谈判者必须决定是否要在谈判桌上讨论多个问题。谈判者同时讨论多个问题，即同时考虑所有的问题，并寻找能与对方进行商谈的一种方式，以便取得高效果、高质量的协议。而这种方式要比按顺序讨论问题（一次一个，以一个固定的或协商的顺序）的团队达成协议的可能性高。同时讨论多个问题的团队在谈判时也能交流更多信息，并更好地洞察出对方的优先选择。

（5）逻辑的复杂性。

第五个区别是多方谈判可能变得情况更复杂，参与者由于身体间隔的原因使得他们还需要尝试消除差异和达成一致。如果参与者们相互之间不在同一个地方，他们主要通过电子媒体，例如手机、视频会议、邮件还有网络聊天等交流。由于相互之间所处的距离问题，他们彼此之间会感到社交隔阂并且对彼此也很少有积极的影响。距离间隔可以影响谈判参与者的信任度，以及会使得他们对于其他的参与者不能清楚地判断，产生模糊不清的行为。这种隔阂——无论是身体的还是心理的——似乎影响着谈判参与者对其他人在做什么以及他们所做的是合作行为还是竞争行为的“暗示”判断。因此，多方谈判可以对搜集到的结论整合起到促进作用，使参与者相互之间近距离接触，并且帮助他们随时对其他参与者正在做的事情进行判断，这是面对面讨论可能做不到的。

（6）战略的复杂性。

最后，多方谈判的战略要比双方谈判复杂。在一对一谈判中，谈判者只需注意对方的行为，根据对方的目的、行动以及所采取的策略来选择相应的战略。多方谈判的复杂程度明显加强。谈判者必须考虑谈判桌上所有谈判人员的战略，并决定是跟他们单独谈判还是将他们作为一个团体进行谈判。与他们进行谈判时，会包含一系列的一对一谈判，但这个过程是在其他小组成员的关注下进行的。在这种被关注的情况下，一系列的一对一谈判可能会产生下面几种结果：①他们之间的交流会受到在场人员的关注。在这种被关注的情境下，谈判者会变敏感，并可能会认为应该以强硬的态度来展现自己的坚定和决心（既展现给其他谈判者，又展现给旁观者或观众）。在这种环境下，谈判者可能会采取分配式战略。这可能会导致团队的谈判者强烈坚持自己的立场，除非采取特殊行动来使团队避免竞争升级。一旦对方强硬地坚持自己的立场，谈判者将不得不改变自己的立场，例如，做出让步或妥协并达成一致以找到一个既令人满意又不丢面子的方式来向支持者做出解释。即使没有支持者，谈判者也不想在其他谈判者面前丢面子；当谈判者有支持者时，更是如此。②那些有办法控制谈判桌前（或者是室内）人数的谈判者从一开始可能就依据战略采取行动，用这种控制来为自己的目标服务。采用的策略是由战略利益决定的，而战略利益又可以通过增加谈判者的数量来实现。此外，谈判者也可能会邀请那些对自己的谈判立场予以支持和信任的谈判方，来提供“独立的”证词，以支持自己的观点或仅是为了展示自己的实力。例如，当团队争辩是否要建立一所超市或学校、改变社区法律或发布一项新征税方案时，那些代理人会在公共场合陈述这些问题，并安排一些支持者在公众中偶尔展示一下自己对这一立场的热情支持（或反对），这种现象是常见的。因此，谈判者想要在谈判中战略性地增加谈判者数量。③谈判者可以公开加入联盟，增加自己的支持者。置于联盟之外的人面临的风险是在讨论中将会成为没有积极性的参与者。而其中的一些成员可能会在主要谈判会议之外形成小团体。被排除于多方谈判之外的谈判者将会比一直参加讨论的人获得较少的成果。因此讨论关键问题时，特别是在后一阶段谈判方修订最终决议时，一定要参加。最后，在多方谈判中，谈判参与者之间的关系会对形成联盟有很重要的作用。当关系较好时，谈判者会将大量的时间用于商议并相互谈判。因此，谈判者过去为彼此做过什么，将来打算为对方做什么，对当前的谈判有很大影响。此外，关系会令谈判者的表现相似，强烈关心别人，并渴望帮助别人取得成果，而且相互之间会保持强烈的信任。

二、团队谈判

多方谈判看起来很像一个制定决策的团队，因为会有一群谈判者寻求一致的协议，而这个共同协议所包含的各方利益可能会出现分歧。在某种程度上，理解多方谈判就意味着理解了有效团队的特征。有效团队及其成员可能会做出以下事情：

1. 验证假设和推理

在有效团队中，每个成员能清晰地表达出他的假设和推理，并与他人一起加以验证，没有验证的假设和推理会产生没有事实根据的结论。

2. 尽可能地分享信息

在分配式谈判中，谈判者可能会有战略地使用信息——不与其他谈判者共享信息，并试图从他人那里获取更多的信息。然而，有效团队需要像整合式谈判那样共享信息，并使团队的可用信息最大化，以找到能满足所有谈判者利益的方案。因此，除了公然地离开或公开他们的最佳选择方案之外，谈判者应该讨论自己的利益。

3. 关注利益而不是立场

在整合式谈判中，团队应该考虑使用一定的程序使个体成员的潜在利益得以呈现，而不是仅考虑他们所表现出来的立场，分享信息，提出问题，并寻找其他潜在的利益或需要，在陈述了问题和答案后解释原因。公开利益需要别人了解什么对我们是最重要的，而且我们也要说明为什么他们是最重要的。

4. 详细表述

谈判团队对重要的信息要有一致的观点。谈判者应该充分解释和定义那些可能成为谈判协议的话语。

5. 公开辩驳团队内的任何成员

如果谈判者保留自己的异议，冲突将会被隐藏，最终导致不能达成一致意见或不能实施一项大家可能同意的计划。异议的提出应该是有效果的，并且是不带有任何敌意的。

6. 做出陈述，并听取问题和评论

对于持有异议的人我们不应该让他们保留观点，而应让他们表达出来，鼓励他们阐明对你所表达的利益和需求的理解。

7. 共同寻找方法检验异议和方案

找到一种方法来确定事实，明确事件的解释，并公开提出异议的原因，这样才能解决问题。

8. 讨论那些尚未讨论的问题

团队常常认为几个问题是不可以讨论的，在谈判中讨论这些问题对于取得成果可能是至关重要的。

9. 使谈论按照正轨进行

团队领导应该确保对话按轨道进行，直到每位成员发出的呼声都能被听到。

10. 不要用恶意中伤或其他方式分散团队注意力

干扰、嘲笑、谈不相干的事情都是分散团队注意力的行为，会导致团队偏离任务和焦点。在彼此熟悉的团队或冲突强烈的团队中，虽然有些行为习惯是不可避免的，但有效的团队应努力将这种分散注意力的行为降低到最低程度。希望在讨论的所有阶段中所有成员都参加，所有成员应乐于尽力参与谈判的所有阶段。

11. 共享相关信息

帮助团队最终解决问题，或帮助管理整个谈判进程。

12. 与组外的成员交流相关信息

如果外界人员以专家或重要信息来源的身份被邀请加入谈判，那么他们应该被告知有关团队操作的基本法则。

13. 通过一致意见来制定决策

虽然做出一个无异议的决议对团队来说基本上是不可能的，但无论何时团队都应努力争取达成一致。

14. 开展自我批评

在做出决策和讨论问题之间，团队应该花更多的时间分析评估自己的工作过程和效率；相反，做得不好的团队是很少花时间来评估他们的过程的，或许是因为他们想避免那些可能来自讨论的冲突。

三、管理多方谈判

鉴于多方谈判中出现的这些错综复杂性，究竟什么才是最有效的应对方式？多方谈判有三个关键时期：谈判前、正式谈判、达成协议。在解释这三个时期时，我们也要明确处在下面的情境中时，一个单独的谈判者能做什么。

（1）个体仅是多方谈判中的一员，但是希望能保证他自己的问题和利益被清楚地包含于协议中。

（2）谈判者想要确保团队尽可能达成高质量协议。

（3）谈判者必须负责管理多方谈判的程序，以确保战略和程序上的复杂性得以有效解决。

1. 谈判前阶段

在这一阶段中，谈判各方有一些非正式的接触。谈判者倾向于讨论几个重要问题：参与者是谁？联盟是否已经形成？不同的参与者需要遵守怎样的成员规则？

（1）参与者。

谈判方必须设法被邀请参加谈判。如果团队准备充分，这将是一个简单的问题。

（2）联盟。

联盟会在谈判之前存在，或者鉴于所有谈判方的期望而形成，这种现象并不是罕见的。

（3）确定组内成员的角色。

如果团队已经有了框架，那么角色也要被确定。但是，如果团队成员之前没有会面，那么谈判者可能会耍手段以取得关键角色。有些人想成为领导，以便在谈判中发挥积极作用，并推进某些议事日程；而其他人可能希望保持沉默并且不引起他人注意；当然也有一些谈判者希望扮演第三方角色，例如调解者或促进者。团队成员可以在团队中扮演各种不同角色。

（4）理解没有达成协议的代价和后果。

谈判者应该理解团队达不成协议所产生的代价和后果。我们讨论了达成谈判协议的最佳选择方案，给一对一的谈判者提供了一些建议。例如，假设一家电脑公司的几位副总裁希望明年能够建设个人电脑生产线的新型号，以及每个类型的数量，为了有效地做出决议，他们必须考虑到，如果没有达成一致意见，后果将如何，一些人是否将介入（如总裁）或赞成他们的做法？如果不能达成一致意见，总裁会怎么看待这个团队？这种僵局的代价对于每位谈判者是相同的吗？通常情况下是，不同的代理人对没有达成一致意见的代价是不同的。例如，如果副总裁不能达成一致意见，那么总裁可能会决定生产线的型号和数量，这样工程和生产部门（可能不得不彻底改变）要比市场和销售部门（不得不抛弃以往所做的，并设计新的市场和广告活动）付出更大的代价。有更多代替僵局选择的团队成员在谈判中可能有更大的权力，因为他们并不关心团队是否达成某项协议。最后，团队成员能否准确地感知到达成或不达成协议这两种选择意味着什么呢？有证据表明，谈判者更倾向于感知偏差，从而使他们相信：自己要比其他人优秀，选择要比其他人的好，比其他人更可能取得成果，比其他人对结果有更多的控制权。在多方谈判中，偏差通过增强谈判者对权力和获胜能力的感知来影响谈判者，导致他们相信不达成协议的选择是更好的。与他人一起讨论实际情况对于控制偏差是很重要的。例如，团队成员真的愿意承受不达成协议的后果吗？团队在什么情况下才会情愿认可这种可能呢？

（5）熟悉问题并制定议事日程。

谈判者要花大量时间熟悉他们的主题，吸收信息，并尝试理解他人的利益。谈判者也必须花费时间去制定议事日程。以下原因表明议事日程能有效地帮助谈判者做出决策：

①确定所要讨论的问题。

②根据问题的描述，确定每个问题是怎样确定的和怎样构建框架的。

③它能确定讨论问题的顺序。

④它能引入程序问题，并列入实际性问题。

⑤它能对各种问题进行时间限制，从而凸显所要讨论的重要问题。

除了制定议事日程外，谈判者可能也会同意遵守一套“基本规则”——谈判中自我控制的方式，况且“建立关系模型”已经被证明是一种建立有效团队关系的方法。

2. 正式谈判阶段

（1）任命一位合适的负责人。

当每位参加者都知道谁负责和推进程序时，多方谈判会更加顺利地进行。这一角色通常由利益相关的谈判方担任，并且在多方谈判中，中立负责人的参与将会使谈判更加顺利。当任命负责人被认为可行时，谈判者会考虑指定一名负责人，这个人必须对结果没有相关利益，但却有很大的兴趣来确保团队取得最好的成果。而实际上，负责人通常会在利益相关方中选出。记住，如果负责人也拥护某一特定的立场或偏好某种结果，那么负责人被看作是独立行为者或是中立的是很困难的。因为他所希望达成的协议可能会威胁（或者说被认为危害到）进程的中立性或客观性。

（2）应用和重新制定议事日程。

控制谈判流程和方向的关键方式是制定议事日程。负责人或谈判方都可以引入和协商议事日程。议事日程可以增强结构性、组织性和对问题的协商性。假设这些问题都在议事日程中，那么议事日程将会提供给低权利和处于不利地位的团体阐述和解决自己问题的媒介。然而，议事日程由谁制定可能会对谈判的流程有很大影响。除非团队成员能够从容地反驳那个首先制定议事日程的人，否则议事日程将无异议地通过，并且它所包含的隐含谈判结构和形式也会盛行。当参与多方谈判的谈判者进入一个预先设定的议事日程时，他们会考虑让其他谈判方提前知道议事日程，并做公开的讨论和修订。换句话说，确定议事日程的可能修订部分是议事日程的一部分。虽然议事日程增加了多方谈判的条理性，但它的缺点是，可能会人为地分割相关的问题；结果可能导致问题被单独讨论，而不是一起讨论或综合权衡考虑。使用议事日程的谈判者必须对议事日程所隐含的结构敏感，并且如果修订议事日程会对一致性协议的产生有利，那么谈判者应该乐于去挑战和修订议事日程。

（3）确保信息和观点的多样性。

确保团队能够广泛接受有关谈判任务的不同信息来源。如果负责人想要确保团队接收来自每个人的信息，确保许多赞助者和股票持有者有机会提供信息（通过写评论或者通过会前的公开陈述机会），确保相关的报告、文件或统计分析资料能被传阅和讨论，他可以采取五个关键步骤，以确保友善异议的存在：

①说话前要镇定，理清思路，避免带有情绪性的鲁莽行事，据理力争。

②尝试理解他人的立场。

③寻找你们都能获胜的方式。

④考虑某个问题对你来说是否是重要的。在谈判中，你的问题是最重要的吗？你能否在这一问题上牺牲你的全部或部分立场，以换取在其他问题上的胜利？

⑤记住，将来你可能不得不和其他人一起工作。即使出于愤怒和挫折，也不要使用让你将来后悔的手段。

（4）确保对所有可利用的信息都加以考虑。

确保团队能够讨论所有可利用信息的方式就是监测讨论规范。讨论规范反映了团队分享和评估已经吸收的信息的方式。虽然这样做很值得，但团队却很少预先考虑他们会遵循什么样的讨论规范。在许多案例中，失败可能是由于缺乏对遵守讨论规范和规则的审议意见的理解所造成的。

（5）有效控制冲突。

团队必须产生许多观点和解决问题的方法——尽管这样可能会产生冲突，但不允许冲突造成信息流动中断或产生个人恩怨。当一切都进行良好时，冲突是团队生活中很自然的一部分，它能提高团队成员完成任务、协作和维持关系的能力。如果在这方面做得不好，冲突将会不断破坏进程。有学者在一项研究中，对高绩效工作团队对冲突的发展和管理进行了调查。作者研究了工作团队的三种不同类型冲突：关系冲突（人与人之间关系的不和睦，团队成员间的厌恶，关系紧张、摩擦、烦恼、挫折和厌恶感等）、任务冲突（对团队任务的不同看法）和过程冲突（对任务如何完成——谁将做什么，每人将分配到多少报酬等的争论）。高绩效团队具有低的却不断增长的过程冲突，关系冲突保持在最低水平，任务冲突处于中等水平。想要建立理想冲突的团队，就要预先制定与工作相关的价值体系，包括高水平的信任和尊重，在谈判中间阶段围绕冲突进行公开讨论。想要建立理想冲突的团队，就要预先制定与工作相关的价值体系，包括高水平信任和尊重，在谈判中间阶段围绕冲突进行公开讨论。研究发现如果一个团体想要保持或者提升他们的最佳效能，应该使用以下冲突解决策略：①采用可以与其他组织派别合作的方式远胜于直接交于其他派别；②明确讨论任何实施决定和分配工作的原因；③将工作分配给有相关经验的人远胜于将工作交付给基于方便性和意愿性工作的人。有效的团队都会预期到他们不得不处理的冲突，并且当这些冲突出现时，必须寻求多种处理它们的策略。

（6）检查和管理决策规则。

除了有效监测讨论规范和管理冲突过程之外，谈判者也要管理制定决策的规则，即团队决定用什么方式来做什么。在制定决策的团队中，主要观点被作为规则，但有时是由全体成员投票，获得投票超过 50% 的选项就是所要的方案。当选择不止一个时，团队可以通过独裁（一个人决定）、寡头集团（占主导地位的少数联盟决定）、简单多数（过半的人决定）、2/3 多数、类似一致通过（团队多数人赞同，而且那些有不同意见的人并不抗议或提出反对意见）、一致同意或全体通过（每个人都同意）来制定决策。在谈判前所决定的团队规则还会对谈判过程产生重大影响。例如，如果在一个 5 人团队中通过简单多数制定决策，那么仅需要 3 个人同意。因此，在谈判期间，甚至在谈判前，任何 3 个人都能聚在一起形成联盟。相反，假如这项决策规则是需要全体一致通过的，那么团队需要一起努力工作以确保所有谈判者的利益都能被提出、讨论并整合到团队决议中。无论是决定采用建立联盟的策略还是决定采用完全共享立场、利益和方案的策略，都需要应用不同的方法。

（7）努力达成初次协议。

如果目标是达成一致协议或者最好的解决方案，谈判者不应努力追求谈判的一气呵成。相反，他们应该努力达成初次协议，并对其进行修正、提升和改善。正如我们所讨论的，多方谈判的复杂性增加了问题的复杂性、谈判对话中断的可能性和谈判者更坚定自己立场的可能性（或者是因为竞争力的影响，或者是因为观众和其他成员的影响）。考虑到这些条件，即使存在能被通过的解决方案，在谈判者中取得真正的一致通过也会变得更加复杂。那些乐于接受初次协议的谈判者，对进一步进行改善的反对意见可能会被初次协议达成后的中断所消除，鼓励团队批评和评估初次协议，并明确地计划进行二次谈判（再谈判）。此外，如果团队是通过大量的分歧和冲突而达成协议的，那么再次谈判必须专门致力于改变和管理冲突程序。

（8）管理问题成员。

团队成员的个人行为可能是团队谈判障碍的源泉。有的成员可能会开会迟到，对会议未做充分的准备，用不着边际的话和幽默分散团队注意力，或者忽略了他们的分内之事。以下是应对问题成员的策略：

①明确问题行为——给出清晰、具体的例子。

②指出问题影响的可能是团队而不仅是你。用“我们”代替“你们”，“你们”听起来有更多的指责，并且可能使其产生其他防御心理。

③关注他人的可控行为。目的并不是批评他人或使他人尴尬，而是强调个人能够控制和改正行为。

④给出建设性评论，直至个人能听懂并接受。私下里与问题成员商量，并且在他没有任何压力的情况下执行或处理主要问题。

⑤保持反馈的专业性。用礼貌的语气专门描述防御行为及其影响。

⑥确信他人已经听懂和理解了你的观点。要求他重复或再次描述观点，这样你就知道自己的观点是否已被听懂。

3. 达成协议阶段

多方谈判的第三个阶段，也就是最后一个阶段是达成协议阶段。在该阶段中，谈判者必须在谈判的所有可替代方案中做出选择。他们可能会遇到几个问题，如最后期限的压力、之前未讨论过的新问题的出现、对有关特定问题和关注点的更多信息的需求，以及一些谈判者存在威胁行使否决权的趋势以企图说服最终协议中包含他们的观点或项目。在该阶段中，解决问题的步骤如下：

（1）选择最好的方案。团队必须权衡他们已经考虑过的选择，可以进行单一选择，也可以几项一起选择，尽可能地使大多数成员满意。

（2）制订行动计划。这会增加方案被全面、有效、及时实施的可能性。例如，一项好的行动计划可能包含以下几个关键步骤：每一步要取得什么目标，每一步何时开始和结束，完成每一步需要什么资源以及谁负责该步的执行。按这种计划进行工作也可能会使那些模糊的或者疏忽的问题浮出水面，这样可以避免方案实施后产生更大的冲突。

（3）实施行动计划。这可能会在团队解散之后或团队范围之外进行，但需要依照团队所确立的方针行动。如果没有一项有效的行动计划，那么之前已经认识到的问题就会在这个过程中发生。

（4）评估结果和过程。对谈判结果和过程的评估对衡量团队工作的有效性来说是至关重要的。该过程不需要与谈判同时进行，也不需要作为会议决议来安排，但它不该被推迟或遗漏。如果团队的成员不想引起公众的批评，那么我们可以做一些总结性的调查问卷，然后由负责人或调解人反馈给团队，再由团队分析他们最担心的错误过程或未完成的结果。

4. 负责人所起的作用

（1）督促团队选择一项或更多项决议。使用我们之前已经讨论过的程序规则，了解关键成员之间临时联盟的出现。允许和鼓励对多个问题同时进行讨论并交换观点，或对初期达成的协议、临时协议进行修订。如果决议是在冲突的基础上制定的，那么达成初次协议后中断会议，酌情约定开始二次谈判。

（2）制定和起草临时议。记录临时协议，以文字的形式写在黑板、挂图上，或用投影仪展现给整个团队。这样，所有人都能看到并对其进行修正。确定所有的谈判者都理解该协议以及它的实施结果。此外，要明确书写协议的人要比其他人拥有更大的权力，因为他是用自己的话来书写的，而且这里面可能会带有偏差或者选择性地记下一些条例传阅给他人。

（3）讨论何时实施以及下一步要做什么。确保谈判中每个起作用的人都能了解他们要做什么。给每个人分配任务，以确保对关键步骤进行设定和执行。写出下次会议的安排，计划评估协议效果的下次会议。感谢团队成员的参与、辛苦工作和成效。如果讨论过程很困难或者花费了很多时间和精力，那么组织一场小型的庆祝晚会或给大家发送正式的感谢信或者小礼物是必需的。举行一场聚会来庆祝所有艰苦工作的完成。

（4）组织和设置事后检验。组织团队成员讨论该次谈判的过程和结果，并对他们在下次谈判中可能做得更好或不同的地方进行讨论，这将使团队和负责人都有收获。

第六节　如何处理谈判中的性别差异

一、性别差异

一般来说，与男性相比，女性有不同的谈判风格，主要表现在有耐心、倾听更认真仔细，擅长获取每一个人的观点，以及尝试同另一方达成一致。在关系型文化中谈判时，通过对他人表示兴趣并强调关系，由男性和女性管理者组成的团队可能更具有比较优势。此外，女性被认为比男性对不道德或欺骗行为更难以接受。

就沟通交流而言，特别是电子邮件，女性和男性有着不同的交流方式。正如以下所说的：女性和男性都以互动的方式构建他们的信息，对于双方而言，纯粹的信息交换只是居于观点交换的次要地位。在电子信息传递方式上有显著的性别差异……虽然女性发出的信息中会包含更多互动的特点，但与男性只包括关键点的信息相比，女性的信息更加丰富。这些发现与男女之间的不同谈判风格一致，虽然不同的是女性崇尚社会和谐，而男性更偏好竞争。

当比较男性和女性谈判者的不同特点时，你会发现如果不考虑长期利益和持久关系，男性会做得更好。竞争战略和对抗战术更适合于一次性交易。对于长期的和重复性的生意合作战略会比竞争战略更有效，这与女性所偏好的谈判风格更一致。女性谈判者通过使用“柔性”的方式可以证明她们更成功，因为在她们眼中，谈判不仅是商业活动，同样是关系起着关键作用的人际交往活动。

换句话说，产生不同的关键是因为女性在谈判相关议题以及相关关系时具有双重角色。因为心里有两个目标，当谈判的成功主要取决于如何处理关系时，女性便可以更好地应用协作战略。然而，这种观点假设女性谈判者知道如何应对操纵策略，必要时愿意应用对抗性的战术，要求对方让步时有说服力，并能够做到不轻易让步。表 4 – 2 概括了男性和女性谈判者的一些主要区别。

表 4 – 2　　男性和女性谈判者的主要区别

女性倾向于	男性倾向于
以人为本。 关注于建立关系。 讨论问题	任务导向型。 关注于达成协议。 优先考虑解决问题
更多采取合作战术。 更容易更快地让步。 问的问题比较少	更多采用竞争战术。 拒绝作出妥协并表现出不情愿。 问的问题很多
耐心。 好的倾听者。 运用较多修辞/修饰语	不耐心。 不是好的倾听者，经常打断对方。 很少用修辞/多为有力而直接的言语
谈论其他事情。 善于解读非语言暗示。 易动感情	每次集中于一件事。 不善于解读肢体语言。 抑制情感
有直觉感。 询问他人/寻找共识。 在交谈中建立融洽的关系	善于分析/理性的。 很快下决定，然后告知他人。 在交谈中表现学识/技巧
善于理解别人。 采取妥协的态度。 寻求接纳	在理解他人方面过于以自己为中心。 采取胜利的态度。 寻求尊重

二、文化之分

当谈判在男女性的角色不同且被明确定义了文化条件下进行时，这些评价就需要稍加修正。霍夫斯泰德指出了导致大多数文化差异的五个维度。这些影响文化的维度包括权力距离、个人主义/集体主义、不确定性规避、男性化/女性化、长期导向与短期导向。男性化社会中，男性比较独断，并希望寻求物质上的成功。女性化则是指社会中两性的社会性别角色互相重叠，男性与女性都表现得谦逊、关注生活质量。举个例子，男性化社会推崇自信、独立、任务导向和自我成就；女性化社会推崇合作、友好、服务他人、人际关系和与他人达成共识。

男性化社会的谈判最适合竞争战略和对抗的战术，通常会导致“单赢”或“双输”的结果。与之相反，女性化社会提倡合作、建立关系、有耐心以及表现出对另一方利益的关心，因此更多使用可以取得“双赢”结果的协作战略。

三、处理性别差异

企业文化在商务谈判中的地位日渐重要。随着时间的推移，多数公司会发展与它们企业的价值观、规则和政策相符的企业文化。其政策之一就是招聘女性及晋升女性到高级管理职位。这一信息会帮助男性和女性谈判者识别对方会采取什么行动，并因此选择合适的战略和战术。比如，对方是否愿意被一个女性管理者所领导，或者团队中是否包含男性和女性谈判者。如果一个公司对女性雇员没有清晰的晋升政策，并且谈判团队的成员全部由男性组成，那么它便在性别平等的立场上传递了一个很强的信息。由于每一个谈判都是相当独特的，因此选择拥有谈判技巧并且对文化多样性（包括性别差异）比较敏感的团队成员就尤为重要。

准备一项谈判是十分耗时且困难的任务，尤其是在国际化的背景下。成功的跨性别全球谈判是复杂的、具有挑战性的，也是司空见惯的。为了克服人们对女性形成的固有看法，女性应该从一开始就建立起信任感，以一种清楚、简洁、直接的语言进行报价，而不是介绍与生意无关的主要细节，这些细节介绍可能会使对方困惑。

研究发现女性会通过谈论家庭和个人问题而更加强调关系。这反映了她们倾向于采用关系型谈判方式，而男性更偏好使用竞争型的谈判风格。这种谈判风格使女性在“谈判就是金钱”时能直奔主题，并确保她们能确立信任、态度和地位（权利认同）。

准备谈判时，可参考表 4 – 3 中所列的问题，从性别角度看是否做好了谈判准备。如果答案大多数是否定的，或者反映出缺乏了解，那么就表明对谈判中的性别要素认识不足，需要更多的时间来进行准备，当谈判在男性化导向的文化中进行时更应如此。

表 4-3　　准备跨性别谈判时应问的问题

主要的问题	是	否	不清楚
政府是否实行了针对性别歧视的法律?	□	□	□
你将要谈判的公司是否针对女性晋升到高级管理层而制定了公司政策?	□	□	□
女性是否在其他公司占有高级的职位?	□	□	□
企业是否对有子女的女性员工提供特殊条件，比如弹性工作时间、公司幼托服务，等等?	□	□	□
对方是否来自关系导向型的文化?	□	□	□
对方谈判团队是否有女性?	□	□	□
你认为在你和对方团队之间是否有代沟?	□	□	□
这次谈判是一次性的还是长期的交易?	□	□	□
对方是否知道如何运用竞争战术?	□	□	□

四、准备好进行跨越性别差异的谈判

国际背景下的跨性别谈判要求比传统的谈判准备更多。成功的关键就是花时间尽可能多地了解对方的信息，并且做好相应的准备。另外，谈判者需要了解对方的国家文化和公司文化，对方公司对于女性平等的政策，对方曾经使用过的谈判行为风格，对方团队的组成结构，以及谈判即将进行的总体环境背景。收集了信息之后，就可以开发战略，制定合适的战术，根据技术和社会能力以及性别意识选择团队成员。如果预计对方的团队中有女性决策者，那么在你的团队中也任命一位女性谈判人员就会是一个明智的选择。另外，男性成员在跨性别谈判时要尽量做简短的陈述，如果时间允许，可以在会见对方之前先进行一次模拟。

【本章小结】

本章我们分析了分配式谈判和整合式谈判的基本结构以及在此情境下的战术和战略的使用。谈判者可以通过直接或间接干预来了解对方的起点和目标点。通常不到谈判后期一方不会知道对方的底线，因为这些都被掩藏起来了。这些都很重要，其中最重要的是底线。双方底线的差距决定了谈判区域。如果是正的，那么存在协议达成一致的可能；如果为负，基本不能实现成功的谈判。基于谈判过程的不可预见性，我们可以假设情境，提出伦理推理方法，利用它们可以决定什么行为在伦理上是恰当的。谈判者通常会忽略一个事实：尽管不符合伦理或自私的策略可能在短期内会使他们获得自己想要的目标，但长远来看，这些策略常常会损坏名誉并削弱谈判效果。

【阶梯实训】

1. 实训名称

合纵抗强与连横击弱的模拟谈判。

2. 实训目的

通过模拟谈判让学生初步了解谈判的计划制订，认真考量己方核心利益与对方利益，仔细分析对比己方的优劣势与对方的优劣势，建立对谈判的感性认识，亲身体验谈判对谈判人员各方面能力素质的要求，为顺利学习本课程奠定基础。

3. 实训步骤

（1）将全班同学按每3～5人一组划分为若干组，共10组。指定一组同学扮演苏秦的角色，一组扮演张仪的角色，另7组各代表七雄中的7个国家，一组同学担任记录人员。

（2）按各扮演的角色，让学生分组收集、准备相关的资料。

（3）教师在模拟谈判前向学生说明整个谈判的步骤。

（4）对谈判过程进行分析总结。

4. 实训背景资料

战国时期，苏秦采用了合纵抗强的谈判谋略屡屡取得成功，使燕、赵、齐、楚、韩、魏6个国家合为一个具备强大军事实力的联合体，共同抵抗强大的秦国达15年之久。后来，秦国的张仪就采用了针锋相对的破纵连横的谈判策略，对合为一体的六国实施各个击破的战术，使秦国统一了六国。

（1）合纵抗强。

战国后期，经过商鞅变法后的秦国逐渐强大起来，成为七雄中实力最强的国家，齐、楚、燕、赵、魏、韩这六国均无单独抵抗秦国的实力。为了与秦国对抗，保护弱小国家不被吞并，六国联合势在必行。在此背景下洛阳人苏秦极力推行谋士孙衔的合纵抗秦策略，终于使得六国联合抗秦，令秦国不敢轻易向六国中的任何一国下手。

公元前314年，苏秦先到燕国，劝说燕文公与近在百里的赵国联合，以防千里之外的强秦。在苏秦的劝导下，双方达成共识，燕文公接受了苏秦的建议，于是封他为武安君，授以相印，送兵车百乘，让苏秦到各国去实施合纵抗强的策略，抑制秦国的侵略。苏秦来到赵国，同赵肃侯进行谈判。向他提出，秦国不敢进攻赵国，是因为害怕韩、魏两国袭击其后方。如果秦国先打败韩、魏再举兵攻赵，那么赵国就难以抵抗了。苏秦接着又向赵肃侯指出，六国之地五倍于秦国，六国之兵十倍于秦国，如果能够联合起来，同心协力，必定能够打败秦国。因此他希望赵王邀请韩、魏、齐、燕、楚等国国君进行谈判，共商六国联合抗秦大业，这样秦国就不敢对六国中的任何一国进攻了。听了苏秦的话，赵王大喜，对他大力嘉奖。随后，苏秦又奉赵王之命，前往其他各国进行谈判。

针对国家实力中等的各国，苏秦在谈判中指出：齐国与秦国不可能共同存在，就像两虎相争不能并存一样的道理。齐国强则秦国弱，秦国强则齐国弱，秦、齐两国注定要交锋。既然如此，齐国应该联合其他小国，结成联盟，共同抵抗强大的秦国。这样一来，无论秦国多么强大也远远抵不过六国联合的力量。如果齐国与秦国交好，就要向秦国奉送土地和财富；如果同五国联合，反而会得到五国的赞赏并且可以从中受益。权衡利弊之后，齐国当然应该同五国联盟，共同抵抗秦国。

针对各个小国，苏秦在谈判中向他们指出，在强大的秦国面前，各小国好比是风中残烛，很容易被秦国灭掉。只有大家联合起来，把秦国当成共同的敌人，才能够强大起来，保护自己不被秦国吞并。在苏秦的游说和努力之下，合纵抗秦的策略终于有了最终结果，各国都纷纷答应联合起来，共同抗秦，并且派出使节在洹水举行合纵谈判。最后达成协议，六国结成联盟合纵抗秦，由苏秦担任总联络使。至此，苏秦的合纵抗秦策略得到了成功，使强大的秦国不敢出函谷关一步进攻六国。苏秦的合纵策略之所以能够成功，一方面是成功地运用了合纵抗强的方法，另一方面就是他准确地把握了六国的共同利益和处境。只有这些共同的目的和利益才能把这些弱小的力量联合起来，共同抵抗秦国，使秦国不敢轻举妄动，各国才能够保住自己的一片疆土。

（2）连横击弱。

对付合纵抗强的谈判策略的最有效的方法是连横击弱法。连横击弱指的是在谈判过程中，针对谈判对手的合纵抗强而采取的有效措施，其目的是要通过分化合纵联盟，拉拢合纵成员以削弱合纵联盟的抵抗力量，各个击破，最后达到把全部弱小力量打破，从而实现其全部谈判目标的目的。

为了迫使六国屈服于秦国，挫败苏秦的合纵之策，张仪极力倡导并成功地运用了连横击弱的策略，最终使秦国独霸。

公元前 328 年，作为秦国相国的张仪首先游说并贿赂齐、楚两国的相国，晓以利害，使齐、楚两国脱离合纵联盟，投奔秦国，孤立韩、魏。在同齐国的谈判中，张仪向齐国指出，齐国不尽早和秦国联盟，与秦国和好，秦国一旦和邻国的韩、魏率先联合，就可以从三个方向对齐国发动进攻，加上韩、魏两国早就想得到齐国的土地，随时都在窥视着齐国，伺机动手。而只要齐国先和秦国联盟，它们就不敢对齐国下手了。与此同时，张仪还进一步指出，弱小的齐国和强大的秦国作战，不会存在任何取胜的可能性，即使侥幸得胜，也将付出惨重的代价。那时如果韩、魏两国一起进攻齐国，它就只有灭亡了。

在同楚国的谈判中，张仪向楚王指出，楚王曾经同秦国多次交战。但每次楚国都被秦国打得大败，损失惨重。但是，如果楚国能够从合纵同盟中退出，与秦国和好，秦国出兵攻占魏和晋两地，封锁要害，楚国再鼎力攻打宋国，进而再向东挺进，那么泗水之上的十二诸侯，就全部归属楚王所有了。

说服齐、楚两国之后，张仪又赶到魏国，劝说魏国也屈服于秦国，好让其他国家一起效仿。但是秦、魏两国的谈判由于魏王采用了强硬的态度，拒绝秦国的要求而破裂。张仪于是密令秦国向魏国发起进攻。直到公元前 318 年，魏、韩、赵、燕四国联合齐、楚一并向秦国发起进攻，但是由于齐国和楚国被秦国拉拢，出师不利。四国军队在函谷关遭到秦军的反击，损失惨重。秦军又乘胜兵伐韩，大败韩军。

在这种情况下，张仪又乘机找到魏王进行谈判，劝导魏王向秦国妥协。张仪向魏王威胁说，六国合纵联盟根本不能成功，亲兄弟同父母尚且因争夺财产而相互残杀，六国怎么可能靠苏秦的几句话就长久联合起来？如果魏国不向秦国屈服，一旦秦军出兵，魏国就危在旦夕。由于魏王年幼无知，面对联军的惨败，韩军的覆灭之势，经不住张仪的威吓，便背弃了合纵联盟。此后，张仪继续游说六国推行连横击弱的策略，离间六国合纵之约，威逼六国争相割地贿赂秦国。由于各国纷纷向秦国示好请和，苏秦苦心经营起来的合纵抗强策略被完全瓦解，六国中无论是实力最强大的齐国，还是相对弱小的韩、魏等国，都没有足够的实力与秦国抗衡。而秦国对六国的要求也越来越苛刻，不时索取金银珠宝，或土地牛羊等，使得六国的实力一天天削弱，最后没有一个国家能够抵抗得住秦国大军的进攻，终于被秦国逐个吞并。张仪的连横击弱法帮助秦国最终统一了全国。

为了对合纵抗强联盟分化瓦解，张仪所代表的秦国不惜采用欺骗、拉拢、贿赂、威吓甚至边打边谈的手段，迫使六个实力弱小的国家合纵联盟逐渐解体，投靠了秦国。因此，分化瓦解、各个击破是连横击弱的核心战术，如果不能够成功瓦解合纵联盟，任凭秦国再强大的力量，也无法击破六国联合起来的力量，战国七雄局面就会继续维持下去，也就没有后来的秦国统一天下了。

5. 实训任务

苏秦组目标：说服六国合纵，以抵御强秦的侵略。

张仪组目标：破坏合纵，说服六国分别与秦国连横。

全班同学：分析六国之间该如何谋划，才可避免被吞并的命运。

6. 实训考核

根据谈判过程中各队的表现以及谈判目标的达成情况，结合资料准备的充分程度，作为评判哪组获胜的标准。

第五章
结束谈判

【引导案例】

工程设备谈判

A 公司代理 B 工程公司与 C 公司谈判出口工程设备的交易。C 公司根据其报价提出了建议，希望对方考虑 C 公司所在国家的市场实际情况，然后改变价格。A 公司做了一番解释后仍不降价，并说明其委托人的价格是如何合理。

C 公司对其条件又做了分析，A 公司再做解释，一上午下来毫无结果。C 公司认为对方过于傲慢、固执，A 公司认为 C 公司毫无购买诚意且理解能力弱。双方相互埋怨之后，谈判不欢而散。

【互动环节】

每个学生收集 2 ~ 3 个生活中的谈判例子，通过生活中谈判的收集，加深“生活无处不谈判”的含义，并进一步加深学习本课程的意义。

第一节　结束谈判的方法与选择

结束商务谈判需要特殊的技巧。由于没有哪两位谈判者是完全一样的，因此没有哪一种结束谈判的方法一定比另一种要好。谈判者必须运用自己的判断，来选择最合适的方法结束谈判。

一、结束谈判的方法

结束谈判的方法有很多。合适方法的选择取决于以下一些因素：谈判双方目前的关系如何、谈判的目标、文化环境、谈判参加者的风格、讨论的状态，以及谈判目标是涉及新的商业机会还是对现有合同的延续。大致有以下常用的结束谈判的方法：

1. 选择法

这一方法也通常被称为“要么……要么……”技巧。使用这种方法时，谈判一方会给出一个最终的报价，但这同时也包含着另一种情况下给予对方的其他选择。例如，如果对方同意自己承担运费，将货物运送到仓库，那么谈判者（比如代理商）就愿意降低其要求的佣金率。

2. 假设法

采用这种方法时，谈判者会假定对方已经准备好接受合约条件，并准备深入交涉有关交货期、支付时间表等具体项目。卖方经常会使用这一方法来促使买方达成协议。如果发起方能有供对方选择的其他选择方案，对发起方而言，这就是一种有效的结束方法。

3. 让步法

这一方法通常为：谈判者到最后才使用备用的让步方案，以鼓励对方达成协议。在某些情况下，在最终协议即将达成前，让步被看作一种善意和诚意的表现，此时使用这种让步法就会极为有效。但这种最后一分钟的让步也不应该过于慷慨，只要能够达到激励对方结束谈判的目的就可以了。

4. 渐进法

谈判者可以使用另一种方法来促成关于某一具体事宜的协议的达成，然后再处理其他的事情。使用这种方法时，只有在所有悬而未决的相关事宜都达成一致后，才能结束谈判。所以，只有完全按照顺序一个接一个地解决问题的谈判过程，才会使用这一方法。

5. 关联让步法

还有一种结束谈判的方法，即基于对方已经作出让步的原因，主动地给予对方另一个相关的让步作为回报。谈判双方如果已经就一些焦点问题达成一致意见，通常就可以使用这种关联让步法来解决剩下的其他一些问题，以达成最终的一致。

6. 激励法

激励法是指为了能使双方立即达成协议，而以某些特别的利益来激励对方接受其最终报价的方法。如果对方同意当场接受报价并结束交易，就以提供某些特别利益激励的方式来补偿对方提出的某些异议，比如提供免费的安装和维修服务，承诺来年不提高运费，以及提供免费的培训等。

7. 总结法

这种方法要求谈判者对所有双方讨论过的议题进行总结，向对方强调自己曾经作出的让步，并在总结中突出对方因为接受自己的建议而获得的利益。随着双方的讨论逐渐逼近规定的谈判期限，并且已经在所有的重要议题上达成了一致意见，谈判一方就可以总结所有的谈判要点，并请求对方加以认可。这一总结以简明为好，而且应该能够准确地反映出曾经讨论过的事项。这种方法适用于任何文化背景或任何商业环境下的谈判。通过时间因素给对方施加压力，目的是强调己方的优势，从而在谈判终结时争取更大的利益，以及对对方施加压力，使谈判成果能尽快确定下来。

8. 折中法

该策略是将双方立场和条件的差距，以折中的方式、完全对中的形式或以互相让步但不对等的形式予以妥协的做法。应用这种方法时，通常双方的讨论已经接近尾声，并且双方存在的分歧已经很小。这时，选择将双方的分歧进行折中应该更加可取，而不应再在微小的、对总体谈判目标的实现并无大碍的事项上继续进行无休止的讨论，如果这样，还有可能会损害彼此间的合作关系。对双方间存在的分歧进行折中，首先是建立在双方最初的报价都是现实的基础之上的；否则，采用这种方法就会给报极端低价的人（对买方而言）或报极端高价的人（对卖方而言）带来不公平的利益分配。这是一种能加速谈判结束的常用方法，但谈判者使用时必须确保不会造成过于不均的分配结果。

9. 试探法

试探法可以用来检验对方距离接受条件达成协议这一步还有多远。采用试探法时，报价方会提出一项建议，给对方一个表达其保留意见的机会。而对该建议的异议则表明双方在这一领域的争议还有待商榷。试探报价建议并不会对报价方法构成承诺约束，而且对方也没有义务一定要接受这项建议。总体来说，如果双方间的对话已经取得了很多成果，试探法就能在对剩余的相关事宜的讨论中起到建设性的作用，以促成双方协议的达成。这一方法在决定哪些未讨论的事项需要澄清时非常有用。

10. 最后通牒法/否则法

该策略也叫作边缘政策，是“最后一击”，不惜以破裂相威胁，以迫使对方让步的谈判方法。即如果对方不接受报价，或者是对报价不予回应，报价方就要立刻放弃谈判。这种所谓的否则法，也称为最后通牒法，在执行协议需要信任和诚意的谈判中，一般不推荐使用。

二、结束方法的选择

究竟选择哪种方法来结束谈判，应该在谈判的前期准备阶段就定下来。方法一旦选定，谈判者就必须对其进行深入的理解以确保使用。所选择的方法应该与双方讨论所处的环境相适应，并应该与谈判的整体目标相匹配。如果谈判者富有经验，应该能够变换使用不同的结束方法，或者是并用几种方法，将其作为其谈判策略的一部分。

总体来说，有经验的谈判者都会更倾向于选用让步法、总结法或者折中法，尽管其他一些方法在某些类型的谈判和文化背景中也能奏效。

从商务角度讲达成一致是指双方意见无分歧，已可进入有效接受过程，术语上称为承诺。买方已无条件同意卖方提出的有关交易的全部内容，事实上也等于卖方提供给买方的全部内容得到认同，这种情况下收场收得非常漂亮。但如此时，一方对达成的协议提出异议，对于内容有增删，提出了条件性的限制或其他方面的修改，那这不是收场，而是讨价还价即议价的继续。另一个问题是双方都认同的交易条件有效期究竟有多长，这种有效期如不是面对面的谈判，而是通过往返信函传真交易，往往需在信函之中写清，某年某月某日附到有效，这段时间之间，你只要同意就有效。但面对面的谈判不存在这么明确的时间，所以面对面谈判的结果是一纸合同，谈判内容随着合同的签订而转移，过去所做的一切口头承诺，双方形成的一致性结果，都应服从合同。经贸活动中存在这样实质性的情况，即并不一定要依于书面合同，只要完成有效接受过程，那么我们所谈的一致的交易内容、交易条件是成立的，有无一纸合同，只是形式问题。因此要把商务关系的成立、交易成立必须有合同出现两件事分开，但如果双方议定要有合同的话，那么合同的内容是最高级别的，而过去所谈的所有结果都应服从合同。

三、有效的结束技巧

谈判者可以利用许多技巧达成交易，但这些技巧并非都能适用于各种交易谈判，有些技巧无法适合某个谈判者的工作方法或个人的偏好。不过，所有结束的技巧，谈判人员都应了解，具备这方面的知识，有助于谈判者选定最适当的办法达成较佳的成果。

1. 比较结束法

（1）有利的比较结束法，即置对方于较高地位的成交法。

（2）不利的比较结束法。这是根据对方的不幸遭遇而设法成交的方法。使用这种方法时，谈判者往往要列举出一些令人遗憾的事情。

2. 优待结束法

（1）让利促使双方签约。当对方对大部分交易条件不很满意，而价格又较高的情况下，谈判人员可以考虑对方压价的要求，让利给对方，如采用回扣、减价以及附赠品等方法。有的时候，为了使对方尽早付款或大批量订货，也可以通过让利而使谈判圆满结束。例如：“你们若能把履约的时间提前两个月，我们将优待你们或者降低价款；你们所订的数量实在太少，这个合同似乎都不值得一签，如果你们能再多订出 1 倍的量，我们还可以减价 10%，这可是难得的优惠条件呀!”

（2）试用促使对方签约。谈判者可以提议订购一笔少量廉价的样品，或者无偿试用，这是一种十分简单的成交法。有些谈判最后没有成功，其原因可能就是没有使用这一方法。当谈判者没有别的办法使这笔买卖成交时，这一方法就是一种最后的努力。把产品留给对方，其成交率可能是出人意料的。

3. 利益结束法

（1）突出利益损失，促使对方作出决定。这种方法强调：对方如果不尽早购入他们所需的产品，他们会错过目前这一时期的所有利益。采取这种方法旨在消除对方的迟疑，它的典型例子是：“你们在犹豫或等待期间，将会失掉产品所带给生产的一切保证利益。你知道，将来你们会随时需要这种产品，你现在就买，并享受过渡时期中那些利益，不是很好吗?”或者说：“当你们在等待时，其他厂家将比你们提前采用这种新技术，千万不要失去你们现在的优势，现在犹豫不决，就等于放弃了你们目前的利益和长远的利益。”

（2）强调产品的好处，促使对方作出决定。高度概括有利于成交的一切因素，是圆满结束洽谈的一种有效方法。在业务洽谈时，要把所有的有利因素醒目地写在双方都可以看到的一张大纸上。由于在谈判过程中，他们随时都可以看见这些条件，所以会收到较好的直观效果。你也可以把产品的优缺点、有利和不利的因素，全部都写下来，这样，对方就可以清楚地认识到你的产品会给他带来哪些利益。任何形式的重复，都有着强烈的启发作用，对方可能在你强调第四遍的时候，才注意某个观点的重要。到了最后阶段时，你如果又提出了一些新的要点，业务谈判就可能陷入反复的状态，这些要点会引起对方重新考虑，因而推迟决定。

（3）满足对方的特殊要求，促使对方作出决定。有些时候，对方可能用提出希望或者提出反对意见的方式来表达他们的特殊要求。在这种情况下，如果可以改动某些条件，使之更能满足对方的特殊要求，那么你就应该作某些适当的变动，这样，对方就会更加关注你的产品，增加购买的可能性。诸如：

“我不喜欢产品表层的处理方法，乍看上去不结实。”

“如果我们改进产品的表层，使之增加防腐能力，你会感到满意吗?”

“就这一点那当然好了，不过半年才交货，时间太长了一点。”

“如果我们把交货时间缩短为3个月，你能马上决定吗？如果可以，我们马上安排生产，现在销售季节还没有开始。”

如上所述，用提问的方法要比肯定的说法好。例如，“我们完全可以在3个月内交货”，这种说法不仅对对方没有任何约束，倒容易在对方作出决定以前使其处在必须让步的地位。为了满足对方的某种特殊需要，主动向对方提出改变产品式样或者支付方式，会促使对方尽快作出最后的决定。如果确实存在这样的机会，谈判者应果断地加以利用，从而会马上结束谈判。当然，这样会给企业带来一些组织工作和费用方面的问题，但它是值得的。

4. 诱导结束法

（1）诱导对方同意你的看法，最后迫使对方得出结论。要求谈判者以逻辑推理的方法彻底加以思考，使对方对所提出的问题总是给予肯定的回答，在一系列的问题提完之后，对方便会在一些问题上作出决定。

问：你认为获得利润最重要的因素是经营管理方法?

答：当然。

问：专家的建议是否也有助于获得利润呢?

答：那是没有疑问的。

问：过去我们的建议对你们有帮助吗？

答：有帮助。

问：考虑到目前市场情况，技术改革是否有助于生产一些畅销的产品呢？

答：应该说是有利的。

问：如果在适当的时间，以合理的价格销售质量较好的产品，你们是否会得到更多的订单？

答：会的。

问：在试用我们的技术以前，贵方还需要了解哪些情况吗？

答：不需要了。

问：我可以把你说的话向我们公司汇报吗？

答：当然可以。

上述问答是经过锤炼加工而成的，从中可以看到谈判者逻辑思维的深化过程。如此来看，谈判者必须要有胆略，抓住时机，步步深入，引导对方作出一个又一个决定。

（2）诱导对方提出反对意见，从而导致尽快成交。当对方对产品已经产生兴趣，而对是否购买又犹豫不决的时候，可能有这样的几个原因：他还有一些疑问或反对意见，他感觉自己还缺少全盘考虑，他本人无权作出决定，他觉得产品的缺点与优点相等。向对方提出问题才是发现这些原因的最好办法，这样能诱导对方暴露出埋藏在内心的反对意见。谈判到了最后阶段，对方常常会说："不，我还要再想一想。"你可以回答："您尽可以再想想，不过您还有不明白的问题吗？"或者"您还是不太相信，对吗？"这样的提问是最后阶段洽谈的关键，到了这时候，对方不得不道出原因。对方的回答可能有下述几种：

①"嗯，我真不知道说什么好，这是一桩非常重要的买卖，我们确实需要时间进行考虑。"这说明对方犹豫不决，他们还没有产生强烈的愿望。遇到这种情况谈判人员有必要重复一下洽谈的要点。

②"可以肯定，你们的产品还是不错的，不过我们还可以等一等再看。"在这种情况下，谈判人员不仅要刺激对方的购买欲望，而且还要讲出购买原因，使对方认识到马上购买是明智的，长时间的等待是一种失策的行为。

③"嗯，我还是认为价格偏高了点，这同我想象的大不一样，我不太喜欢这种装配方法。""这东西看上去很美观，但恐怕不耐用吧？""很好，不过还有一些毛病……"所有这一切都说明谈判人员还没有成功地消除一些有事实根据的反对意见。在某些情况下，由于工作没有做到家，谈判工作只好从头做起。

④"我想同我们领导讨论一下再说，我自己不能决定。"遇到这种情况，可能是有下述几种原因：对方无权决定；对方对产品有怀疑；对方对自己的主张拿不准，不能下决心。一旦发现问题的关键所在，谈判者必须当机立断，马上决定是进一步打动对方的心思，还是用直接或间接的方式同幕后决策人打交道。

⑤“没有，我想不出有什么具体问题。”如果对方这样回答，或者用同样的腔调，或用不肯定的口气回答，只要你再进一步加以引导，对方可能很快就作出决定。

另外，谈判人员还应该记住，对方对你的问题可能会作出某种推诿的解释，他不愿作出决定可能有多种原因。在某些情况下，你可以用下面这种方法加以解决：继续回答以后，你可以再追问一个问题：“哦，我明白了，你现在不能作出决定就是因为这个问题吗？”对方往往有下面几种回答：“是的。”“不，不仅如此，我想价格太高了。”“我不知道，现在还不太清楚。”第一种回答直接承认你是对的；第二种回答或者是种借口，或者还有其他原因；第三种回答表明对方自己也不知道是什么原因。不管在哪种情况下，谈判者应很好地检查一下回答的原因，在此之后，你是在白白地浪费时间，还是解决对方的问题，就不言自明了。

5. 渐进结束法

（1）分阶段决定。为了便于对方作出决定，谈判双方应把讨论的问题分为几个部分，然后一个阶段解决一部分问题，到了最后阶段，解决了最后一部分问题，谈判也就结束了。

（2）四步骤程序法。这种方法首先是由瑞典的一位谈判人员总结出来的。他说：第一，尽量总结和强调对方和我方看法的一致点。第二，引导对方同意我的观点，从而达到双方看法一致。第三，把所有尚待解决的问题和有争议的问题搁置一边，暂不讨论。第四，与对方一起商定怎样讨论，共同商量怎样阐明一些重大问题。如果对方有不同的看法，可在最后讨论。这套办法有利于尽快结束洽谈。

（3）促使双方在重大原则问题上作出决定。在高级别洽谈中，最好把重要的原则问题与细小的枝节问题区别开来。一些辅助事项以及确切的说明和精确的计算等，应当由下面的人进行讨论，高级人员则洽谈那些简短、实际、集中的原则问题。如果整个商务谈判的内容较为复杂，谈判者最好分成两步走。

（4）力争让对方做出部分决定。在促使对方做出最后决定以前，谈判者应有步骤地向对方提出一些问题，让他就交易的各个组成部分逐个做出回答，或就一些特殊要求、特殊条件等作出决定。这种方法对于部件多、结构复杂的工业品贸易谈判来说比较合适。下面是一组对话：

甲：你喜欢哪种颜色？

乙：蓝颜色。

甲：你们需要太阳棚吗？我们有些车就配有这种太阳棚，尤其在夏天，车还是有必要配太阳棚，对吗？

乙：你说得对，但太阳棚太贵了。

甲：要不了多少钱。

乙：是吗？

甲：各种型号的车都装有雾灯，当你在秋天、冬天或者在春天比较寒冷的日子里行车时，雾灯是必不可少的。

乙：我认为配雾灯是没有必要的，它只会抬高价格。另外，在天气不好的情况下，我们肯定不会经常派车外出的。

甲：把车座往后推到这个位置，你坐在里面舒服吗？坐在这个位置上开车很方便吧？

乙：还可以。不过所有的车座再稍高一点就好了。

甲：这很容易。你们看还有哪些方面需要改进？

如果谈判的内容被分解开进行的话（特别是对产品的介绍），对方就不会马上做出是否购买的决定。如果他对你的某一要点做出了否定的回答（如上述对话中关于雾灯的问题），这对你并没有什么危险，因为它只是否定了产品与操作者个人愿望不合的部分。尽管谈判双方之间有分歧，但只要这种分歧仅涉及某个具体问题，那它就不会对达成交易产生危害。

6. 检查性提问结束法

在谈判中，只要还有诱导的余地，一般都不向对方发布“最后通牒”，如：“你还不做出决定，就算了。”“我们只能今天达成协议。”“你们只有接受我们的建议……”这些方法往往都是欠妥的。“最后通牒”形式会使对方尴尬，为了摆脱你的压力，对方常常会以全部拒绝的形式结束谈判。另外，这种最后通牒的形式也违反了谈判心理的规则，即避免提出一些容易遭到反对的问题，这类问题只能招致否定的回答。

在业务洽谈过程中，谈判者有很多机会提出一些带有检查性质的问题，特别是在最后阶段。这样做可以试探出马上签约的可能性。采用这种方法，不仅可以在困境中得到订单，而且还可以排除一切误解，有针对性地解决问题。

对这种检查性质的问题，对方的反应可能有下面三种回答：肯定的、未置可否的和否定的回答。只要谈判者的问题是用正确的方式提出来的，语言是用正确方法表达的，对方虽然对此做出否定的回答，也不会拒绝整个交易，而仅是拒绝某一点结论而已。比如“不管怎么说，我看不值得现在就买，现在买早了点”。或者说：“那不一定，还有其他一些因素也需要考虑。”尽管对方的回答是否定的，但达成交易的时机并没有因此而受到损害。如果对方做出未置可否的回答，那说明对方还没有接受你的要点，或者是由于某种未被发现的因素在发挥作用，使对方犹豫不决；或者对方并无他意，只是想推迟做出决定。在这种情况下，谈判者要抓住要害问题，并须进一步做出努力。如果对方的回答是肯定的，对方很快就能做出决定或者已经做出了决定。

7. 必然成交结束法

（1）假定性成交。这是自动的成交，假定对方已完全同意，或者对方对几个主要条件印象不错，但又迟疑是否马上作出决定，因此，成交就成了当务之急。这种简便的成交法非常灵验。不过，如果对方阻止你，你还可以使用其他的成交法，不会受到什么损失。假定性成交法有多种方式，下面借用范例加以说明：

①做出直接或间接的表示。可以拿出合同或订单，一面填写一面问对方：“请不

要错过这次机会，现在就订货吧！现在订货，我们就能在本月交货。你们一年需要多少……”“不管怎么说，你们的房屋需要保险，只要现在投保，房屋马上就可以得到保护。房子及房内的东西总共值多少钱?”“今年的春天来得早，现在真够暖和的，对吗?如果你们今天做出决定，我们可在5月1日以前把冷冻设备安装好。你们的冷库有多大面积?”在这段时间，谈判者必须忙着填写合同或订单。如果对方没有制止你，那么谈判马上要结束了。

②呈请对方签字。这种办法是将自己拟订的合同或是双方研究过的合同要点与条款，逐一地向对方解释一遍，然后将合同和笔一并交给对方，请其签字。

③选择性成交。它是假设性成交的一种变形，是可选择的承诺成交。它与前两者所不同的是给对方提供一种可以选择的机会，向对方提供两种可供选择的对象，使其在两者之中择其一，而不是让其有可能做出第三种选择——什么也不买。一家饮料厂的代表向经销商说：“你们现在需要5车汽水还是8车汽水?”其实，这个代表估计对方可能只订购3车，但他发现运用这种办法往往会多售出一些，如“我们给你们送5车，好吗?”

只要是产品的销售谈判，就可以采用选择方法去诱使对方做出决定。可以向对方提供选择的方面很多，如数量、质量、型号、颜色、交付条件和精细加工等。谈判者要动脑筋多提供一些选择方法，即使各种选择之间只有微小的区别，也应该尽量使用这种方法促进成交。

（2）自信必然成交。如果你想使对方在合同上签字，那么你必须要有这样一种信念：你的产品及交易条件正符合对方的要求。关于这一点，谈判者必须要乐观、自信。如果经过介绍，对方的回答是否定的，谈判者也不应一筹莫展，而是应通过讨论的方式、语调的变化、姿势和外表的动作向对方显示出最后一定成交的信心。

（3）着眼于未来的成交法。诱导对方放眼未来，向对方描述购买和使用产品后的情况。这一方法的特点是，绕过成交这一问题，去谈成交以后的事情。在这种情况下，虽然谈判双方并没有讨论成交的问题，但这时候对方很可能已经做出了购买的决定。下面借用一些实际例证说明这一方法：“你们是下星期要这个产品还是下个月要这个产品?”“我们可以答应你们在6个月内付款的条件，这样，你们的问题就都解决了吧?”“我们明天就开始安装好吗?”“如果一个星期以后进行第一次测试，你们很快就会知道这样一来能节省多少资金了。”“你们的春季展销会正是向消费者介绍这一新款式的好机会，需要送你们两三件样品吗?”

上述这样的提问和建议可以把对方的思路引导到订货的选择上，因为对方还没有真正做出决定。可见，描述成交后的事态发展，需要谈判者认真地准备。不过，有一点需要特别注意，即不要在订货簿上玩弄花招：在对方还没有直接或间接表达决定前，不要搞“假定成交”，不要把合同和笔硬塞给对方，逼迫其就范。在这种情况下，强行这样做，会败坏谈判者的声誉。

8. 趁热打铁结束法

如果谈判双方能够利用第一次高潮达成成交，那是最理想不过的了，谈判双方都可以节省很多时间。实际上，在第一次谈判高潮时，对方做出决定的可能性最大，双方洽谈的要点也最清楚。虽然是第一次高潮，但所经历的时间往往很长。为什么会出现这种情况呢？一般来说，谈判人员极怕遭到对方的拒绝，所以往往不敢诱导对方做出最终决定，而只是希望在业务洽谈继续进行时，对方会突然打断他的谈话，愉快地表示接受订货。如果对方不声不响，无所表示，谈判者就会不知所措，以为时机还不成熟，因此，就直接或间接地把本来经过努力可以成交的机会给错过了。有经验的谈判者声称："我们不能总是把成交机会留给明天。"每当你不作明确表示，不直接诱导对方决策，而只是继续你的业务洽谈或者等待对方做出某种让步时，你就是在间接地诱导对方进行拖延，并失去了一个个的成交机会。因此，谈判者必须抓住可以成交的瞬间机会，趁热打铁，避免唠叨太多。那么怎样去发现可以结束谈判的时机呢？运用带有检查性质的提问，就能判断出对方做出决定的时机是否成熟。如果错过了一次结束的机会，那么希望就应该寄托在下一次，而且千万不要再错过。

9. "歼灭战"结束法

这种结束谈判的方法是指：谈判者将力量集中在说服对方接受某一对他做出决定有重大影响的问题上，随着一两个重要问题的解决，双方也即达成交易。这是一种极其有效的方法，可以大大缩短洽谈的时间，简化洽谈的内容。但是，使用这种方法是比较困难的，这就要求洽谈者能够掌握住运用这种方法的条件。下面举例说明：

甲：在开始之前，我能否直接问一个问题？如果这台机器的生产效率起码比你现在使用的机器生产效率提高12%的话，你有兴趣购买吗？

乙：那你得使我心服口服。

甲：你承认生产效率是个决定性因素吗？

乙：承认。

甲：是否可以这样说，如果我有令人信服的证据，生产效率确实可以提高12%，你就肯定购买这台机器吗？

乙：可以这样认为！但是你必须拿出证据来，而且价格要合理。

甲：我想你已从产品册子上看到了产品的价格。

乙：看过了，价格还算可以。

从上面的谈话过程来看，使用这种方法，整个洽谈就会集中在某一具体问题上。这样，谈判就没有必要对其他问题做长篇大论的介绍和解释了，而是要抓住主要矛盾，打"歼灭战"，只要在这一决定性问题上达到了预期的目的，谈判马上就要结束了。

10. 推延决定结束法

如果对方不能马上做出决定，而且确实有原因的话，应立即建议对方推迟做出决定，而不应错误地极力说服他马上做出决定和施加某种压力。这样做的结果可以使双方真正建立起一种信任的关系。当然，在运用这一方法的时候，首先要分清楚对方不能做出决定的真实原因，在借口和犹豫不决的情况下，就不应拖延时间了，而须做出针对性的努力。如向对方提出："您今天为什么不能做出决定呢？其实，您今天决定和您下星期决定没有什么区别的。""你现在做出决定不是很简单的吗？这样，你们的问题也就全都解决了。""如果今天签了字，明天你们就能收到第一批货。""如果现在决定的话，明天就可以安装机器。"与此同时，谈判者还要做出早做决定就会早受益的提示："如果我们今天能够达成协议，你就再也不用为这个问题劳心费神了，别的事都由我来办理。"

在某些情况下，谈判者没有必要理会对方的拖延战术，坚持下去，就会发现对方是有成交意图的，只是不愿意和盘托出罢了。你甚至还可以有分寸地给对方指点，并告诉他，如果现在不做出决定，将后悔莫及或者会蒙受不同程度的损失和危害。

如果对方确实需要与公司的负责人讨论和分析有关事宜的话，你就应该充分尊重这一想法。但不要让他们的讨论或研究与你无关，在对方没有做出决定之前，你应主动与对方保持联系。具体做法可以是：请对方参加聚会；向对方征求意见；向对方提供一些有价值的资料，然后再由自己亲自取回，以此来提示对方；可以把产品留给对方试用，或者为其试装，或者告诉对方他将得到哪些保证，或者表示在哪些方面可以做出让步。在洽谈处在危险状态时，这往往是有决定意义的因素。

11. 书面确认结束法

书面确认是一个非常得力的工具，谈判者或在洽谈期间面交意见书，或者在休会期间写确认信。这种书面的材料要以高度概括的形式重复双方在业务洽谈中已达成的协议，并把对方所能得到的好处全都叙述一遍。这样做有以下几点好处：

（1）书面形式比口头表述更为准确。经过冷静思考以后，谈判者可以对自己曾经说过的话或者观点进行修正，可以对对方的态度以及一些特殊问题和特殊要求进行修正，或进行全面的考虑。

（2）书面材料有助于思考问题。对方拿到书面材料后，有助于他对问题进一步思考，并重新研究你的条件，虽然休会期间双方不见面，但你却可以影响他。

（3）书面材料可以增加报价的可靠感。确切的运算看上去令人信服，这种强烈的直观感觉比口头洽谈的效果要好得多，但这一点往往容易被人们忽略。

（4）书面材料能够影响幕后人。对方的各位负责人在讨论问题时，也可能研究你的书面材料，这样，谈判者就有机会用这种间接的方法影响一些他不可能亲自接洽的人。

实践证明，谈判者往往是不愿意写书信的，特别是那些能力甚强的谈判者更是不愿意多此一举。正是由于这种原因，企业的领导者有必要对自己的谈判者施加压力，迫使他们写书面材料或者给对方写信。

12. 结束洽谈的其他策略与方法

（1）从开始就保证终点的目标。使用这种策略需要谈判一方有很高的信誉，并对洽谈的各要点了如指掌，从而有充分的理由可以说明没有必要对方案进行复议。但自己的要求必须强烈，提议也必须很好。“你看，我坦率对你说，这所房子要价 20 万元是不高的。我马上就要调往南方工作，在一个月内离开这里，或是把房子卖了，或者是留着它，或者是由亲戚代为出租。当然房子的价格还可以降低 2.5 万元，但你必须在四周内做出决定。”

（2）规定最后期限。从多数的商务谈判实际来看，协议基本上都是双方到了谈判的最后期限或临近这个期限才达成的，但遗憾的是很多谈判者却忽略了这一做法。

在签署合同的时候应当注意：

（1）草拟合同时把握自己的优势。草拟合同的一方有巨大的优势，因为你起草合同，你会想起口头谈判时没有想到的一些问题。如果你草拟合同，你可以拟写对自己有利的条款。对方看到合同的时候，他们会绞尽脑汁地想怎么跟你谈判这些条款。

（2）谈判的时候记笔记。在你认为应该包括在最后协议中的条款旁边做记号，它会提醒你不要忘掉。而且，你不会认为这些内容在谈判中已经谈过了，就不必再写进去了。

（3）如果你们是谈判团队，安排审核的工作笔记。若急于达成协议，可能猜测对方会同意他们实际上不同意的条款。

（4）签合同以前，必须从头到尾阅读当前的文本，对方可能趁你不注意已经对合同做了一些变动。

应当注意，不得随意变更或者解除合同，除非有一个不得已的前提条件，变更和解除合同的时候已具备一定的法律条件，造成损失时，应当承担相应的赔偿责任。提议变更和解除合同的一方，应给对方重新考虑所需要的时间，在新的协议未签订之前，原来的合同仍然有效。

第二节　结束时机的选择

由于几乎每个谈判都是不同的，因而结束谈判的时机也会因情况不同而有很大不同。时机的选择还会受谈判者的文化背景、交易的复杂性、谈判双方目前的关系以及彼此信任程度等因素的影响。例如，如果两家公司合作已有数年，且正在磋商有关重复订单的事宜，则他们之间迅速达成协议的可能性就非常大。但有关设立合资公司的相关事宜的讨论就有可能要花费几个月甚至几年时间了。

在最终报价时，谈判者必须确保对方有相应的决策权，否则，有可能还需要时间在对方的组织内部对报价进行讨论。在有些国家，通常要经过集体讨论才能形成决定，因此，要结束谈判也会很耗时，因为谈判者得与其组织的其他成员商量以获得对决议的认可与同意。这种谈判者在其组织内部进行的额外讨论通常会带来谈判进程的延误，甚至还会在谈判最后时刻向对方提出让步的要求。如果遇到对方提出此类要求，则报价方就必须向对方说明；如果在最终报价时，对方还有变更要求，就必须对已经达成协议的所有事项进行全面的回顾。

一、线索

有经验的谈判者能利用谈判中的一些线索来判断何时是谈判结束的时机。最明显的一种情况就是，如果谈判者能给出的让步都是无足轻重的，甚至不会经常作出让步的承诺，或者作出的让步越来越勉强，总体来说，这就表明双方很难再有妥协和让步的可能。任何超出这一点的让步都有可能会导致谈判的破裂。

几乎在所有的谈判中，如果双方最初设定的谈判目标的大部分都已经实现，并且双方都不太想为了达成协议而做出更多的退让，就意味着结束的时机到了。一旦到达这一点，谈判双方就会彼此交换想法以确定他们各自的需求，他们会验证自己原先的假设，会对谈判范围以及对方最后可能要求的让步进行估计。很多让步还是直到双方讨论的最后阶段才做出，特别是在规定的谈判最后期限。谈判中双方互相提出的所有让步的80%都发生在谈判的最后结束阶段。到了这一阶段，谈判双方已经对彼此的兴趣都非常了解，而且双方都抱着一种解决问题的态度，通常为了达成最后的协议也都在考虑做出相应的让步。

另一个结束谈判的线索就是当谈判一方认为自己已经在谈判中得到了最后的结果，并且该谈判者也给出了最终报价。在发出这种最终报价时，必须肯定而坚决，并且要求对方严格履行所作承诺。但这一最终报价究竟是可以信赖和执行的，还是只是报价方为了形成对其有利的解决方案而使用的一种结束策略，要识别这一点有时还是很困难的。

此外，进行一笔重大的交易还要靠谈判双方的关系与彼此的信任，还与谈判发生地的文化环境有关。在有些国家，最终报价就被看成是终极的报价；而在其他一些国家，这种最终报价被认为只是传达了一种达成最终协议的意愿。在进行最终报价的时候，如果对方拒绝接受这一报价，报价方必须愿意终止谈判。但是为了不致破坏谈判进程，最终报价方可以给对方设定一个期限，以考虑是否接受这一报价，这样就给接受方以更多的时间来重新审视提出的建议，并获得更多的事实根据，以使谈判有更大的可能继续下去。

在有些国家，比如法国，谈判者开始时讨论的都是基本的原则性问题，到后来才是更加具体的相关事宜。如果谈判某一方开始转向相关的具体事宜的讨论，通常就意味着该谈判者已经表明了其逐渐结束谈判的意愿。但是在美国，谈判者一开始讨论的就是具体问题，他们会一个一个地解决这些具体问题，直到双方在所有的重要事项上达成一致。这些谈判模式的不同既表现出了文化背景在商务谈判中的影响，又对相关执行人员在结束谈判时所具有的灵活性提出了要求。

大家通常都会认为，在双方最终达成一致协议之前，谈判者直到最后一分钟都会提出让步的要求。在谈判中，应该预期到对方会提出这种要求，并将其看作整个谈判进程的一部分。为了对回应这些所谓“最后一分钟的要求”有所准备，谈判者应该事先准备好给出一些让步，以保持谈判的良好态势并促使对方结束谈判。只要成本不是太高，要求让步的谈判者都应该对对方给予的让步进行相应的评估。正因为如此，谈判者应该弄清对方的真正需求，并对谈判结束前他们所必须做出的让步进行确认，并将这些让步放入其总体的“一揽子”报价中。

在使用任何一种结束谈判的方法时，谈判者都应该先回答以下这些问题：

（1）达成的协议是否实现了我们的目标？

（2）我们有能力履行这一协议吗？

（3）我们是否真的打算投入履行这一协议所需的那些资源？

（4）我们是否认为对方有能力实现其在此协议中所做出的承诺？

（5）最高管理层/利益相关者承认这个协议吗？

只有在对每一个问题都作出了肯定的回答后，双方才到了即将结束谈判的时候。

二、谈判截止日期

结束双方讨论的时机的最明显标志就是规定的谈判截止日期的到来。谈判双方应该提前就谈判的截止日期达成一致意见，比如在谈判的开始阶段或者是在制定谈判日程的时候。由谈判一方在谈判进程中设定的谈判截止日期，可能会给另一方在结束谈判这一事宜上造成不必要的压力。

不过，谈判截止日期的设定应该保持一定的灵活性，即可以对截止日期进行重新协商以使得谈判进程能够继续下去。尤其是对那些刚开始加入一个有着不同文化环境的复杂对话的谈判者来说，双方在为讨论进行计划时，就应该考虑到需要花费更多时间的可能性。

三、结束谈判的技术准备

商务谈判结束的技术准备主要是搜索各类问题是否得到了解决、安排成交事宜、核准全部的交易条件、做好会谈记录等，这是一项重要而细致的工作。

1. 对交易条件的最后检索

在谈判者认为最后即将达成交易的会谈开始之前，有必要对一些重要的问题进行一次检索。

（1）明确还有哪些问题没有得到解决。

（2）对自己期望成交的每项交易条件进行最后的决定，同时，明确自己对各种交易条件准备让步的限度。

（3）决定采取何种结束谈判的战术。

（4）着手安排交易记录事宜。

这种检索的时间与形式取决于谈判的规模。有时可能被安排在一天谈判结束前的休息时间里进行，有时也可能安排一个正式的会议，并由本单位的某个领导主持。这样的回顾或检索会议往往被安排在己方与对方作最后一轮谈判之前进行。

但是，不管这种检索的形式怎样，这个阶段正是谈判者必须做出最后决定的时刻，并且面临着是否达成交易的最后抉择。因此，进行最后的回顾或检索，应当以协议对谈判者的总体价值为根据，对那些本企业没有同意而未解决的问题，予以重新考虑，以权衡是做出相应让步还是失去这笔交易。在这个时候，务必防止一时的狭隘利益占优势，但这并不是提倡让步政策，它直接关系到交易目标能否实现。

2. 确保交易条款的准确无误

在商务谈判中，困难之一就是谈判双方要保证对所谈的内容有一致的理解。名词术语的不同、语言的不同等都可能引起误会。所以，最重要的是，在交易达成时，双方对彼此同意的条款应有一致的认识，保证协议名副其实。下面所列各项是最容易产生问题的地方，对于这些问题，谈判者应当特别小心。

（1）价格方面的问题。

①价格是否已经确定，缔约者是否能收回人工和材料价格增长后的成本。

②价格是否包括各种税款或其他法定的费用。

③在履行合同期间，如果行情发生了变化，那么成交的产品价格是否也随之变化。

④在对外交易中是否考虑汇率的变化。

⑤对于合同价格并不包括的项目是否已经明确。

（2）合同履行方面的问题。

①对“履约”是否有明确的解释，它是否包括对方对产品的试用（测试）。

②合同的履行能否分阶段进行，且是否已经作了明确规定。

（3）规格方面的问题。

①如果有国家标准或某些国际标准可以参考，是否已明确哪些问题运用哪些标准，而哪些标准又与合同的哪部分有关。

②对于在工厂或现场的材料与设备的测试以及他们的公差限度和测试方法，是否做了明确的规定。

（4）仓储及运输等问题。

①谁来负责交货到现场，谁来负责卸货和仓储。

②一些永久性或临时的工作由谁来负责安排与处理。

（5）索赔的处理。

①处理的范围如何。

②处理是否排除未来的法律诉讼。

上述这些问题适用于各种谈判。对于这些问题及其他有关问题，谈判双方应彻底检查一遍，以确保双方真正能够理解一致。也许会有人反对，因为这有可能给任何一方提供一个改变原来允诺的机会，并重新协商已经谈妥了的某些问题。在谈判双方对某些问题的标准理解不一致的情况下所签订的合同，会给双方带来极大的风险。因此，重要性远胜于前者。

3. 谈判的记录

根据谈判的性质，有许多记录谈判的方法。但根本的要点是在双方离去之前使用书面记录，并由双方草签。几种常用的记录方法如下：

（1）通读谈判记录或条款以表明双方在各点上均一致同意。通常当谈判涉及商业条款及规格时需使用这一方法。

（2）每日的谈判记录，由一方在当晚整理就绪，并在第二天作为议事日程的第一个项目宣读，后由双方通过。只有这个记录通过后才继续进行谈判。这项工作虽然颇费力气，但对于较长时间的谈判来说是可取的。

（3）如果只需进行两三天的谈判，则由一方整理谈判记录后，在谈判结束前宣读通过。在未经双方同意并以书面记录在案的情况下，会谈不应草草收场。事实上，在谈判过程中所发生的事，如果没有记载则极易引起争论，而记录人员很容易犯的错误是往往会记下他所认为的事情，而不会记下实际发生的事情。

四、最后关注点

在一笔交易即将结束时，谈判者需要问自己几个问题，以免在未来的合同履行阶段彼此间出现不愉快。大多数情况下，产生问题的合同并不是突然就变得难以履行。相反，通常都是那些没有被关注到的，或者是被搁在一边以往其逐渐化解的小问题最终导致了主要危机的出现。为了保证合同的顺利履行，谈判者应该向自己提出下列问题：

（1）所有的重要事项是否都已经讨论过？

（2）已经达成的协议对双方而言是否可行？

（3）合同是否清楚地规定了双方的责任（包括支付条款、交货日程、产品规格等）？

（4）交易执行中的主要障碍是否已经确认，并且就克服这些障碍的方法双方是否已经达成一致。

（5）就合同履行过程中可能存在的潜在争议，制定了什么机制来加以解决？

（6）如果谈判一方需要对合同条款进行重新协商，双方应该按照什么程序进行？

进行谈判的相关执行人员应该一直参与整个过程，直到合同的履行阶段。交易双方应该保持定期互访和彼此的沟通，按照双方一致同意的程序密切关注合同的履行过程。保持定期的联系，保留所有交易的准确记录，以及关注微小的细节，有利于确保交易双方建立一种稳定和谐的关系。

商务谈判的收场阶段究竟要收多长，这是一个值得研究考虑的问题。道理在于如收场时间过短，没有让对方能有一个如下围棋般有一个收官的过程，那么对方的心中就会出现这样的疑问，我的谈判对手是否占了很大便宜，因此现在仓促匆忙收场，从这点出发，收场阶段不要过于仓促匆忙，否则你会给人以占了便宜的感觉和想法。但拖拉一些也不一定好，市场行情瞬息万变，今天的行情明天可能就不复存在，今天是短缺，明天就可能是过剩，今天货物紧俏，后天你可能完完全全卖不动，即常说的市场疲软，能恰如其分选择一个好时机把合同固定下来，是非常重要的一件事。

五、适时分手

在谈判的整个过程中都应鼓励对方大胆发表意见，包括发表错误的看法，不应因为对方提出了错误的想法而责备他们。有些谈判者在付出巨大努力或者有把握获得成功的时候，往往喜欢责备对方，这几乎会百分之百地使对方对你产生成见，而给再次的见面造成困难。如果洽谈毫无收获，但你的表现落落大方，通情达理，不因没有得到订单而失去对对方的热情，那么以后再见面的时候，你就会获得令人尊敬的资本。

谈判者往往容易过早地放弃取得成功的努力。对方在洽谈一开始就提出反对意见，使你的信心受到影响；在洽谈快要结束的时候，对方拒绝在合约上签字，谈判人员便停止工作，把对方从客户的名单上一笔勾销，然后匆匆离去，这都是不能容忍的错误。同样，在对方做出了购买决定（特别是在对方提出反对意见，但经过长时间的考虑最后决定成交）的情况下，你仍然不应仓促离开，尤其是在对方犹豫不定、勉强做出决定的情况下，谈判者不仅会感到忐忑不安，而且会十分惶恐，谈判者会不由自主地问自己："我的决定对吗？我会不会太轻率了？"谈判双方分手，对方却在进行思想斗争，他为自己上当而深感懊丧。其结果可想而知：合约刚刚签订，对方便马上要求撤回。在对方对所签的合同感到后悔的情况下，对方是不会对履行合同有什么兴趣的，这种分手无疑会比失去订单付出更大的代价。

在双方签订合同之后，谈判者应该用巧妙的方法祝贺他们做了一笔好生意，指导对方怎样保养产品，重复交易条件的细节和其他一些注意事项，这样做就可以防止对方对订货感到后悔。但是，在这个阶段以后，你就不要再逗留了，不然你会前功尽弃，不得不使谈判从头开始。

谈判如果没有期限，谈判者是不会感觉到压力存在的。很多谈判，尤其是复杂的谈判，都是在谈判期限即将截止前达成协议的。当谈判的期限越接近，双方的不安与焦虑便会日益增加，而这种不安与焦虑，在谈判终止的那一刻会达到顶点，而这正是运用谈判技巧的最佳时机。在谈判中，"截止期限"有时能产生令人惊异的效果。所以，你能巧妙地运用，可以获得预期效果。

第三节 重新谈判

一般情况下，在谈判要终止的时候，人们都会认为谈判已经结束，双方都可以期盼得到成功的结果了。但现实情况是，谈判或许只是一个开端。如果合同不能完全履行，那么谈判就还没有完成。全球市场总会发生意想不到的变化，顺利履行合同只能是一种美好的愿望，而不是一种规则。

虽然从事商务谈判的主要目的是获取利润，但是频繁地签约却被证明是徒劳的。对于各自的职责，谈判各方可能还存在不同的理解。因此，对合同的不间断地监控是很重要的。而且当出现困难时，各方应该毫不迟疑地着手重新谈判。

一、重新谈判的原因

各种证据显示，与仅进行国内交易相比，在商务环境中，重新谈判更普遍。这是因为商务谈判涉及的情况在国内背景下并不存在。如果一方认为由于其无法控制的变化而导致交易变得难以负担或者不合理，该方就会要求重新谈判，以寻求另一种可能性，而不是完全拒绝履行合同。下面列出了可能导致重新谈判的情况。

1. 商务环境的维度

商业事务极易受政治和经济环境变化的影响，这与在本土进行交易有很大的差异。从政治方面来看，一个国家可能会面临国内冲突，例如内战、政变或者政策的根本性变化等。从经济方面来看，货币贬值或自然灾害都可能导致环境完全不利于履行已经谈判好的业务。

2. 争端解决机制

如果谈判一方不能有效进入谈判对方国家的法律体系，则谈判对方很可能会认为即使己方不执行难以负担的交易，也不会有任何损失。在这样的环境下，重新谈判就是保证交易继续进行的比较令人满意的解决方法。

3. 政府参与

从事商务时经常需要同政府部门、公共事业部门或者由政府所有和经营的公司打交道，特别是发展中国家，政府可能会拒绝履行其随后认为是负担过重的合同。为了本国人民的利益，他们可能会强制进行重新谈判。

4. 国家间的文化差异

在不同的文化背景下经商需要格外当心，以确保对合同的内容完全理解。例如，有些国家的合同很长且很详细，从而只有很小甚或没有灵活操作的空间。在这种情况下，在合同生效期，所有可能影响交易的事项都是确定的，有关的条款也被写入合同。为了避免偏差，有必要设立一些对违约行为的处罚条款，以确保合同的严格执行。

有些文化更倾向于将合同看成是良好的商务合作关系的开端。在这样的文化中，重新进行讨论的可能性非常大。由于对谈判过程具有不同的文化观点，对各方面的理解往往也千差万别。在不同文化环境下做生意的谈判者会认真地考虑后续阶段的情况和可能出现的谈判之后的讨论。

二、降低重新谈判的需求

在当今复杂多变的市场上，很难避免对商务协议的重新谈判。尽管如此，谈判人员还是会尽量降低这种事情发生的可能性，比如通过阐明所有主要事项，引进对违约行为的处罚条款，坚持开例会以监督合同的执行，以及研究对未来业务合作机会的消极影响，这些可以提醒双方注意各自的责任和风险。

1. 预防重新谈判

如果双方可以提前预期到可能的困难并制定好预防条款，重新谈判是可以避免的（或者至少是可以最小化的）。关于重新谈判的另外一个潜在原则是，如果对于对方来说拒绝执行合同比履行合同所付出的成本更低，则拒绝执行或重新谈判的风险就会增加。因此，从战略角度，为了使合同更稳定，谈判人员应当确保对方能够获得足够的利润，以使得交易保持下去。

2. 加入重新谈判的成本

有经验的商务谈判者在他们最后的提案中，会考虑到潜在的重新谈判的成本。重新谈判无论是在时间上还是在金钱上都是代价高昂的，因此，可以在最初的报价中考虑额外的成本以弥补未来重新谈判的费用。

一种可能性是通过几个阶段分步执行合同，并且单独结算每个阶段成功履行合同后的相关费用。这种类型的协议比较适合签订篇幅较长的复杂合同，例如设立合资公司。最有效的准备是对涉及过去所有事务的准确信息的充分收集和了解。这可以减少双方因偏离协议条款而互相埋怨的时间。

针对违约行为的惩罚条款的引入是使对方减少偏离协议的另外一种方式。但是，一方对惩罚条款的过分重视可能表现出其对对方信心的缺乏，这又会导致不信任和不满情绪。在一个经常变化的竞争环境中，这不是发展稳定的合同关系的基础。

三、克服对重新谈判的惧怕心理

有些公司经常会低估潜在的问题，这些问题需要对合同中涉及的一些具体事项重新讨论。如果出现什么问题，很自然地各方就要走到一起来解决问题。令人惊讶的是，产生问题的一方通常不情愿去寻求改变或修订合同。通常，负责履行合同的人会由于担心被拒绝而不愿主动提出要重新谈判的要求。

如果一项商务活动是建立在合作精神的基础之上，那么一方可能会认为向对方提出特殊的要求是不合适的，因为这可能会被对方误解为是在利用彼此的关系。害怕得到别人的否定回答，有可能使自己失去改善商业关系和实施已达成一致意见的条款的机会。

在某些文化中，由于人们非常害怕尴尬，以至于只会发出一些非直接的信号来暗示自己对合同修订的需要。例如，意外的沟通不畅、含糊不清的回答或者是与对方联络的失败，包括长时间的沉默都可能预示着出现了这种问题。

一方一旦发现一个问题（例如，质量不合格的产品或者不能按期交货），就应当主动去与对方取得联系。从开始就识别出问题并提出解决方案，此时采取积极的纠正行动还比较容易。有时候，缺乏商务经验或者必须遵守的关于市场规范的知识意味着供应商可能无法完全掌握生产市场需要的高质量产品的具体要求。

四、重新谈判的类型

有几种常见的重新谈判类型：事前谈判，交易内重新谈判，交易后重新谈判和交易外重新谈判，在首次达不成协议后再次谈判。每一种类型适用于不同的特定环境，产生不同的问题，要求不同的解决方案。在任何重新谈判中，开放的沟通和持续的监管都是成功的关键所在。灵活性、承诺和对重新谈判必要性的充分认识应当成为谈判者策略的主要部分。

1. 事前谈判

达成一项交易之后，在其开始执行之前，可能发生一些不可预见的事情，这可能导致谈判协议执行上的困难。精明的谈判者通过事前谈判来控制谈判局面。也就是说，在干扰事件发生之前就进行重新谈判。事前谈判要求：（1）寻找潜在的问题。（2）建立一种机制来处理自发变化。（3）建立一种机制来解决对双方关系造成威胁的分歧和纠纷。从商务的视角来看，可能出现的问题主要分为三种类型：延期执行、有缺陷的执行和无法执行。

2. 交易内重新谈判

在合同生效期内最常见的谈判类型是由于一方不能履行义务而产生的。在这样的情况下，也就是交易内，这一方就会寻求其责任的免除。交易内重新谈判的另一个例子就是一方由于没有能力去履行合同而希望撤销合同。这类重新谈判一般见于中小型公司在第一次进入国外市场的时候。他们对于满足较高的标准、完成较大的生产量及严格遵守交货时限的能力有时比较有限，这迫使他们针对合同进行重新谈判，或者要求撤销合同。

如果初始的协议包含了一些允许他们进行重新谈判的条款，则这种交易内重新谈判会比较顺利地开展。在谈判开始时就认可那些由于不可预见的事件而需要进行重新谈判的条款，对减轻压力和减少误解大有帮助。在这种情况下，重新谈判被认为是一种合理的行为，双方都可以在良好的相互信任的基础上参与进来。

如果双方事先确定了一个具体的时限和时间框架以对合同进行回顾，则重新谈判的机会也会增加。例如，如果恰当地订立了一个长期合同，则双方可以决定举行若干次定期会晤，以到目前为止所积累的经验为基础，对交易进行审查。通过这些会面也可以发现因市场情况发生变化而出现的问题。

交易内重新谈判在一些特殊的国家可能使用较多，例如将合同更看成是一种关系而不仅是商务交易的国家。由于有交易内的条款，因而他们做生意的方式更加正式。也就是说，在变化期间，相关的谈判各方应当通过见面来决定怎样处理这种变化了的新情况。

虽然这种定期的重新谈判是有价值的，尤其是在交易要延续很长一段时间的情况下，但是它确实也有其不利方面。第一，定期的重新谈判增加了已经达成一致意见的条款的不确定性。第二，它增加了相互的猜疑，因为一方可能利用变化的环境，将其作为借口要求重新谈判，以获得对己方来说更有利的条款。第三，它质疑了合同的有效性，因为合同需要重新谈判。

3. 交易后重新谈判

合同期满后重新谈判仍有可能出现。在开始启动一个全新的谈判之前，可能出现一方或双方决定等待合同期满的情况。交易后重新谈判可能会反映出现存商业战略的变化，或者可能意味着一方不再认为继续维持目前这种商务关系还有利可图。

在某种程度上，交易后重新谈判在过程上有时与初始谈判是相似的，但还会有一些重要的差异。第一，双方有共同的经验，对对方都比较了解。每一方都了解对方的目标、方法、决心和可靠性，这些对于重新谈判来说是重要的信息。第二，很多与交易的风险和机会相关的考虑已经研究过了，不需要重新谈判时再进行研究。第三，各方在金钱、时间和义务上都已经作了大量投入，而且如果结果是双方都满意的，他们会有很强的继续维持关系的意愿。

4. 交易外重新谈判

这种类型的重新谈判相当于放弃了目前的合同，邀请对方来进行重新谈判。通常情况下，在合同中没有有关重新谈判的特定条款，但是如果一方声明完全不可能执行合同，就有可能出现重新谈判的情况。但对方可能会发现接受重新谈判在心理上有点无法接受，因为自己对预期收益的希望可能破灭了。更进一步，交易外重新谈判通常以一种比较悲观的看法开始。即使在重新谈判是唯一可行选择的情况下，双方也不情愿勉为其难地参与其中。围绕在交易外重新谈判周围的环境被打上了一种让人感觉不好和不信任的标志。

谈判的双方都会感到不满。一方会认为另一方应该理解自己的难处，因此，在重新谈判一项交易时应该完全合作。而另一方会觉得原本可以从合同中得到的预期收益被剥夺了，并且会认为自己必须得放弃一些法律和道德上的权利。

交易外重新谈判对双方来说有着多种多样的含义。寻求重新谈判的一方可能会在商界信誉受损。对于重新谈判的合同，对方可能会提出更严格的条款或更严厉的对违约行为的惩罚，而接受重新谈判的一方可能会落下比较弱小和承受不了压力的名声。这可能使得对方在其他的合同上也要求重新谈判，提出要求更高的条款。重新谈判的这种不利影响可能会减少让步的一方今后与其他业务伙伴合作的机会。

5. 在首次谈判达不成协议后再次谈判

有时双方由于多种原因决定结束谈判，例如没有进展、改变重点、利益冲突、新的竞争等。这些内部和外部因素随着时间而改变，通常会导致谈判破裂，有时需要进行新一轮谈判。

五、重新谈判的方法

以下方法也许对开展重新谈判有所帮助。

（1）明确现存协议的不清楚之处。这种方法就是对目前存在的协议中的模糊不清之处作一个必要的补充说明，而不是重新签订一个新协议。它承认了目前协议的合理性，但是情况的改变使得必须作出修订以适应出现的新情况。

（2）重新理解关键条款。有时候，一项合同中的条款在谈判各方不同的背景中，会导致不同的理解。在这种情况下，重新谈判相当于重新定义这些条款，以使双方对这些条款有一致的理解。

（3）主动放弃协议中的一条或几条要求。作为重新谈判的一部分，负担过重的一方可以从必须履行的某些合同内容之中解脱出来。例如，假定一项对外贸易中规定了代理佣金应基于最小交易量。由于市场经济形势不好，这种“最小交易量”要求往往被主动放弃，以便代理商可以拿到佣金。

（4）重新起草协议。如果合同所有条款都没实现，则双方可能会被迫宣布现存合同无效，并重新谈判一项新的交易。

【本章小结】

谈判者应为成功地结束谈判做好全面和充分的准备，包括了解何时和如何使用合适的方法结束谈判，以及如何应对对方结束谈判的策略。掌握了结束谈判的技巧，谈判者就可以达成能使双方在日后的交易履行过程中非常顺利的协议。在结束交易的时候，谈判者应该牢记，只有建立在彼此信任和公平竞争基础上的谈判才能带来重复订单和被客户推荐并宣传的机会。

对商务交易的重新谈判可能是非常必要的，而且已经被证明在长期中是更有利的做法，即使重新谈判会导致一些暂时的不利。在一个高度竞争的全球环境下，人际关系和相互的信任对于双方建立进行多次交易的稳固基础是非常重要的，在关系型文化中进行交易时更是如此。

【阶梯实训】

1. 实训名称

观察总结人的性格特点。

2. 实训目的

通过观察总结自己的亲朋好友的性格特点，从而对几种性格有进一步的认识，理论联系实际，加深学习本章课程的重要性。

3. 实训要求

（1）要求每个学生回忆 1 ~ 2 个生活中最熟悉的人的性格。

（2）对学生分组，每组 4 ~ 6 个人，讨论并分析自己在生活中最熟悉的人的性格特点，并进行分类比较，得出几种性格类型。

（3）以 PPT 或实训报告的形式，对收集的性格类型进行分析、总结。

第六章
互联网谈判

【引导案例】

中国—东盟商贸洽谈会

由中国—东盟商务协会总会、中国亚洲经济发展协会品牌管理专业委员会主办，北京领讯时代文化传媒有限公司、马来西亚发林集团、亚洲星云品牌管理（北京）有限公司承办的“第二届中国—东盟商贸洽谈会”于2021年11月8日在线上开幕。

在本次线上洽谈会上，来自中国、马来西亚、新加坡、印度尼西亚、缅甸等国的商会和企业代表分别发言，交流商机。本次线上洽谈会还设置了物流运输、汽车零配件、食品饮料、跨境电商等多个专题对接会，企业可通过视频进行洽谈，推进投资合作事宜，实现“云互动”。本次线上洽谈会助力各国企业匹配商机，实现多方共赢，提前为2022年《区域全面经济伙伴关系协定》（RCEP）生效搭建区域间经贸合作的商业信心和友好氛围。

本次“中国—东盟商贸洽谈会”是中国—东盟建立贸易合作关系30年以及建立战略伙伴关系18年来取得成就的一个缩影。会议打破了新冠疫情带来的物理阻隔，满足海内外经贸企业的商业合作需求，同时加强了中国和东盟之间的经贸文化交流，将有力地促进亚太地区的经济发展，对区域的和平与发展起到重大的促进作用。

【互动环节】

回忆过去或最近的某次网络沟通失败经历，其中，网络沟通障碍是由哪些因素引起的？

第一节　互联网谈判背景

在当今的新经济条件下，互联网一直在改变着商务活动开展的方式，而且互联网也正在迅速地成为一个重要的沟通渠道。它给企业，尤其是那些正在寻找市场的中小型企业提供了大范围的商机和挑战。由于互联网具有沟通成本低，可靠性和便利性较高的特点，出口商、进口商、供应商、购买者以及代理商都日益提高了自身对互联网的使用率，以便更好地开展交易活动。因为互联网具有很多优势，所以很多跨国谈判人员都开始通过它来进行商务谈判。

虽然我们通过互联网获得的好处很多，但是如果不恰当地使用互联网仍然会犯下损失惨重的错误。实际上，大部分通过互联网开展的谈判之所以破裂，是因为缺乏清楚明了的沟通导致谈判双方之间的误解。由于谈判是建立在沟通的基础上的，因此谈判人员务必要花一定的时间来向对方传递明确和清晰的电子信息。只要在网上交易的谈判者能够避免犯一些常见的由于疏忽而导致的错误，他们就可以大大提高自己的绩效，而且可以最大化自己的收益。

一、电子商务的发展

1. 电子商务的概念

电子商务是以信息网络技术为手段，以商品交换为中心的商务活动，也可理解为在互联网（Internet）、企业内部网（Intranet）和增值网（Value Added Network，VAN）上以电子交易方式进行交易活动和相关服务的活动，是传统商业活动各环节的电子化、网络化、信息化。

电子商务通常是指在全球各地广泛的商业贸易活动中，在因特网开放的网络环境下，基于浏览器/服务器应用方式，买卖双方不谋面地进行各种商贸活动，实现消费者的网上购物、商户之间的网上交易和在线电子支付以及各种商务活动、交易活动、金融活动和相关的综合服务活动的一种新型的商业运营模式。各国政府、学者、企业界人士根据自己所处的地位和对电子商务参与的角度和程度的不同，给出了许多不同的定义。电子商务分为：ABC、B2B、B2C、C2C、B2M、M2C、B2A（即 B2G）、C2A（即 C2G）、O2O 等。

电子商务市场已成为发展最快的市场之一，从事电子商务营销的企业已在世界经济领域崭露头角。近年来，在全球经济保持平稳增长和互联网宽带技术迅速普及的背景下，世界主要国家和地区的电子商务市场保持了高速增长态势。

在我国，电子商务项目大量推出，几乎每天都有各类电子商务咨询网站、网上商店、网上商城、网上专卖店、网上拍卖等诞生。

2. 电子商务对贸易方式的影响

作为一种新兴的商务模式，电子商务正改变着商务市场上的营销战略、消费模式，改变着传统经济增长方式、贸易体制。电子商务的发展已经形成新的交换机制，冲破时空的限制，构架新的市场规则，较好地迎合了日益激烈的市场竞争情况下顾客的个性化需要，从手段上解决了以往难以解决的了解并迅速满足顾客需要的困难。

二、互联网谈判的定义

互联网谈判是指借助互联网进行协商、对话的一种特殊的书面谈判。简单地说，互联网谈判就是以互联网为手段展开的谈判活动。

三、互联网谈判的特点

互联网谈判为买卖双方的沟通提供了丰富的信息和低廉的沟通成本，因而有强大的吸引力，也是社会发展的必然。

1. 加强了信息交流

过去商务谈判函件要几天才能收到，并且有可能迟到、遗失，现在通过互联网几分钟，甚至几秒就能收到，准确无误。而且，网上谈判兼具电话谈判快速、联系广泛，又有函电内容全面丰富、可以备查之特点，可使企业、客户掌握他们需要的最新信息。同时有利于增加贸易机会，开拓新市场。

2. 有利于慎重决策

网上谈判以书面形式提供议事日程和谈判内容的，又能几秒抵达，使得谈判双方既能仔细考虑本企业所提出的要点，特别是那些谈判双方可能不清楚的条件能书面传递，事先说明，又能使谈判双方有时间同自己的助手或企业领导及决策机构进行充分的讨论和分析，甚至可以在必要时向那些不参加谈判的专家请教，有利于慎重地决策。

3. 降低了成本

采用网上谈判方式，谈判者无须四处奔走，就可向国内外许多企业发出 E-mail，分析比较不同客户的回函，从中选出自己最有利的协议条件，从而令企业大大降低了人员开销、差旅费、招待费以及管理费等，甚至比一般通信费用还要省得多，降低了谈判成本。

4. 改善了服务质量

降低谈判成本还不是商务谈判的主要目的和收获，改善与客户的关系才是最大的收获，这样才能获取丰厚的回报。网上谈判所提供的是一年 365 天，每天 24 小时的全天候沟通方式。

5. 增强了企业的竞争力

任何企业，无论大小，在网站上都是一个页面，面对相同的市场，都处于平等的竞争条件。互联网有助于消除中小企业较之大企业在信息程序化方面的弱势，从而提高中小企业的竞争力。

6. 提高了谈判效率

互联网谈判，由于具体的谈判人员不见面，他们互相代表的是本企业，双方可以不考虑谈判人员的身份，揣摩对方的性格，而把主要精力集中在己方条件的洽谈上，从而避免因谈判者的级别、身份不对等而影响谈判的开展和交易的达成。

当然，互联网谈判也有其弊端，主要表现在：一是商务信息公开化，导致竞争对手的加入；二是互联网的故障病毒等会影响商务谈判的开展。

四、互联网谈判的主要形式

1. E-mail 谈判

与面对面谈判相比，E-mail 谈判有以下优点。首先，它能够在谈判双方之间制造一个“缓冲区”，使得谈判者有时间和空间进行更周密的思考。其次，E-mail 谈判可以提高各方谈判者的平均参与程度，从而提高多点谈判（multiple-issue）的可能性，而多点谈判对谈判的整合性具有重要意义。研究发现，由于借助电脑网络进行联系和沟通，人们无法找到较多的社会阶层线索（social status clue），因此更倾向于畅所欲言，提供更多的解决方案。最后，不可忽视的是，在一些特殊的情况下，例如双方已经通过先前的谈判或其他社会交往而建立起信任关系，便可在一定程度上减少 E-mail 谈判的不利因素，使 E-mail 发挥更大的作用，也可以在很大程度上节省谈判成本。

同时，E-mail 谈判存在一些弱点。第一，谈判双方不容易建立信任关系，冲突和误会更容易升级。由于利用电子媒介进行沟通，双方缺乏进行非正式交流的机会，如谈判间隙的随意聊天，因此难以促进对彼此的积极看法，误会也不容易消除。第二，双方无法利用非语言的沟通，例如身体语言、微笑，来进行更多的自我展露（self-disclosure）。自我展露是指把有关自己个人的信息告诉他人。第三，反馈不及时。由于 E-mail 谈判并不是实时的，因此谈判者无法从对方获得立即的反馈，这会降低谈判者的动机水平。第四，在谈判中，电子邮件造成的匿名感使谈判者更容易使用威胁（threats）、虚张声势（bluffs）等手段，不利于长期关系的建立。

2. 利用聊天工具的谈判

聊天工具又称 IM 软件或者 IM 工具，主要提供基于互联网络的客户端进行实时语音、文字传输，是一种可以让使用者在网络上建立某种私人聊天室的即时通信服务。

其优点主要为：能进行及时的信息交流，信息交流量大，方便快捷，使用聊天工具的谈判可以 24 小时全天进行，不受时间和空间的限制。

其缺点主要为：谈判双方不容易建立信任关系，双方交流和沟通存在障碍，很容易产生误会和矛盾；另外，使用聊天工具进行谈判会使谈判结果更趋向于破裂；在使用聊天工具进行谈判时，成本远远小于面对面的谈判，选择的余地也更多，所以只要稍不满意，一方就可能结束谈判，转而寻找下一个谈判对象。

五、互联网谈判的报文

互联网谈判作为一种特殊的书面谈判，其报文（书面）构成为：

1. 主数据

（1）参与方信息。

参与方信息报文是商业往来开始时，贸易伙伴第一次交换的报文，用于把地址和相关的经营管理、商业和财务信息传递给贸易伙伴。如果在以后的商务往来的各个阶段信息有变化，参与方信息应重新更换，以保持贸易伙伴的主数据最新。

（2）价格/销售目录。

价格/销售目录报文由卖方传送给买方，以目录或列表形式给出供货方产品变化的预先通知。该报文有时给出产品的一般信息，对所有买主都适用；有时给一个单独买主提供一个专门信息，如特殊价格等。

2. 商品交易报文

（1）报价请求。

报价请求报文是由买方向一个或者多个卖方发出的要求提供商品或劳务信息的报文，表明买方向卖方提出他们所要求的答复内容，如买方欲购得价格。买方可以同时向几个供方发送报价请求，以便进行衡量，获取最满意的货物和购价。

（2）报价。

报价报文是由供货方发送给买方的，对买方报价请求的答复。该报文包括对买方要求的商务或服务以及有关信息的详尽答复。

（3）定购单。

定购单报文是由买方向供方发送的定购货物或劳务并提出相关数量、日期和发货到达地等的报文。

（4）定购单应套。

定购单应套报文是由供方发送给买方，告知买方他已收到定购单，提出补充货通知，买方可以拒绝或接受全部或部分定购单内容。

（5）定购单变更请求。

定购单变更请求报文是由买方向供方提供的对定购单的修改，买方可以请求变动或取消某项货物或劳务信息。

第二节　互联网谈判的流程

第一步，寻找谈判对象。买家或卖家进入互联网，查看企业和商家的网页，或者进入专门的电子商务网站，比如阿里巴巴、易趣、淘宝等，依据自己的需求，寻找合适的交易对象，当满足第一条件的对象出现时，通过进一步的筛选将范围缩小，经过比较选择，最终选定谈判对象。

第二步，信息调研。首先，了解谈判对象的根本性需要，以在谈判中抓住对方的根本性需要，在满足其需要的前提下，获得自己的最大利益。其次，考察谈判对象的资信状况和履约能力。信息调研可以通过查看该公司网站的登录流量、完善程度和查看一些统计数据进行。

第三步，选择合适的互联网谈判系统组织谈判。

第四步，网络签约。互联网谈判签约的方式是采用电子合同，电子合同是指在网络条件下当事人之间为了实现一定目的，通过电子邮件和电子数据交换明确相互权利义务关系的协议。

第三节　互联网谈判风险

一、信用风险

互联网谈判的信用风险是由于网络交易的虚拟化和特殊性，其主体的信用信息不能为对方了解所引发的风险。

互联网谈判有三个重要的支撑点：一是迅速快捷的网络技术成为整个交易过程的基础；二是存在完成商务交易所必需的参与者；三是建立起一个完整的社会信用体系。

二、信息的安全性风险

信息的安全性风险主要体现在互联网的不安全性、计算机病毒传播迅速、数据的保密性和完整性等。

三、法律风险

互联网谈判将传统的纸面交易虚拟化，因而主要用以调整纸面交易的传统法律规范亟待修正，而在这种修正尚未完成之前，电子商务的发展存在极大的不确定性，从而产生法律风险。

第四节　互联网谈判攻略

一、互联网谈判的优势

因为网上沟通费用相对较低，具有友好的用户界面，而且信息传达迅速，所以谈判者易于与谈判对方一直保持联系。互联网还给各个公司提供了一个在世界各地推销其产品或服务的有效手段。如果一个公司有自己的网址，那么在全球范围内都可以立即搜索到它，看到它的网页，更重要的是还可以激发潜在消费者对其产品或服务的兴趣。通过互联网我们能够了解到市场上的消费需求，而且通过迅速的信息交换可以使供需双方的相互作用一直处于动态变化之中。通过互联网沟通还可以使商务谈判迅速达到最后的缔结合约阶段。但是，尽管互联网谈判具有以上这些优势，我们还是要特别注意以下两点：一是要确定买方的实际需求；二是发盘要具有竞争力，这样才更有可能促成与买方之间的对话，并且使这一对话的成果更为丰富。类似地，买方在考虑要作出让步或还盘之前，也要从卖方那里获得关键性的信息。综上所述，互联网不仅是一个中性的沟通媒介，它还克服了各种传统的贸易壁垒，并且在全球范围内大大增强了各个企业与其潜在商业伙伴之间的互动。

互联网谈判的优势主要有：消除了时区和距离的障碍，缩小了社会地位的差别，消除了性别偏见，提高了个人的谈判力，支持同步的多方谈判并且可以通过新技术来拓展观众群。

二、互联网谈判的陷阱

依靠互联网联系现有的买家和寻求进入新市场的谈判人员要加倍小心，因为缺乏经验的互联网谈判人员容易犯许多错误，所以要时刻保持警觉。虽然互联网给我们提供了全球范围的机遇，但也导致了更大的风险，因为电子商务市场上竞争激烈。进入全球市场和在网上从事商务活动的公司不仅增加了贸易机会，而且赋予买方更强大的谈判力。换句话说，买卖双方在通过电子邮件回复对方时都必须十分谨慎。如果一个进口商得不到想要的发盘，或者得到了出口商不友好的答复，该进口商就会转向竞争对手以寻找更好的报价。

1. 冲突的产生

网上谈判的风险之一就是谈判双方可能会互相对立起来，因为当双方不是面对面地谈判时，就容易互不让步，很难达成一致意见。通常情况下，因为在网上不会与谈判对方面对面地接触，所以网上谈判就很可能转化为“接受发盘或者搁置不理”，因此谈判人员在签订长期合约时就不宜使用这种谈判战略和战术。

2. 对价格的特别强调

谈判人员可以在对方毫不知情的情况下，通过互联网实现多方谈判。在网上，买方也可以与多个卖方谈判以使自己的收益最大化。因此，互联网谈判通常会表现出以下特征：首先是谈判双方互不合作，其次是体现竞争力的行为往往只通过一种形式表现出来，那就是价格。一个谈判者与多方同时谈判可能会使其获得更好的收益，但大体上都是一次性交易。多方谈判有时还可用来检测市场情况或者确定一方的报价是否处于一个合理的范围内。但是一般来说，这些初始的联系都不可能发展成全面的谈判。

三、互联网谈判的战略

在办公室里谈判和交换信息是一种既轻松又舒适的洽谈方式。阅读电脑屏幕上的电子信息并通过电子邮件加以答复已经迅速成为企业对顾客、企业对企业的电子商务实践所普遍采用的一种实践方式。除非谈判者注意到了互联网上谈判所引发的风险，否则他们就会缺乏远见或视野狭隘。换句话说，谈判者参与到了一个人际关系的博弈中，在这场博弈里，一方或多方通过发送和接收信息，力求能够签订最有利的合约。谈判双方交手几个回合之后，就很可能陷入以下的困扰中：一是不计代价地要赢得谈判；二是冒更大的风险，采用更具冲突性的谈判战略。参与到这场博弈之中的谈判人员常常会忘记考虑交易发生的环境，不咨询他人的建议，也不会想到他们的所作所为会产生怎样的长期后果或利益，这也就对网上谈判的高失败率作出了很好的解释。

四、制订好互联网谈判计划

在真正与对方沟通之前，谈判人员应该花些时间全面地考虑一下互联网谈判潜在的所有问题。一旦信息发送出去，特别是把信息打印出来以后，它就会被接收者看成是具有法律效力的或者是具有约束力的文件。除此以外，对方还会仔细研究信息中所写的内容，以后还有可能再把它拿出来质询发出信息的一方，尤其是当这个信息中有否定的或令对方不愉快的内容时，更有可能成为对方手中的把柄。人们通常会在毫无计划或者还没有考虑其行动的长期影响时，就已经在网上把信息发送出去了。没有经过充分准备和仔细思考就发送的信息很可能会被对方误解，那么在之后的谈判中，双方就会相互交换无效信息，这些信息无益于达成任何协议。在这种情况下，谈判双方就会一直坚持己见，不但不会寻找共同的话题，相反还会更加集中精力地扩大分歧。

谈判人员主要考虑的往往是尽快地回复对方。在实际操作中，大量的电子商务操作手册也都建议谈判人员应该在 48 小时之内回复对方。但是，对于某些商业交易来说，48 小时或许太长了，而对于另一些交易来说，48 小时又可能还不够用。因为许多经理人员都把作出决策的速度看作具有出色管理技能的标志，所以他们都倾向于迅速地行动和决策。迅速行动在互联网上是很容易做到的，因为谈判人员直接面对的是电脑屏幕而不是谈判对方。对于一个企业的谈判代表来说，最重要的是要全面完整地考虑所收到和发出的每一条信息，其中包括要评估长期的风险性如何，还要仔细思考这些信息将会对本企业和本企业的竞争对手所处的形式产生怎样的影响。谈判人员要是不想被他所接收到的大量信息弄得手忙脚乱、不知所措的话，就应该全面仔细地筛选所有接收到的信息，并且把重要的信息排列在前面，这样就可以只对那些有诚意的询盘做出回复了。如果谈判人员在回复之前需要多一点时间进行考虑，就可以先给对方发送一个过渡性的信息，这样就可以争取到一些时间。

身为一个谈判人员必须要有一定的常识和良好的商务习惯，这样其与潜在客户之间的沟通才能一直畅通无阻，与此同时，他还要花些时间为即将到来的谈判做好准备。

1. 把互联网谈判与面对面的讨论结合起来

为了获得电子商务的全部收益，谈判人员往往期望把线下面对面的洽谈和线上沟通结合起来。虽然在线上从事商务活动有着诸多好处，但是当我们提到商务谈判的时候，绝大多数的谈判人员还是更愿意采用面对面的沟通方式，特别是当交易的价值远远超过面谈所花费的时间、人力、物力、财力等成本的时候更是如此。在更重视人际关系的文化环境中，互联网谈判应该只限于信息交换，主要条款则应该面谈。线上谈判具有一种不受个人情感影响的属性，而这对于谈判人员来说，应该算是一种需要他们时刻警惕的风险。仅依靠互联网进行的谈判一般都存在一个问题，那就是谈判双方彼此之间的信赖感和信任度很难建立起来，即使建立起来也很难保持下去。当谈判一方只对定价感兴趣的时候，就更容易产生这个问题了。由于存在竞争压力，买卖双方的信息交换仅限于发盘和还盘，而且发盘和还盘的核心议题就只有价格这一个条款。绝大多数的谈判都是以上述这一情节为核心的，不论谈判双方在线下是否进行过面对面的谈判，这种情况都会发生。

2. 互联网谈判中的合作方式和竞争性手段

从根本上来说，双方的竞争性行为支配了整个互联网谈判过程。因为互联网谈判不受个人情感影响，这已经是一个既定的事实，所以网上谈判人员往往不太注意人际关系和合作策略。这些都是通过以下行为体现出来的：互联网谈判的双方会经常使用刺激性和否定性的表达和挑衅的言辞。而且，由于互联网谈判人员观察不到对方的肢体语言，这就更缺少了一个有助于理解和表达的关键性辅助手段，因此大量的通过非语言方式传达的信息就没有用武之地了。

新技术对互联网谈判的实施方式产生了很大的影响，特别是使谈判的速度大大加快。因为互联网谈判实质上就是双方或多方之间的信息交换，直到各方的需求都得到满足为止，所以电子信息就成为沟通的主要手段。但是，向对方发出最后通牒或者一报还一报并不是建立一种长期商务关系的最好的办法。在所有面对面的谈判中，其策略都是竞争性策略和合作性策略的结合，而且在谈判即将结束时，也就是缔结合约阶段，谈判双方会更加互相配合以最终达成协议。

为了确保谈判成功，互联网谈判人员在初始的几个信息交换回合中就不能与对方过度地对抗，因为如果这样就会导致沟通中断。所以在谈判初期，互联网谈判人员必须相互支持、配合，彼此交换信息，这样才能使双方共同研究解决问题的方法，最终使谈判圆满结束。

第五节　互联网谈判情景设定

在电子商务还没有普及时，互联网谈判最初只限于交换信息，阐明关键性的议题以及在特殊条款上达成一致意见。其实，互联网还是一个特别方便的媒介，便于谈判者为即将开始的面对面谈判做好准备，比如可以利用互联网预订酒店、机票等差旅相关事宜，可以安排好谈判议程，选择谈判地点，还可以让双方提前商定好出席谈判的人数。此外，如果双方所谈的是以前曾经谈过的订单，或者是一个小额交易，根本不值得花费时间、人力、物力和财力进行面谈，通过互联网来谈判同样是一个好办法。

对于一个经理人员来说，互联网不仅可为其提供有关市场竞争情况和买方对生产工艺要求的最新信息，还可提供很多适时的营销情报。每一个企业都必须知道自己的竞争对手是谁，还必须了解购买者想要什么样的产品，只有这样，他们的雇员才能对电子邮件中买方的需求做出很好的答复。

因为网上沟通具有容易掌握和传递迅速的特点，所以人们经常还没花时间好好思考、准备，就马上答复了。其实，互联网谈判和面对面的谈判没有什么不同，二者都需要仔细计划、充分准备，要有耐心，要理解对方，清楚对方的需求，还要运用说服技巧，拿出解决问题的能力来。

因为在互联网上，企业所得到的询盘是由在世界各地运营的企业发送过来的，所以具体到与某一地区的贸易时，企业就要特别注意当地的商务习惯、相关的法律法规以及财务因素。支付条件和安全性都是敏感问题，企业要仔细认真地加以考虑，在不熟悉的市场上或者对发出询盘的一方不甚了解时，更应该如此。

第六节　互联网谈判注意事项

互联网谈判归属于书面谈判方式，与函电谈判一样，其谈判程序也包含着询盘、发盘、还盘、接受和签订合同五个步骤。这种借助于互联网的新的商务谈判方式，关键不在于更好地提供信息，而在于建立起与客户、合作伙伴之间的新的关系和沟通方式，也就是说通过无所不在的网上连接，使得相互间联系、交往以及商务活动完全可以在网上进行，从而达到提高客户、合作伙伴的满意度，降低成本，提高灵活性，缩短谈判时间，提高工作效率等目的。但要达到这些，有以下几个方面值得注意：

一、加速互联网谈判人才的培养

实行互联网谈判方式，需要谈判人员既有商务知识与谈判技巧，又有 IT 技术。而目前的事实往往善于从事商务谈判，但缺乏 IT 技术，或者有 IT 技术，而对商务谈判知识与技巧偏少了解。所以，面对电子商务的快速发展，要加速网上谈判人才的培养。

二、加强与客户关系的维系

网上谈判意味着与客户、合作伙伴之间的关系公开化。竞争对手可以通过互联网随时了解到你的报价、技术指标以及你的客户、合作伙伴的需求，甚至你与客户、合作伙伴之间存在的分歧等。通过这些资料的分析，竞争对手有可能抢了你的客户。所以，借助于互联网进行商务谈判，还应提高服务水准，以更好地维系与客户、合作伙伴的关系。

三、加强资料的存档保管工作

互联网容易受病毒侵害，甚至受到黑客的破坏。由于网上谈判所使用的 E-mail 需要互联网的传递，如果一旦网络发生故障或感染病毒，往往就会影响谈判双方的联系，甚至会丧失合作机会，无法实施谈判方案。因此，商务谈判过程中的发盘、还盘、确认等资料要及时下载，打印成文字，以备存查。

四、必须签订书面合同

互联网谈判达成的成交，一经确认或接受，一般即认为合约成立，交易双方均受其约束，不得任意改变。但为了明确各自的权利与义务，加强责任心，双方必须签订正式的书面合同，促使双方按照合同办事。

此外，开展互联网谈判，如何进行品牌管理？如何吸引新的客户？如何争取客户的信任，如何进行组织管理？这些新的问题也有待于进一步研究与确认。

面对面谈判、电话谈判、函电谈判和互联网谈判各有优缺点，谈判中具体采用哪种方式，应视情况不同而灵活选择，见表6－1。

表6－1　谈判方式的选择

项目	面对面谈判	电话谈判	函电谈判	网上谈判
接触方式	直接	间接	间接	间接
表达方式	语言	语言	文字	文字
商谈内容	深入、细致	受限制	全面、丰富	全面、丰富
情感氛围	利用	无法利用	无法利用	无法利用
个性心理	有影响	有影响	不影响	不影响
联系方式	较慢、较窄	快速、广泛	较慢、较窄	快速、广泛
费用	最大	较大	较少	很少
适用范围	一对一 团体谈判 大型项目	一对一 小型项目	日常交易 贸易	日常交易 贸易

【本章小结】

互联网已经改变了竞争环境，它给买方提供了更强大的交易能力，同时也给供应商和出口商提供了更多的商业机会，使他们不再受时区和距离的限制。因此，互联网谈判的竞争就更为激烈，更不受个人情感的影响，对抗性更强，而且常常会导致谈判破裂。由于电子商务鼓励了竞争，因而从事企业对企业电子商务交易的公司就面临更大的价格压力、更高的客户流失率和难以预测的市场环境。

总体来说，互联网谈判最适合洽谈重复性的交易，接受或确认订单，表达交易意向，测试市场行情，阐明细节性问题，提供附加信息，提供售后服务，给出运输和交货的具体细节，与现有顾客沟通，检查竞争情况，以及为面对面的谈判做准备等。但是，要想使互联网谈判获得成功，就必须要周密思考之后再发送电子信息，要考虑谈判的长远影响，在回复之前还要向他人咨询和征求建议，要认真检查一下写好的信息再发送，要有选择性地进行回复，要避免使用否定性或容易激怒对方的表述，要多用合作性的策略，不要从谈判一开始就讨论定价问题，更不要缺乏远见。

【阶梯实训】

1. 实训名称

生活中的谈判艺术。

2. 实训目的

通过对生活中谈判技巧的收集，进一步理解谈判中语言交流技巧的重要性。

3. 实训要求

（1）要求每个学生收集 2 ~ 3 个生活中的谈判例子。

（2）学生分组讨论，每组 4 ~ 6 个人（具有相似例子的同学组成一组），讨论并整理日常生活中自己遇到并留下深刻印象的有关谈判实例的成败及原因。

（3）以 PPT 或模拟谈判的形式，总结收集谈判案例中的谈判技巧的运用。

第七章 谈判中的最佳实践

【引导案例】

一个运用成本分析法的例子

一家公司想采购一台固定设备，卖方是一家上市公司。买方认为价格问题是需要重点考虑的问题之一。这家公司在买方关注的技术领域是一流的。问题仅在于双方没有历史交易记录，如何判断卖方的报价是合理的呢?

买方向公司致函："我们对贵公司的技术能力很满意，如何判断报价是合理的呢?为了弄清这台设备是否物有所值，请提供这台设备的设计图。"卖方应买方要求提供了设备图。

买方开始在工程设计办公室开始了工作，针对每个零件都听取两家供应商的报价，大致确定整台设备的材料成本。买方获得了卖方过去五年的年度财务报告，计算了材料成本、劳动力成本、营销成本、平均利润和其他费用，并将计入会计模型中。这项工作的结果是，买方得出结论，卖方的报价比根据他们模型估算出来的价格高出 25 倍。

在谈判中恰当的时机，买方向卖方展示了他们的估算数据、记录的小册子和最终得出的结果。买方最终以市场最低价赢得订单。

【互动环节】

讨论你认为进行谈判时最需要注意的关键点是什么，依据何在?

第一节　对谈判的基本结构进行分析

谈判是日常生活中不可或缺的一部分，我们周围有各种各样的谈判活动。尽管有些人看起来似乎天生就适合当谈判者，但实际上每个人都能学会谈判的分析和交流技能。本书的目标就是为学习谈判的学生提供整个谈判领域的概述、谈判中各个子进程的广度和深度，以及欣赏谈判的艺术性与科学性。在本章中，我们从更广泛的层次出发，为那些希望提高自己谈判技巧的谈判者提供10种最佳实践。

1. 准备充分
2. 对谈判的基本结构进行分析
3. 研究最佳替代方案
4. 随时准备中止谈判
5. 抓住谈判的主要矛盾

（1）索取价值和创造价值；

（2）坚持原则与顺势而为；

（3）坚持战略与寻求新选择的机会；

（4）诚实、公开与封闭、不透明；

（5）信任与不信任。

6. 牢记无形因素的存在
7. 积极管理联盟
8. 享用并维护声誉
9. 牢记理性与公开是相对的
10. 不断吸取经验教训

谈判者应该对他们究竟面临的是分配式谈判还是整合式谈判或是两者兼有有一个清楚的判断，并据此来选择策略和战术。使用不合适的策略和战术会带来不理想的谈判结果。例如，在一个基本的整合式情境中使用过度竞争性的战术很可能使整合式的潜力得不到开发，因为谈判者这时倾向于对那些能使整合式谈判成功的信息进行保密。在这些情况下，金钱和机会往往被遗留在谈判桌上。类似地，在分配式情境中使用整合式策略也可能得不到最佳结果。

谈判者还需要记住很多谈判是由整合式和分配式的元素同时组成的，一次对这些谈判需要采用相机策略，这一点在不同阶段之间进行过渡时尤为重要，因为转换策略时的失误会迷惑对方，并导致僵局。

最后，折中、回避和妥协有时也是合适的策略（见第一章）。好的谈判者能定义情景，并由此选择合适的策略和战术。

第二节　研究最佳替代方案

谈判力的一个重要来源就是如果不能达成协议，谈判者可利用替代方案。谈判者的最佳替代方案尤为重要，因为这代表着协议不能达成时谈判者可能的选择。谈判者应该对自己的最佳替代方案保持警醒。他们需要了解自己的最佳替代方案和可能达成的协议之间的关系，并对最佳替代方案进行改进以便达成更好的协议。没有最佳替代方案的谈判者可能会发现达成好的协议很困难，因为对方会向自己施加很大的压力，因此可能强迫他们接受之后看起来并不令人满意的协议。

例如，从独家供应商那里购买商品的购买者会清晰地发现，由于可行的最佳替代方案的缺乏，他们很难获得积极的谈判结果。但是，即使在这种情形下，谈判者仍然能够在长期提高自己的最佳替代方案。比如，只有独家供应商的组织通常会对自己的产品进行纵向整合，开始在公司内部生产部分类似零件，或者重新对产品进行设计，减少对独家供应商的依赖。这些都是长期的替代选择，因此在当前进行的谈判中并不可行。然而，当独家供应商进行谈判时可以提及这些长期的替代选择，以提醒对方你不会永远依赖于他。

谈判者同样需要清楚地了解其他谈判者的最佳替代方案，并与自己的最佳替代方案进行比较。当谈判者所能提供的协议中潜在条款要明显优于对方的最佳替代方案时，就能在谈判中获得很多优势。相反，当你提供的条款与对方的最佳替代方案差别很小时，谈判者可能回旋的余地就会很小。想要与其他谈判者的最佳替代方案进行比较，谈判者需要做三件事：（1）仔细观察，以便理解和保持相对于其他谈判者替代方案来说的优势；（2）提醒对方你提供的条款相对于他的最佳替代方案优势所在；（3）以一种微妙的方式告诉对方，他的最佳替代方案可能并没有想象得那么好（这一点可以通过两种途径进行：正面途径——强调己方优势，负面途径——突出对方劣势）。

第三节　随时准备中止谈判

大多数谈判的目的不仅是达成一致协议，而在于取得有价值的谈判结果。强势的谈判者总是记住这个要点，当达不成一致协议比达成一个低效的谈判协议来得好时，或当谈判过程不顺利到不值得继续谈判进程时，他们可以果断中止谈判。这个建议听起来似乎很容易实施，实际上，谈判者可能由于过分专注于达成一致而暂时忘记自己实际上的谈判目标（有效的谈判成果并不一定是达成协议）。谈判者可以把谈判的进展效果与谈判的计划阶段所制定的目标不断进行比较、不断与最佳替代方案进行比较，甚至决定是否中止谈判来锁定谈判目标。谈判者可以在谈判之初保持对谈判目标的乐观，但在谈判进行时他们必须重新估计这些目标。最佳替代方案进行比较是相当重要的，并且当中止谈判或采取最佳替代方案时谈判者面对当前谈判形势的最优选择时，他们就应该果断行动。

即使在缺乏最佳替代方案的情境下，谈判者也会应该很清楚地了解何时停止谈判会对自己想法的产生更为容易，有时，将很轻易得到的想法写下或者与他人交流可以使得谈判者在不同的谈判状态下将这个想法牢牢记下。在团队谈判中，拥有一个想法记录者或最终解决方案无法形成时适时地停止谈判是非常重要的。

第四节　抓住谈判的主要矛盾

出色的谈判者将谈判看作一系列矛盾的集合——看似矛盾的因素可以同时发生。我们讨论了谈判者经常面对的五种矛盾。谈判者在处理这些矛盾时所面临的挑战是在这些矛盾中寻求平衡。在矛盾中人们总是本能地倾向于选择其中一个或另一个，但管理矛盾的最好方式是相反的力量中获取平衡。强势的谈判者知道如何管理这种倾向。

一、索取价值和创造价值

所有的谈判都有一个价值索取的阶段，其中谈判双方决定了谁能获取多少价值；许多谈判也包含一个价值创造的阶段，谈判双方共同努力扩大在谈判中的资源。每个价值阶段适用的技能和战略也大不相同。一般来说，分配式的谈判技能适用于价值索取阶段，而整合式的谈判技能适用于价值创造阶段。价值创造阶段往往在价值索取阶段之前，谈判者要面对的挑战就是平衡两个不同阶段所关注的重点，并能实现两个阶段的转换。但是实际谈判中不存在区分两个阶段的明显标志，谈判者必须谨慎地处理从而避免破坏在价值创造阶段与谈判对手形成合作型关系。有效管理这种转换的一个方式就是明确表达自己的观点。例如，谈判者可以这样说：“看来我们应该用许多想法和替代方案来打下良好的基础，不然怎么可以继续讨论如何对预期收益进行公平分配?”此外，研究表明多数谈判者在确定谈判性质时都会存在一种偏见，认为谈判对手更多的是在索取价值而非创造价值。因此，有效管理矛盾可能需要人们探讨如何创造价值。

二、坚持原则与顺势而为

谈判的节奏与走势可以从对财务问题的激烈争论，转向同样激烈的关于公平与否或对错的讨论。这些转变形成了谈判的第二种矛盾。一方面，有效的谈判需要谈判者通过灵活应变、对新的信息进行正确评估来调整对当前谈判情势的理解。任何谈判协议的达成都需要谈判双方的妥协和让步。另一方面，谈判者进行谈判时所遵循的核心原则是不会轻易改变的。有效率的谈判者会在必须坚持的原则性问题和为了获得双方都能接受的结果而做出妥协或让步的其他问题之间取得平衡。一个复杂的谈判有的时候也会同时包含上述问题。

三、坚持战略与寻求新选择的机会

在谈判中经常会融入新的信息，因此谈判者要处理好坚持原有的战略与把握谈判过程中出现的新时机之间的矛盾。由于新“机会”实际上可能是一个暗藏杀机的“特洛伊木马”，所以这是谈判者需要处理很具有挑战性的矛盾。另一方面，谈判环境不断变化，稍纵即逝的交易也的确存在。谈判者必须能够分清假机会和真机会，而这种辨别能力是经验丰富的谈判者的一个特征。

充足的准备对于有效处理“战略与机会”这对矛盾来说很重要。对谈判做了充分准备和对谈判环境有笃定把握的谈判者能准确定位矛盾。我们同样建议谈判者密切关注自己的“直觉”。如果感觉一项交易不对劲，或者太好了以至难以令人相信，那么这项交易很可能就不是真的，或者不是一个可以把握的机会，如果谈判者对谈判的进展方向感到不安，那么最好的方式是暂停谈判，并向他人咨询对当前谈判环境的意见。经常将机会解释给同事、朋友或委托人有助于帮助区分真正的机会和“特洛伊木马”。

四、诚实、公开与封闭、不透明

谈判者会遇到“诚实困境”：我应该在多大程度上向谈判对手表现出诚实与开放呢？谈判者如果完全坦诚，向谈判对手说明所有相关的问题，就会面临被谈判对手利用的风险。事实上，研究表明向对方提供超过他们所需要的信息反而会使得谈判结果不尽如人意。另一方面，完全封闭不仅会对声誉带来负面影响，而且是一个无效的谈判战略，因为你没有提供足够的信息来为达成一致的谈判创造基础。处理这对矛盾的挑战是决定透漏多少信息、保留多少信息——既要出于实际的考虑，又要出于道德的考虑。

出色的谈判者早就已经意识到了这对矛盾，并找到了平衡点，而这也同样取决于谈判对手的情况。谈判者应该记住谈判是一个动态发展的过程。如果谈判进展顺利，谈判者就会与其对手建立起互相信任的关系，并有向对方透露更多信息的强烈意愿，这将对谈判者产生不利影响。也就是说，不论谈判进展如何，谈判者都不应该透露太多的信息

（如分配式谈判中个体的底线）。

五、信任与不信任

与“诚实困境”一样，谈判者也同样会面临“信任困境”：对于谈判对手所提供的信息应该相信多少。如果谈判者相信谈判对手所说的所有事情，那么就很容易被对方利用。相反，如果谈判者不相信谈判对手所说的任何事情，那么他们就很难达成协议。就如“诚实困境”所说的一样，谈判者应该牢记谈判是一个随着时间而不断变化的过程。首先，通过互相的坦诚与信息共享可以获取对方对你的信任，进而对方也会使你信任他们以及为你提供可靠的信息。其次，不同的个体存在着信任差异。有些谈判者在谈判初期会比较多信任谈判对手，但是如果谈判过程中发现对方的信息并不值得信任，那么相互之间的信任就会急剧下降。其他谈判者在对方获得了对自己的信任后会觉得很舒服，但在初期却会更加疑神疑鬼。虽然处理这一矛盾在方法上没有对错可言，但是卓越的谈判者能够认识到这一困境，并密切关注环境变化，不断提高自己应对相应挑战的能力。

第五节　牢记无形因素的存在

谈判者在谈判的过程中应该牢记一些无形因素并注意它们的潜在影响。这些无形因素时常会产生负面影响，并让谈判者措手不及。如第一章所述，无形因素指的是深层的心理因素，主要包括成功、避免损失、比别人强、公平等。例如，当你和具有上述特征的人员就某一职位进行谈判时，你会发现他很难对付，因为他会在老板面前设法留下好印象。然而，他并不会告诉你这是他想做的，事实上也许他自己都没有意识到。辨别存在哪些无形因素的最后方法是确认哪些因素不存在。换句话说，就是当你对对方的情况做了充分的分析后，发现没有什么有形因素可以解释他的行为——在特定问题上不让步、不接受别人的建议、行为很荒唐等，那么，这时你就要找一些无形因素了。

谈判者并不清楚无形因素正在影响着对方，直到这种无形因素被公开。但是，通常比较谈判者在多次谈判中的行为，以及在谈判前对对方信息的收集还是可以知道一些对方的无形因素。

至少有两种方法可以发现影响对方的无形因素。第一种揭露对方的无形因素的方法是提问题。这些问题应该要能说明对方为什么就某个问题会有这样的看法，要注意的是，潜在的价值观或利益这些无形要素的根源，所以，揭露无形因素可能会引起不安和焦虑。提问题的过程也应该有礼貌、非正式，如果问题带有攻击性，那么，对方为了自我防卫也会产生其他一些无形因素，使得谈判更加复杂和没有效率。第二种方法是带一个观察者或倾听者和你一起谈判，倾听者也许可以解读对方说话的情绪、语调以及其他的肢体语言，注重哪些障碍因素，并且可以站在对方的角度考虑问题（角色转换）。然后，谈判者再与自己所带来的倾听者沟通，有助于了解对方的无形因素，从而提出新的问题。

谈判者也必须谨记，无形因素也会影响他们自己（我们通常意识不到导致我们生气、进展以及产生某种观点的无形因素）。你有没有因为对方不尊重你而觉得谈判异常困难？你有没有尝试给下属上课？或者有没有想赢的一次谈判使自己看起来比其他经理厉害？暂不讨论这些想法是否正确，但这些想法背后的无形因素是值得关注的。经常和别人交流，就仿佛一个具有同情心的倾听者，这样可以帮助你了解一些无形因素。优秀的谈判者会意识到影响谈判的不只是有形因素，还有无形因素，并且他们在评估结果时，也会同时考虑两种因素。

【本章小结】

本章通过探讨谈判者在谈判中获得成功的10种最佳实践，让谈判者知悉并能熟练运用。

【阶梯实训】

1. 实训名称

中美贸易模拟谈判。

2. 实训目的

通过模拟谈判让学生初步了解谈判的语言、问、答的艺术以及非语言的艺术。亲身体验商务谈判对谈判人员各方面能力素质的要求，为顺利学习本课程奠定基础。

3. 实训步骤

（1）将全班同学每6个人一组划分为若干组，每组作为一个谈判队伍。

（2）每个队伍中的6个人分别担任谈判负责人、商务人员、技术人员、财务人员、法律人员、翻译和记录人员；由学生商量好分工，或由教师指定。

（3）随机抽取两个队伍进行模拟谈判，一个队作为卖方，另一个队作为买方。

（4）教师在模拟谈判前向学生说明整个谈判的步骤，也可参考教材商务谈判步骤的内容。

4. 实训背景资料

我国深圳蛇口工业区党委书记一次出访某国，在同某财团谈判关于合资经营新型玻璃厂的问题时，对方自认为设备先进，漫天要专利价，谈判一度陷入僵局。而在另一轮谈判中，这位善于同外商斗智周旋的谈判代表若有所指地说：“中国是个文明古国，文明祖先早在1 000多年以前，就将指南针、造纸术、印刷术、火药四大发明的生产技术无条件地贡献给全人类，而他们的子孙后代，从未埋怨他们的祖先不要专利权是愚蠢的。相反，我们却盛赞祖先为推进世界科学的进步做出了杰出贡献。现在中国在与各国的经济往来中，并不要求各国无条件地转让专利权，只要价格合理，我们一分钱也不会少给。”一席精彩的言辞，赢得了在座人的赞赏，那个财团的决策人当场表示愿意降低价格，经济合作协议从而圆满地达成了。

5. 实训任务

实训过程中突出谈判的内容，完成谈判的目标，完成谈判对话的艺术，完成问、答、说、非语言的艺术，最后谈判顺利成功。

6. 实训考核

将各方谈判中运用谈判技巧的熟练程度，作为评判哪组获胜的标准；同时，根据谈判其他目标的达成情况和谈判过程中各队的表现给予最终成绩。

第八章
谈判中的语言艺术

【引导案例】

隐性语言谈判

A 公司要派 3 名谈判人员到 B 公司洽谈货物采购业务。在进行价格磋商时，B 公司谈判人员报出己方的价格，A 公司谈判人员认为这个价格与预期的价格相差较大，B 公司则态度较为坚决，直言让步的可能性小。

经过一番沟通后，A 公司谈判人员开始频繁挠头、抹脸。看到这个动作，B 公司谈判人员认为谈判的关键时机到了，没有再向 A 公司施加压力，而是表示，感受到了对方合作的意愿，决定将价格降低一部分。A 公司谈判人员听到最后确定的价格后，认为虽然与己方预期的价格有差距，但也是比较理想的一个价格，于是迅速地表示了签订合同的意愿。

【互动环节】

分享生活中自己遇到的记忆深刻的沟通经历，并分析其中的技巧所在。

第一节　语言沟通技巧

随着经济全球化的推进，拥有不同文化背景国家的进口商和出口商之间的商务联系也愈加频繁和紧密。随着国内和国际市场上的竞争愈演愈烈，商务经理所面临的谈判环境也更加严峻。尤其对于那些初次步入市场的中小型企业来说，在多元文化背景下掌握谈判技巧显得尤为重要。谈判最重要的就是沟通。沟通是一场对话，在这场对话中，谈判双方表明自己的态度和立场同时倾听对方所言。在观点的交流中，谈判双方提出合理建议，做出相应让步，最终实现共赢。

在谈判过程中，沟通发生在两个层面上：一个是逻辑层面（例如一个具体的发盘），另一个是语用层面（例如语义、语法和谈判风格）。谈判双方所理解的沟通内涵，是逻辑和语用层面的结合。在谈判中，除了说话的内容、说话的方式起作用外，言语里透露的、暗含的甚至可以推断出的语用信息也是至关重要的。很多时候，谈判者并没有意识到语用失误的危害，因此即使他们报以最美好的谈判意图，也会以失败告终。

一、跨文化谈判中存在的问题

来自不同文化背景下的谈判双方进行交流，可能存在两种问题：感知偏见和信息处理过程中的失误。

1. 感知偏见

感知是接收信息的一方给谈判内容附加意义的过程。接收信息的一方通过自己的需求、期望、动机和个人经验形成了对沟通对方的某种特定的思维倾向，这就产生了感知偏见，比如思维定式、光圈效应、选择性感知和映射。

（1）思维定式。

思维定式是指把某人的一些特征与其所处的特定的阶层或团体联系起来。例如，在与一个五十岁左右的谈判者初次见面的时候，也许你会马上将其和“落伍”“保守”等词联系起来。谈判者之间的文化差异也加剧了思维定式。

（2）光圈效应。

光圈效应是指基于对某人某一特征的了解，而对这个人的其他特征所作的一个概括。例如，当谈判者用对方熟悉的语言微笑着和对方打招呼并且遵守对方国家的习俗，这位谈判者则会被对方定义为一位友好、渊博和忠诚的谈判方。事实上，微笑与忠诚、渊博、友好之间并没有实质性的联系。光圈效应可以产生积极或消极的影响。好的举手投足可以产生积极的光圈效应，反之则相反。

光圈效应在商务谈判中很常见，因为谈判方很容易从有限的信息（比如外貌、所属的社会阶层、最初的陈述等）中快速地对另一方形成第一印象。因此，初次见面，衣着、打招呼的方式、说话的语调、眼神交流、表现出来的姿态等至关重要。

（3）选择性感知。

在谈判中，选择性感知意味着选择特定信息来支撑最初的观点而自动忽略那些不想考虑的因素。例如，根据第一印象，你判断谈判方为友好的且懂自己国家文化的人，即使有一天对方开了个不雅的玩笑，根据选择性感知，你很可能忽略这个笑话而只记得那些强化你先前判断的信息，也就是说，你还会认为那个人是十分符合你们国家的文化判断标准。

（4）映射。

映射是指个人根据其需要、情绪的主观指向，将自己的特征转移到他人身上的现象。映射作用的实质，是个体将自己身上所存在的心理行为特征推测成在他人身上也同样存在的现象。映射在谈判中会出现，是因为谈判方需要突出自我概念。例如，一方坚持认为开诚布公地分享事实可以加速谈判的过程，他就会认为另一方也和自己有同样的意向。

2. 信息处理过程中的失误

谈判包含信息的交流和共享。谈判双方应该准确处理来自对方的信息。然而，通常情况下，谈判者会在处理信息的过程中犯一些系统性的错误。这些错误或认知偏差都会影响谈判者在谈判中的表现。这些系统性错误表现如下：

（1）非理性的承诺升级（即在过去决策失误的基础上不断增加承诺的现象）；

（2）把谈判定性为是一场赢—亏交易的零和博弈；

（3）决策制定过程中的固定和调整（固定条款和标准中存在的瑕疵会导致之后的调整，这对谈判会有一定的影响）；

（4）观念和问题的固有性（谈判者对风险的感知和行为，由形成其谈判观念的习惯决定）；

（5）可利用的信息（可利用的信息有时会错误地呈现，从而导致认知偏差）；

（6）赢者“诅咒”（迅速决策所带来的不适感）；

（7）谈判者的自负心理（会导致谈判者在谈判中得到的更少，放弃的更多）；

（8）小数定律（谈判者只依据有限的经验就做出决策）；

（9）自利偏差（把错误归咎于不可避免的环境因素）；

（10）忽略谈判方认知的心理倾向（忽略谈判对方的感觉和想法）；

（11）反应性贬值（认为谈判对方所做出的让步不值一提，毫无价值）。

二、提高谈判中的沟通水平

沟通是谈判的精髓。如果谈判双方在处理信息过程中出现了感知偏见或错误，沟通陷入僵局，整个谈判就会以失败告终。即使谈判双方在目标上是一致的也很难达成共识。因此，在谈判中需要掌握一些技巧来提高沟通水平，这些沟通技巧包括倾听、提问、回答、角色互换和确保理解准确无偏差。

1. 商务谈判中倾听的技巧

一个缺乏经验的谈判者的最大弊端就是无法仔细倾听其他人在说什么，无论这个谈判者有着怎样的文化背景都是如此。他们通常是提出自己的观点，之后再抗辩对方的异议。这种谈判方式只能算是一场独角戏，而不是真正的沟通。

一个优秀的倾听者也不仅局限于倾听，他们在听的同时还要思考、分析，并对对方所言进行评价。他们不仅听到了自己需要的重要信息，而且还听清了对方所说的每一句话和每一个字。通过全神贯注地倾听，谈判者可以从对方那里获得有价值的信息，最终可以获得更为强大的谈判力。有效的倾听有助于谈判各方找出一个替换或备选方案，而这个方案在谈判的准备阶段是没有考虑到的。举个例子来说，如果一个出口商能够认真地倾听进口商的需求和顾虑，那么出口商就可以调整自己的发盘，并据此再提出一个还盘来满足自己的需求。

在倾听的过程中，人们常犯的错误就是不听他人怎么说，而是聚精会神地想自己接下来应该说什么。这就遗漏了很多特别重要的信息，也对谈判双方达成新的合议或者做出可能的让步造成了一定的障碍，从而减慢了谈判的进程。除此之外，谈判人员如果想更好地理解他人的意思，那么仔细阅读条款也是很必要的，特别是当这些谈判人员有着不同的文化背景的时候，这样做就更重要了。谈判人员在沟通的过程中都应该给对方以鼓励和支持，这可以通过以下方法来做到：在听的过程中回应对方“是的”或者“请继续说”，或者通过提问确认自己的理解是否正确，并表明自己很愿意继续听下去。

好的倾听习惯还包括对肢体语言的敏锐观察。在人们通过各种方式实际接收到的信息中，语言只占 7%，声音占了 38%，而肢体语言则占到了 55%。例如，“点头”“检查样品”“做记录”“把椅子向前挪动”等动作都可以显示出自己对于对方所述之事很感兴趣。

有经验的谈判人员在整个谈判中会用 50% 以上的时间来倾听，剩下的时间用来提问和陈述。倾听技巧的日臻成熟以及相关问题的提问都有利于谈判双方达成一致意见。

倾听可以分为三种具体的形式：消极倾听、应诺、积极倾听。

（1）消极倾听，就是毫无回应地接收对方传递过来的信息。它很容易让人产生一种这样的感觉，就是正在倾听的这个人对于对方所述之事并不感兴趣。

（2）应诺，是指人们对传递过来的信息有点兴趣。应诺通常表现为点头、保持目光接触或者在对方说话的过程中插入一些应答（比如“我明白了”“有意思”“的确是这样的”“继续说”“请您说下去”等）。这些应诺会对谈判对方产生鼓励作用，对方就会继续向你传达更多的信息。

（3）积极倾听，是指聚精会神地、一字不落地接收信息，然后认真地分析、理解这些信息的意思。积极倾听与前两种倾听形式的区别在于；在积极倾听中，人们会更强调听，而不是说；更注重人际的互动而不是抽象的反馈（例如更注重感觉、信念和立场，而不是抽象的观点）；是随着对方的陈述而不是引导对方，是澄清对方的观点而不是把对方引入一个新的内容的讨论之中，以及对对方所表达的情感回应。

一个优秀的谈判人员应该是一个积极的倾听者。可以运用一些谈判技巧使得谈判对方更加充分地表达自己的感觉、观点以及首要考虑的因素。在这一过程中，谈判对方就很可能会表明其立场，而这一立场又常常是将谈判引向成功的关键。

2. 商务谈判中提问的技巧

在商务谈判中，最重要的就是培养收集有效信息的能力。通过提出一些相关的问题，谈判人员既可以从对方口中获悉有价值的信息，又能够检验他们自己在准备谈判时的种种猜测是否正确。在准备阶段，谈判者收集信息，但收集到的数据和事例并非都是有效的，谈判者需要在谈判中补充信息。谈判者切忌在提问中企图通过卖弄学问来给对方留下深刻的印象，那么必然会导致自己在唱独角戏。因此，提问的目的在于从谈判方那里获取有效的信息、做出相应的让步，最终达成协议。这些问题应该是精挑细选的，而且把握好提问的时机也很重要。

谈判中，提出的问题需要事先准备好。比如说，在商务谈判的初始阶段，出口商陈述自己的报价，进口商想要知道有关产品规格、售后服务、付款条件、发货时间、数量要求、价格折扣等细节性的情况。关于这些细节的信息都是在谈判中通过有效的提问来获取的。

商务谈判中如何提出问题，提什么样的问题，说明了谈判者对己方谈判目的的把握程度。掌握提问的方法和诀窍，就能够在谈判时控制主动权，推动谈判朝有利于自己的方向发展。为了取得满意的提问效果，发问时需要注意以下要领：

（1）要事前把问题准备好。

“凡事预则立，不预则废。”在谈判发生之前，谈判者应该充分构思自己的问题。首先要确认自己提问的目的。最初的几个问题应该比较简单，使对方逐渐放松警惕。然后再提己方最感兴趣的问题，这样可以取得较好的提问效果，己方就有可能获取想知道的答案。

（2）考虑提问对象的特点。

对方坦率耿直，提问就要简洁；对方爱挑剔、善于抬杠，提问就要周密；对方羞涩，提问就要含蓄；对方急躁，提问就要委婉；对方严肃，提问要认真；对方活泼，提问可诙谐。

（3）注意选择合适的提问方式。

概括地说，提问的方式可以分为开放式问题和探索式（也称条件式）问题。开放式问题可以使谈判对方畅所欲言地表达自己的需求，在这种情况下，听清回答是尤其重要的。例如，如果买方提出产品质量低劣，卖方就应该询问买方所要求的具体的质量标准是什么。出口商在出价之后常常会被问到的一个问题是：“你方能否做得更好一点?”对于这种类型的问题，出口商应该以提出另一个问题来作答，而不是做出让步。比如，出口商可以通过要求对方澄清一下刚才的问题来回答，如“更好是什么意思?”或者“比什么更好?”在这种情况下，进口商可能会回答说，出口商的一个潜在竞争者提出的价格更优惠。那么出口商就会要求进口商对交易条件和报价方式做出进一步的说明。如果出口商还未能明确地了解进口商的意图，就应该一直延续这样的问题。重要的是，出口商必须把自己的报价说清楚，并且要强调这一报价不仅与竞争对手的报价有所区别，而且还比竞争对手的报价更优惠。通常情况下，进口商要从信誉最好的供应商那里以比他们考虑范围之内的其他供应商更低的价格买到最好的产品。在这种情况下，出口商就很有必要将自己的报价与竞争对手的报价相区别，保证自己的产品与竞争对手类似，还要指出自己的产品质量、包装条件、履约保证等都与竞争对手完全相同。

在谈判双方互相问了一系列问题之后，彼此对于对方的需求就会比较了解，双方提出的问题就会变为条件式问题。这些条件式问题是探索性的，可以用来进一步挖掘具体的信息，这些具体的信息则可以用来进一步修改已经提出的提议。一些常用的条件式问题有："如果……怎么样？""如果……那么……"举例来说，出口商问："如果我方愿意与你方签订一份两年期合同，你方可以给我方什么优惠条件？可以给我方在你国范围内的独家经销权吗？"这样的问题可以使一方有机会提出一个有待于对方接受一个或多个条件的提议，而谈判对方可以接受这个发盘，或者进行还盘，或者拒绝。即使对方拒绝了这个发盘，也不会对谈判双方造成任何损害。被拒绝的谈判方还可以继续更进一步地提一些条件性的报价，直到双方达成一致意见为止。

下面给出了出口商和进口商双方提出的条件式问题的例子。这些条件式问题不但例证了谈判一方是如何做出条件性发盘，以及如何通过让步形成互惠利益的，而且说明了谈判对方是如何通过提出自己的条件来进行还盘的。这种条件性的发盘会不断推进谈判的进程，直到双方达成共识，有望签订合同为止。

案例8－1　出口商或供应商的问题：

（1）您觉得我们的提议如何？

（2）您何不给我方一个试订单呢？这样您不就可以亲自检验下我方是否具有生产符合你方所要求规格产品的能力吗？

（3）如果你方不愿使用罚金条款，那可否接受……

（4）如果我方维持去年的交易价格，你方可否给我方一个这样的订单……

（5）你方的货物是哪里供应的？

（6）如果我方保证每周装船一次，你方可否同意……

（7）是的，我明白您的意思。但是你方可否考虑一下……

（8）是的，我们可以满足你方的附加要求，可是你方是否愿意接受相应的额外费用？

出口商或购买商的问题：

（1）你方是否可以提供给我们一些必要的补充信息呢？这样我们可以重新考虑一下你方的报价。

（2）关于你们公司的生产过程，您是否可以给我们多讲一些呢？

（3）如果我方在技术方面给予你方协助，你方可否同意……

（4）如果我方修改一下所需产品的规格，你方可否考虑……

(5) 你方确切的生产能力是多少?

(6) 你方采取什么措施来保证产品的质量?

(7) 如果我方同意与你方签订一份长期合同,你方是否可以……

(8) 你们的产品很好,但是价格缺乏竞争力,你方是否愿意再重新核查一下产品的价格构成呢?

(9) 如果我方给你方一个更大的订单,那么你方的价格如何?

运用条件式问题的另一个优势就是谈判双方不会被一个具体的发盘束缚住,而且任何一方都不需要做出单方面的让步。除此之外,通过对条件式发盘进行还盘,谈判一方可以迂回和适时地提出一些有价值的信息。这些信息如果运用得当,就可以有效地促使谈判达成协议。比如说,出口商可以用自己的报价来驳斥进口商的提议:“如果你方愿意签订一份三年期合同,我方就可以给你方独家经销权。”这样,谈判双方就可以不断地互通信息,互相了解各自最关心的条款以及首要考虑的问题等。

上面这个例子在说明谈判中双方可以提出哪些问题的同时,也说明了条件式报价;谈判双方都不必说“不”,不仅不会引起尴尬或者丢面子,反而可以促使谈判在合作的氛围下继续下去。

如果想要拒绝一个发盘,那么运用“如果……怎么样”这类问题是最合适的。如果谈判人员可以通过一个条件式还盘来回应对方,而不是只用一个“不”字做完全否定,那么谈判人员就可以让谈判对方有机会对自己的发盘做出一个更详细的解释。在发盘和还盘的交换过程中,谈判就会朝着对双方都有利的方向发展下去,而这样一个阶段对于谈判双方来说都是非常重要的。

谈判人员应该事先准备好一张列有各个重要问题的清单,因为这些切中要害的问题可以大大增强谈判的效力。这些问题都应该是经过深思熟虑才提出的。一般来说,通过向谈判对方提出这些重要问题就可以获得谈判当时不易得到的附加信息,也可以检验谈判者在谈判之前制定战略战术时所做的有关对方情况的各种假设的正确性。清单上所列的这些重要问题必须包括以下几类:一是要找出哪些问题是可以谈判的,哪些是不可以谈判的;二是对于谈判对方来说最重要的是什么,对方对这次交易的迫切程度有多高;三是谈判对方可以做出的让步的上限和下限是什么。为了得到这些不可或缺的信息,谈判者必须全面和彻底地分析自己的优劣势以及谈判对手的优劣势。

(4) 提问后要耐心、专心等待对方的回答。

有问有答是商务谈判的一般习惯。你的提问一旦发出,对方就承担了打破沉默的责任。

3. 商务谈判中回答的技巧

提问是商务谈判中必备的环节，回答也是谈判中不可或缺的一部分。通常情况下，谈判者在回答问题时不仅应该采取对方容易接受的方法，而且应当巧立新意，渲染己方观点，强化回答效果。谈判中的回答有其自身的特点，它不同于学术研究或知识考试中的回答，一般不以正确与否来论之。谈判中回答的要诀应该是：基于谈判效果的需要，准确把握住该说什么、不该说什么、什么时候说以及应该怎样说。以下是回答问话的一些技巧：

（1）不要马上回答。

对于一些问话，不一定要马上回答。特别是对一些可能会暴露己方意图、目的的话题，更要慎重。例如，对方问“你们准备开价多少?”如果时机还不成熟，就不要马上回答。可以找一些其他借口谈别的，或是闪烁其词，答非所问，如产品质量、交货期限等，等时机成熟再摊牌，这样，效果会更理想。

（2）不要彻底回答。

不要彻底回答，就是指答话人将问话的范围缩小，或只回答问题的某一部分。有时对方问话，全部回答不利于己方。例如，对方问：“你们对这个方案怎么看，同意吗?”这时，如果马上回答同意，时机尚未成熟，你可以说：“我们正在考虑、推敲，关于付款方式只讲两点，我看是否再加上……”这样就避开了对方问话的主题，同时，也把对方的思路引到你的内容上来。

（3）不要确切回答。

模棱两可、弹性较大的回答有时很必要。许多谈判专家认为，谈判时针对问题的回答并不一定就是最好的回答。回答问题的要诀在于知道该说什么和不该说什么，而不必考虑所答的是否对题。例如，对方问“你们打算购买多少?”如果你考虑先说出订数不利于讲价，那么就可以说“这要根据情况而定，看你们的优惠条件是什么”。这类回答通常采用比较的语气，“据我所知……”，“那要看……而定”，“至于……就看你怎么看了”。在商务谈判中，有些时候不能给对方一个确切的答案，但是又不能一口否定，那么要使谈判有回旋的余地就得回避明确地答复。

（4）使问话者失去追问的兴趣。

在许多场合，提问者会采取连珠炮的形式提问，这对回答者很不利。特别是当对方有准备时，会诱使答话者落入其圈套。因此，要尽量使问话者找不到继续追问的话题和借口。比较好的方法是，在回答时，可以说明许多客观理由，但却避开自己的原因。例如：“我们交货延期，是由于铁路运输……许可证办理……”但不说自己公司方面可能出现的问题。

有时，可以借口无法回答或资料不在，回避难以回答的问题，冲淡回答的气氛。此外，当对方的问题不能予以清晰、有条理的回答时，可以降低问题的意义，如“我们考虑过，情况没有你想得那样严重”。

（5）不清楚的问题要避免回答。

谈判者虽然在谈判发生之前做了非常充分的准备，但是在实际谈判中也不可避免地会遇到自己难以回答的棘手问题。当你判断对方所提出的问题具有很强的政策性时，你可以告诉对方待你查阅相关法规或咨询有关机构后，再回答这个问题；或者如果你仓促作答有可能损害己方利益的时候，就要坦率地告诉对方此问题你无法回答。

总而言之，谈判者在回答对方的问题时要有较强的原则性，掌握好回答的分寸。面对商务谈判中无法正面回答的问题，要确实运用好回答问题的要领。

4. 商务谈判角色互换技巧

角色互换的技巧是指谈判者站在对方的立场上，从对方的角度来考虑谈判中所出现的方方面面的问题。用这种方法，谈判者能抓住机会更好、更透彻地理解对方所持的立场。例如：谈判对方也许坚持认为某些条款是合理的，但你方并不持相同的观点。然而，通过角色互换，你方会站在对方的立场上来理解对方的要求。最终，你可能会提出一个谈判双方都可以接受的解决办法，比如说，适度调整一下你方的谈判立场以更好地回应对方的需求。通过这种方法，谈判双方各自的立场就可以互相协调一致，最终达成协议。

5. 商务谈判信息理解技巧

在商务谈判中，确保谈判者准确理解谈判信息的技巧有重述、改述、重构以及概括等。对谈判方观点的重新陈述可以使谈判双方的沟通更加清晰明了。此外，通过不同的措辞来重述主要的条款，这对谈判双方的讨论也是大有裨益的。例如，谈判者可以用这样的方法来改述其刚刚听到的内容：“如果我对您所说的理解正确的话，那么您的意思就是……”通过这种方式，这个谈判者就可以用自己的话来表述其对谈判对方所陈述的观点的理解。这一谈判技巧既可以用来示意对方谈判方已经接收到它的观点，同时也可以用来确认你方所听到的内容。

另一个很有用的谈判工具就是重构。通过重构，谈判可以回归到主要议题上去。通过重新组织谈判内容，谈判者可以将双方当时所关注的讨论主题重新转到核心议题上来。概括是商务谈判中的又一重要技巧，它能有效地结束谈判。概括是指谈判一方陈述自己的看法并寻求对方的认同。准确的记录是商务谈判中概括与总结的基础。如果概括是精准的，那么谈判双方就能够集中精力去讨论其他条款。这样有助于谈判朝着达成协议的方向顺利地进行下去。最后需要注意的是，谈判人员在概括中务必要认真仔细、遵循事实。

第二节 非语言沟通技巧

在商务谈判中，除了掌握语言沟通技巧外，非语言沟通作用也不可小视。非语言沟通是指不用语言，只通过行为动作来表达自己的意思。它包括肢体语言、面部表情、外貌、仪表、空间、时间和身体接触。在跨文化谈判中，尽管谈判人员不说一字，他们还是可以通过仪表、面部表情、对时间的控制等非语言沟通形式来向谈判对方传达某种特定的信息。谈判对方接收这些信息并赋予它们一定的意义。然而问题也随之产生，人们对于非语言沟通形式的理解会因文化背景不同而不同，而且相去甚远。因此，谈判者的非语言沟通形式可能会向对方传达一个错误的信息，尽管其本人不是有意如此，但被误解的信息会使谈判受到意想不到的破坏。因此，谈判人员必须时时刻刻对自己的非语言暗示保持警惕，小心谨慎地传达非语言沟通的信息。总之，社会交往中的非语言沟通形式传达了60% ~70%的信息。

下面列出了非语言行为的各种不同类型。所有这些行为都会对谈判造成一定的影响，下文对此进行举例说明。

1. 非语言行为的不同类型

（1）发音（也称辅助语言，语调、音量以及除说话之外的声音）。

在美国，当人们感到心烦意乱时，通常会提高说话的声调。而在中国则完全不同，当人们不高兴的时候，会保持长时间的沉默，而不是通过大声地说话来表示他们的不满。一个明智的谈判人员应该努力控制自己的行为，使之符合谈判要求，不要在谈判过程中发出那些自己平时习惯使用的各种声音来宣泄情绪。比如，如果一个谈判人员没有用连续敲打桌子的方式来强调自己观点的习惯，就不应该仅因为他知道谈判对手的文化传统中认为这种行为表示强化自己的观点而使用这一动作。因此，对谈判者的最佳建议就是做回自己。

（2）身体接触。

在某些文化环境中，人们很少触碰对方的身体。而在其他文化背景下，身体接触则是很常见的现象。例如，在美国，男人之间身体上的接触和亲近并不是一件普通的事。然而在某些国家，男人之间的握手和拥抱都是表示友好的动作。在拉丁美洲，一个热情的拥抱在熟识的商人之间是很平常的事情。这个热情的拥抱在拉美称为“表示欢迎的拥抱”。

既然人们所习惯的身体接触方式在世界各地大相径庭，那么谈判者应该如何做才好呢？最保险的做法就是在谈判时完全避免与对方的身体接触，这样就不会做错，只与对方握手是绕过是否需要身体接触这一难题的最安全做法。

（3）对空间的利用。

在谈判中，空间是指人们在社交中双方感觉最舒服的交往距离。在世界上的一些地区，比如拉丁美洲、意大利、法国和中东，人们在社会交往时，往往会保持比较近的距离。而在美国、德国、中国和日本，人们对比较远的交往距离会感觉更舒服一些。除此之外，年龄、社会地位以及社交对象的性别等因素都会对令人舒适的交往距离产生影响。

当一个偏好较远的社交距离的人与一个偏好较近的社交距离的人交往时，后者会不断地往前走以缩短与前者的距离，然而前者就会不断后退来保持其认为舒适的距离。在这种情况下，双方都会感觉非常尴尬。

如果两个谈判人员对舒适的交往距离持有不同的观点，他们应该怎么做呢？首要的原则就是让东道主来确定交往距离的远近，让客方来适应东道国的文化特色。

（4）对时间的利用。

不同的文化有着不同的时间观念。在美国，时间是珍贵的。在一些国家中生活的人们对时间表和最后期限并不看重。今天做不完的某些事情，明天照样可以继续做。

谈判中的时间观念与以下三方面有关：一是守约；二是按照议事日程行事；三是把时间节省下来，不浪费在无关紧要的事项上。越重视时间的人就越倾向于让会议准时开始，越倾向于逐项逐次地讨论各个条款而不是毫无顺序地谈判，或不愿把时间浪费在不相关的事情上。我们不能说哪一种时间观念优于哪一种时间观。所以，谈判双方都应该在彼此尊重和理解的基础上来适应对方的需要。

（5）仪表（身体和体形、着装、饰品）。

每一个国家都有适宜的商务着装。如果一个人的穿着与其所属团体的职业习惯相符，那么这个人的仪表就是合宜的。谈判人员可能会期望对方的穿着符合自己所在国家的文化传统。任何适应性的改变都不是必须的。谈判一方要尊重对方的穿着方式，谈判另一方也要尊重对方谈判者的着装。世界上没有哪两个人是相同的。人们穿着迥异，有关仪表的风俗习惯也是各不相同的。

（6）外在物品（与一个人相联系的各种物品，如办公室大小、办公家具、私人书房和书籍等）。

在美国，占据办公室大楼顶楼的一角的大型办公室是社会地位的象征。在其他文化环境中也有类似的象征着社会地位的东西。客人切不可对主人的外在物品有批评之词。一个谈判人员应该对自己熟悉的事物给予肯定的评价，否则就应该忽略那些容易引起麻烦的外在物品，不予评价。例如，如果一个谈判者认为办公室墙上的那幅画很没品位，就应该忽略它而不做任何评价，而不应该基于这幅画喋喋不休地评论。

（7）肢体语言（手势、肢体动作、面部动作、目光接触）。

在不同的文化背景中，肢体语言互不相同。在谈判中，传统的语言技能——听、说、读、写，仅仅是交流方式的一部分，非语言行为可以告诉我们更多信息。谈判者必须通过许多非语言交流的途径获取更充分、更有用的谈判信息。非语言交流的方式主要是指肢体语言。

2. 肢体语言沟通技巧

肢体语言的方式也是随着谈判地点的不同而有所变化的。例如，在美国，人们在谈判中保持与对方的目光接触是十分重要的，因为这一持续性动作显示了谈判人员对于对方所述内容很感兴趣。但是如果是在日本，除了简短的目光接触以外的任何其他过多的动作都会被认为是不礼貌的，是侵犯对方隐私的行为。

（1）常见的肢体语言表达方式。

商务谈判人士不但要逐字逐句地和对方进行语言交流，还应该细心冷静地从对方的行为态度方面挖掘语言交流背后的信息。不同的行为和表情所体现的内容也各自不同。根据一些心理学家和谈判专家的总结分析，我们可以发现人们通常的行为表情所蕴含的内容。肢体语言有时是自发的，比如鼓掌；更多时候是非自发的，如皱眉头等。那么我们就应该学会解读一些在商务谈判场合经常观察到的一些肢体语言。

有时候，一些非语言信号实际上是一些警告信号，说明谈判进展并不顺利或者对方还没有准备结束谈判，下面列出一些需要注意的非语言信号，它们可能暗示对方有抵触情绪，怀疑态度或者犹豫不定，尤其是当这些信号大量出现的时候。

①不看你；

②抱住胳膊；

③双脚（身体）朝着出口的方向；

④摸或揉鼻子；

⑤手放在嘴唇上。

一些表示不确信、无聊、盘算的非语言信号包括：

①敲击桌子；

②轻击脸颊；

③乱涂乱画；

④咬眼镜腿；

⑤把手放在脸上。

下面这些信号向你表达谈判进展得比较顺利，可以很快就结束了：

①赞许地点头；

②微笑；

③身体前倾；

④赞许的声音，例如“噢”。

改变肢体语言最简单的办法就是首先改变自己的感受，然后肢体语言就会自然而然地发生改变。

（2）眼睛所包含的信息。

"人的眼睛和舌头所说的话一样多，不需要词典，却能够从眼睛的语言中了解整个世界。"这是爱默生关于眼睛的一段精辟论述。眼睛有反映人们深层心理的能力，其动作、神情、状态是最明确的情感表现，眼睛是人们心灵的窗户，细心精明的谈判者往往可以通过这扇窗户观察到许多十分有用的信息：

其一，当周围的环境发生变化时，如果人的眼睛突然睁大，这表明他对客观环境的态度是积极的，而且可能比自己所认识的还要富于进取心，因为在面临攻击或危险时，睁大双眼是决心迎接挑战的第一反应。

其二，在人们处于兴奋、喜欢、肯定的情绪时，瞳孔会放大，眼睛显得非常有神；当人们处于低沉、厌恶、否定的情绪时，眼睛中的瞳孔会缩小，眼睛则显得暗淡无光。

其三，根本不看对方，而只是听对方讲话，是企图掩饰什么的表现。据一位经验丰富的海关人员总结，他在检查通关人员已填好的报关单时，还要再问一句："你还有什么没有呈报吗?"这时，如果通关人员不敢正视海关人员的眼睛，往往是通关人员有情况没有申报。

其四，假如你抬起下巴并垂下眼睛，这反映你对当时所处的环境或对谈判对手有一种不屑一顾的态度；如果你低垂下巴两眼向上望，那是一种羞怯腼腆的表情，也可能会让人觉得你有求于人。

其五，你的对手摘下眼镜，开始擦拭时，你应当停止谈判。因为擦拭眼镜是擦拭者正在仔细考虑某一论点的表现。所以，当擦拭开始时，应停止施加压力，让你的对手有足够的时间考虑，等眼镜再挂上鼻梁时，再重新谈判。

其六，在 1 秒内连续眨眼数次，这是神情活跃，对某事件感兴趣的表现；有时也可理解为由于个性怯懦或腼腆，不敢正眼直视而不自觉做出的动作。在正常的情况下，一般人每分钟眨眼 5 ~8 次，每次眨眼不超过 1 秒。时间超过 1 秒的眨眼表示厌烦，不感兴趣，或为了显示自己的优越性。瞪大眼睛看着对方则表示对对方有很大兴趣。

眼神传递的信息远不止这些，有许多只能意会而难以言传，这就需要谈判人员在实践中用心观察、认真掌握。

（3）嘴巴动作所反映的心理状态。

谈判者的情感表达主要借助于面部器官的各个器官的单独动作或相互之间的配合动作来予以充分表现。在这些表现中除了眼睛之外，嘴巴也是最富有表现力的器官。嘴巴是说话的工具，吃、咬、吮等多种动作形式，使它不仅具有丰富的表现力，还反映了人的心理状态：

第一，如果你与人交往时常咬住自己的上嘴唇或下嘴唇，这通常就是一种遇到困难、怀疑自我或贬低自我的信号。

第二，在遭受失败的打击时，人们常会不自觉地紧咬嘴唇，这既是一种自我的惩罚或抑制方式，也有可能掩饰自嘲或内疚的心情。

第三，紧紧地抿住嘴唇，往往表现出意志坚决。如果紧抿嘴唇，且避免接触他人的目光，可能表明他心中有某种秘密，此时不想透露。

第四，噘起嘴通常是表示不满意和准备向对方发起进攻的信号。

第五，当专心致志地倾听对方的谈话时，嘴角会稍稍向后拉或向上拉。

第六，假如他的嘴唇常常不自觉地张着，显示出倦怠疏懒的样子，那么他可能对自己、对自己所处的环境感到厌烦，有一种不肯定感，这种体语还表现出他对周围的事物缺乏兴趣，或缺乏足够的信心。

（4）上肢语言解读。

除了面部器官之外，我们还可以清楚地观察谈判者的上肢动作。手和胳膊的表现力也相当丰富，通过手和胳膊的不同表现姿势，可以分析出谈判对手的一些真实意图和想法，你也可以向对方传递自己的感受。

谈判开始时如果对方向你伸出手，你也迎上去，这表示友好与交往诚意；假如你无动于衷地不伸出手去，或懒懒地稍稍握一下对方的手，则意味着你不想与他深入交往。握手时，如果对方的掌心出汗，暗示对方处于兴奋、紧张或情绪激动的状态；若对方用力握你的手，则表示此人好动、热情，凡事比较主动。

不少人在谈判中不断地搓动着双手，或搓手心和手背，这常常是谈判处于逆境时的习惯动作。有些人说话很有条理，但有些机械，脸部表情呆板，四肢显得比较僵硬，目光也不那么锐利狡黠，这会给人一种印象：他很有准备，但毕竟是初次上阵的谈判新手。注意对方上肢的动作或者自己与对方手的接触，可以判断分析出对方的心理活动或心理状态，也可以借此将自己的意思传递给对手。比如，握拳表现出向对方挑战或自身紧张的情绪；握拳的同时使手指关节发出响声或以拳击掌，都是向对方表示无言的威吓；将双手手指并拢放置胸前，则充满了自信；手与手重叠放在腹部的位置，表示谦虚、矜持或略带不安。

（5）下肢语言解读。

虽然有时我们容易忽视下肢的表现方式，但是人的腿和双足也往往是最先表露潜意识情感的部位，下肢动作反映的信息主要有：

对方张开腿而坐，表明他相当自信，并有接受对方质询的倾向；而如果对手说话时抖动着他跷起的二郎腿，他无疑是觉得自己处于优势地位而表现出一种稳操胜券的自信神态。

对方架腿而坐，在无意识中一般表示拒绝对方并保护自己的势力范围，使之不受侵犯；而不断变换架腿姿势的动作是情绪不稳定或焦躁、不耐烦的表现。

摇动足部，用脚尖拍打地板，或抖动腿部，这些都表示焦躁、不安、不耐烦或为了摆脱某种紧张感。快要进入考场的考生、车站候车的旅客常有这种动作。在谈判场合，你也会经常遇到此种情况。

总之，无论是眼睛、嘴巴、脸部的神态，还是双手、双脚、手臂的动作，这些非语言行为都可以向人们传递一定的信息，而且往往这些非语言行为传递的信息比语言交流的信息更加可靠。因此，商务谈判人士在和谈判对手进行沟通时除了注意从语言交流中获取信息，还要学会从非语言交流中得到更充分、更可靠的信息。

第三节　无声语言沟通技巧

一、特殊的语音现象

特殊的语音现象是伴随着有声语言出现的，包括语气、语调、语速、停顿等，是语言表达中不可缺少的部分。

1. 语气

同样一句话语气不同，所赋予的含义也就不同。谈判者应以准确表达自己的观点为出发点，来把握自己的语气，从而达到让对方准确理解自己的目的。

2. 语调

谈判者使用不同的语调，可以表达出各种错综复杂的感情。一句话用 10 种不同的语调来念，就会有 10 种不同的意思表达效果。一个字、一个词、一个句子的写法只有一种，可说法却可能有许多种。复杂多变的语调是具有很强意思表达功能的口语艺术。语调的构成比较复杂，语速的停转连续、音量的轻重强弱、音调的抑扬顿挫及音色都会影响语调。在谈判中可以通过对方说话声音高低抑扬的变化来窥探其情绪的波动。同样一句话，由于语调的高低升降不同，可以表达出不同的含义。谈判者在讲话时要充分利用不同的语调变化，根据语言表达的不同内容和不同需要变换不同的语调，使谈判语言层次分明，感染力大大加强。

3. 语速与节奏

语速对阐述效果的影响很大。语速过快，对方听不清楚，表现出紧张、激烈的情绪，会让对方感到压力；语速过慢，又会使对方难辨主次，而且觉得犹豫、沉重。在谈判中说话过快或过慢都是不好的。应该合理变换语速，有些话说得快些，有些话则说得慢些，快慢结合，这样才能充分调动对方，吸引对方。

节奏是音量的大小、强弱、音调的高低升降、音速的快慢缓急等因素组合的有秩序、有节拍变化、有规律的声音。节奏过于缓慢，很难引起对方的注意和兴趣，常使对方分心；节奏过快，很难使人立即接受并理解其具体真正的含义，给信息沟通带来麻烦。所以，节奏技巧的处理是让它有张有弛，有抑有扬。该平和的地方就放慢节奏，娓娓道来；该展示气度胸怀时，就要有高屋建瓴的气势，使整席话就如同一首好听的歌一样和谐。

4. 重音

重音就是说话时着重突出某个字、词，以示强调。一般来说，重音有三种类型：

（1）逻辑重音。根据谈判者目的不同而强调句子中不同的词语，其在句中没有固定的位置。

（2）语法重音。根据一句话的语法结构规律而说成重音，定语、状语常是语法重音。

（3）感情重音。为了表达思想感情，谈判者在一句话、几句话，甚至一段话中对某些音节加重音量。

5. 停顿

停顿是因内容表达和生理、心理的需要而在说话时所做的间歇。谈判者为了表示某种特定的意思而有意安排的停顿，可以引起对方的注意，强调己方的重点，达到“此时无声胜有声”的境界。在谈判过程中，谈判者可以用停顿来突出、强调自己的观点或意图，吸引对方的注意力；也可以通过恰当的停顿，给对方留下一定的思考时间，促使对方更充分、深入地分析、思考这些话的内涵，便于对方接受己方的观点，达到对所讨论问题的共识。

总体来说，语音的停顿、升降、快慢并不是互相孤立的，它们是密切联系、相互渗透、同时出现的。它们的使用也必须从谈判语言运用的实际出发，灵活地加以变化，从而有效地增强语言的说服力和感染力，起到促进谈判双方相互沟通的作用。

二、面部表情的语言

1. 眼睛的动作语言

眼睛是心灵的窗户。这句话道出了眼睛具有反映深层内心世界的功能。眼睛的动作最能够明确地表达人的情感世界。人的一切情绪、情感和态度的变化都可以由眼神显示出来。人可以对自己的某些外显行为做到随意控制，可以在某些情境中做到口是心非，却很难对自己的目光做到有效控制。一般情况下，你越喜欢接近的人，就越爱用眼睛与之“交谈”，商务谈判中也如此。

（1）在谈判中，对方的视线经常停留在你的脸上或与你对视，说明对方对谈判内容很感兴趣，想急于了解你的态度和诚意，成交的希望程度高。

（2）交谈涉及关键内容如价格时，对方时时躲避与你视线相交，一般说明，对方把卖价抬得偏高或把买价压得过低。

（3）对方的视线时时脱离你，眼神闪烁不定，说明对你所谈的内容不感兴趣但又不好打断，产生了焦躁情绪。

（4）对方眨眼的时间明显地长于自然眨眼的瞬间时（正常情况下，一般人每分钟眨眼 5 ~ 8 次，每次眨眼一般不超过 1 秒），表明对方对你谈的内容或对你本人已产生了厌倦情绪，或表明对方感觉有优越感，对你不屑一顾。

（5）倾听对方谈话时几乎不看对方的脸，那是试图掩饰什么的表现。

（6）眼神闪烁不定，常被认为是掩饰的一种手段或不诚实的表现。

（7）眼睛瞳孔放大而有神，表示此人处于兴奋状态；瞳孔缩小无神，神情呆滞，表示此人处于消极、戒备或愤怒状态。

（8）瞪大眼睛看着对方是对对方有很大兴趣的表示。

（9）对方的视线在说话和倾听时一直环顾，偶尔瞥一下你的脸便迅速移开，通常意味着对生意诚意不足或只想占大便宜。

（10）下巴内收，视线上扬注视你，表明对方有求于你，成交的希望程度比你高，让步幅度大；下巴上扬，视线向下注视你，表明对方认为比你有优势，成交的欲望不强，让步幅度小。

眼神传递的信息远不止这些。眼睛所表达的思想，有些确实是只能意会而难以言传，这就要靠谈判人员在实践中用心加以观察和思考，不断积累经验，争取把握种种眼睛的动作所传达的信息。

2. 眉毛的动作语言

眉毛是配合眼睛的动作来表达含义的，二者往往表达同一个含义，但眉毛单独也能反映出人的许多情绪。

（1）人们处于惊喜或惊恐状态时，眉毛上耸，“喜上眉梢”。

（2）处于愤怒或气恼状态时，眉角下拉或倒竖。

（3）眉毛迅速地上下运动，表示亲近、同意或愉快。

（4）紧皱眉头，表示人们处于困惑、不愉快、不赞同的状态。

（5）眉毛高挑，表示询问或疑问。

（6）眉宇舒展，表示心情舒畅。

（7）双眉下垂，表示难过和沮丧。

上述有关眉毛传达的动作语言是不容忽视的。

3. 嘴巴的动作语言

人的嘴巴除了说话、吃喝和呼吸以外，还可以有许多动作，借以反映人的心理状态。

（1）嘴巴张开，嘴角上翘，常表示开心、喜悦。

（2）噘起嘴，常表示生气和赌气，是不满意和准备攻击对方的表现。

（3）撇嘴，常表示讨厌、轻蔑。

（4）咂嘴，常表示赞叹或惋惜。

（5）努努嘴，常表示暗示或怂恿。

（6）嘴角稍稍向后拉或向上拉，表示听者是比较注意倾听的。

（7）嘴角向下拉，是不满和固执的表现。

（8）紧紧地抿住嘴，往往表现出意志坚决。

（9）遭受失败时，人们往往咬嘴唇，这是一种自我惩罚的动作，有时也可解释为自我嘲解和内疚的心情。

三、肢体动作的语言

1. 上肢的动作语言

上肢包括手和臂膀。通过对上肢的动作或者自己与对方手与手的接触，我们可以判断分析出对方的心理活动或心理状态，也可以借此把自己的意思传达给对方。

（1）握拳是表现向对方挑战或自我紧张的情绪。握拳的同时使用指关节发出响声或用拳击掌，都是向对方表示无言的威吓或发出攻击的信号。握拳使人肌肉紧张、能量集中，一般只有在遇到外部的威胁和挑战而准备进行抗击时才会产生。

（2）用手指或铅笔敲打桌面，或在纸上乱涂乱画，表示对对方的话题不感兴趣、不同意或不耐烦的意思。这样做一是打发消磨时间，二是暗示和提醒对方。

（3）吸手指或指甲的动作是婴儿行为的延续，成年人做出这样的动作是个性或性格不成熟的表现。

（4）两手手指并拢并置于胸前上方呈尖塔状，表明充满信心，这种动作多见于西方人，特别是会议主持人、领导者、教师在主持会议或上课时，用这个动作以示独断或高傲，以起到震慑学生或与会者的作用。

（5）手与手连接放在胸腹部的位置，是谦逊、矜持或略带不安心情的反映。歌唱家、获奖者、等待被人介绍时常用这样的姿势。

（6）两臂交叉于胸前，表示防卫或保守，两臂交叉于胸前并握拳，则表示怀有敌意。

（7）握手。握手的动作来自原始时代的生活。原始人在狩猎或战争时，手掌中持有石块和棍棒等武器。陌生者相遇，若互相之间没有恶意，就要放下手中的东西，并伸开手掌，让对方摸掌心，表示手中未持武器。久而久之，这种习惯逐渐演变成今日的“握手”动作。

2. 下肢的动作语言

（1）“二郎腿”。与对方并排而坐时，对方若跷着“二郎腿”并上身向前向你倾斜，意味着合作态度；反之则意味着拒绝、傲慢或有较强的优越感。相对而坐时，对方跷着“二郎腿”却正襟危坐，表明他是比较拘谨、欠灵活的人，且自觉处于很低的交易地位，成交期望值很高。

（2）架腿（把一只脚架在另一条腿的膝盖或大腿上）。对方与你初次打交道时就采取这个姿势并仰靠在沙发靠背上，通常带有倨傲、戒备、怀疑、不愿合作等意味。若上身前倾同时又滔滔不绝地说话，则意味着对方是个热情但文化素质较低的人，对谈判内容感兴趣。如果频繁变换架腿姿势，则表示情绪不稳定、焦躁不安或不耐烦。

（3）并腿。交谈中始终或经常保持这一姿势并上身直立或前倾的对手，意味着谦恭、尊敬，表明对方有求于你，自觉交易地位低下，成交期望值很高。时常并腿后仰的对手大多小心谨慎，思虑细致全面，但缺乏自信心和魄力。

（4）分腿。双膝分开、上身后仰者，表明对方是充满自信的，愿意合作的、自觉交易地位优越的人，但要指望对方做出较大让步是相当困难的。

（5）摇动足部，或用足尖拍打地板，或抖动腿部，都表示焦躁不安、无可奈何、不耐烦或欲摆脱某种紧张情绪。

（6）双脚不时地小幅度交叉后又解开，这种反复的动作表示情绪不安。

四、腰部动作的语言

腰部在身体上起“承上启下”的支持作用，腰部位置的“高”或“低”与一个人的心理状态和精神状态是密切相关的。

1. 弯腰动作

鞠躬、点头哈腰属于低姿势，把腰的位置放低，精神状态随之“低”下来，向人鞠躬表示某种“谦逊”的态度或表示尊敬。如在心理上自觉不如对方，甚至惧怕对方时，就会不自觉地采取弯腰的姿势。

从“谦逊”再进一步，即演变成服从、屈从，心理上的服从反映在身体上就是一系列在居于优势的个体面前把腰部放低的动作，如跪、伏等。因此，弯腰、鞠躬、作揖、跪拜等动作，除了礼貌、礼仪的意义之外，都是服从或屈从对方，压抑自己情绪的表现。

2. 挺腰板

经常挺直腰板站立，行走或坐下的人往往有较强的自信心及自制和自律的能力，但为人可能比较刻板，缺少弹性或通融性。

3. 手叉腰间

表示胸有成竹，对自己面临的事物已做好精神上或行动上的准备，同时，表现出某种优越感或支配欲。有人将这视作领导者或权威人士的风度。

五、腹部动作的语言

腹部位于人体的中央部位，它的动作带有极丰富的表情与含义。在我国，人们一直重视腹部的精神上的含义，把腹、肚、肠视为高级精神活动与文化的来源以及知识、智慧的储藏所。若某人有学问，就称其为“满腹经纶”，作家构思叫作打“腹稿”等。

（1）凸出腹部，表现出自己的心理优势，自信与满足感，可谓腹部是意志与胆量的象征。这一动作也反映了意在扩大自己的势力圈，是威慑对方使自己处于优势或支配地位的表现。

（2）抱腹蜷缩，表现出不安、消沉、沮丧等情绪支配下的防卫心理，病人、乞丐常常这样做。

（3）解开上衣纽扣而露出腹部，表示开放自己的势力范围，对于对方不存戒备之心。

（4）系皮带、腰带的动作与传达腹部信息有关。重新系一下皮带有无意中振作精神与迎接挑战之意。反之，放松皮带则反映出放弃努力或斗志开始松懈，有时也意味着紧张气氛中的暂时放松。

（5）腹部起伏不停，反映出兴奋或愤怒；极度起伏，是由兴奋与激动引起的呼吸困难所致。

（6）轻拍自己的腹部，表示自己有风度、雅量，同时也包含着经过一番较量之后的得意心情。

需要指出的是，在商务谈判过程中，对方完全可能会利用某些动作、姿态来迷惑我们，这就需要我们从对方连续一贯的动作来进行观察，或者与对方前后所做的动作以及当时对方讲话的内容、语音、语气和语调等相联系，以便从中找到破绽，识别其真伪，然后采取必要的措施。

第四节　打破僵局技巧

除了掌握商务谈判中的语言技巧和非语言技巧外，还需要学习打破僵局的特殊技巧。在商务谈判中僵局的出现会影响谈判协议的达成。无疑，这是谈判人员都不愿看到的。因此，在双方都有诚意的谈判中，尽量避免出现僵局。但是，谈判本身又是双方利益的分配，是双方的讨价还价，僵局的出现也就不可避免。因此，仅从主观愿望上不愿出现谈判僵局是不够的，也是不现实的，必须正确认识、慎重对待、认真处理这一问题，掌握处理谈判僵局的策略与技巧，从而更好地争取主动，为谈判协议的签订铺平道路。

1. 用语言鼓励对方打破僵局

当谈判出现僵局时，你可以用话语鼓励对方：“看，许多问题都已解决了，现在就剩这一点了。如果不一并解决，那不就太可惜了吗?”这种说法，看似很平常，实际上却能鼓动人，发挥很大的作用。

对于牵涉多项讨论议题的谈判，更要注意打破存在的僵局。比如，在一场包含六项议题的谈判中，有四项是重要议题，其余两项是次要议题。现在假设四项重要议题中已有三项获得协议，只剩下一项重要议题和两项小问题了，那么，针对僵局，你可以这样告诉对方：“四个难题已解决了三个了，剩下一个如果也能一并解决的话，其他的小问题就好办了，让我们再继续努力，好好讨论讨论唯一的难题吧！如果就这样放弃了，前面的工作就都白做了，大家都会觉得遗憾的!”听你这么说，对方多半会同意继续谈判，这样僵局就自然化解了。

叙述旧情，强调双方的共同点。就是通过回顾双方以往的合作历史，强调和突出共同点和合作的成果，以此来削弱彼此的对立情绪，以达到打破僵局的目的。

2. 采取横向式的谈判打破僵局

当谈判陷入僵局，经过协商而毫无进展，双方的情绪均处于低潮时，可以采用避开该话题的办法，换一个新的话题与对方谈判，以等待高潮的到来。横向谈判是回避低潮的常用方法。由于话题和利益间的关联性，当其他话题取得成功时，再回来谈陷入僵局的话题，便会比以前容易得多。

把谈判的面“撒开”，先撇开争议的问题，再谈另一个问题，而不是盯住一个问题不放，不谈妥誓不罢休。例如：在价格问题上双方互不相让，僵住了，可以先暂时搁置一旁，改谈交货期、付款方式等其他问题。如果在这些议题上对方感到满意了，再重新回过头来讨论价格问题，阻力就会小一些，商量的余地也就更大些，从而弥合分歧，使谈判出现新的转机。

3. 寻找替代的方法打破僵局

俗话说得好，“条条大路通罗马”，在商务谈判上也是如此。谈判中一般存在多种可以满足双方利益的方案，而谈判人员经常简单地采用某一方案，而当这种方案不能被双方同时接受时，僵局就会形成。

商务谈判不可能总是一帆风顺的，双方磕磕碰碰是很正常的事，这时，谁能创造性地提出可供选择的方案——当然，这种替代方案一定既要能有效地维护自身的利益，又要能兼顾对方的利益要求——谁就掌握了谈判的主动权。不过，要试图在谈判开始就确定什么是唯一的最佳方案，这往往阻止了许多其他可作选择的方案的产生。相反，在谈判准备时期，构思彼此有利的更多方案，往往会使谈判如顺水行舟，一旦遇有障碍，只要及时调拨船头，也能顺畅无误地到达目的地。

同时也可以对一个方案中的某一部分采用不同的替代方法，如：

（1）另选商议的时间。例如彼此再约定好重新商议的时间，以便讨论较难解决的问题。因为到那时也许会有更多的资料和更充分的理由。

（2）改变售后服务的方式。例如建议减少某些烦琐的手续，以保证日后的服务。

（3）改变承担风险的方式、时限和程度。在交易的所得所失不明确的情况下，不应该讨论分担的问题，否则只会导致争论不休。同时，如何分享未来的损失或者利益，可能会使双方找到利益的平衡点。

（4）改变交易的形态。使互相争利的情况改变为同心协力、共同努力。让交易双方老板、工程师、技工彼此联系，互相影响，共同谋求解决的办法。

（5）改变付款的方式和时限。在成交的总金额不变的情况下，加大定金，缩短付款时限，或者采用其他不同的付款方式。

4. 运用休会策略打破僵局

休会策略是谈判人员为控制、调节谈判进程，缓和谈判气氛，打破谈判僵局而经常采用的一种基本策略。它不仅是谈判人员为了恢复体力、精力的一种生理需求，而且是谈判人员调节情绪、控制谈判过程、缓和谈判气氛、融洽双方关系的一种策略技巧。谈判中，双方因观点产生差异、出现分歧是常有的事，如果各执己见、互不妥协，往往会出现僵持严重以至谈判无法继续的局面。这时，如果继续进行谈判，双方的思想还沉浸在刚才的紧张气氛中，结果往往是徒劳无益，有时甚至适得其反，导致以前的成果付诸东流。因此，比较好的做法就是休会，因为这时双方都需要找到时间进行思索，使双方有机会冷静下来，或者每一方的谈判成员之间需要停下来，客观地分析形势、统一认识、商量对策。

谈判出现僵局，双方情绪都比较激动、紧张，会谈一时也难以继续进行。这时，提出休会是一个较好的缓和办法。谈判的一方把休会作为一种积极的策略加以利用，可以达到以下目的：

（1）仔细考虑争议的问题，构思重要的问题。

（2）可进一步对市场形势进行研究，以证实自己原来观点的正确性，思考新的论点与自卫方法。

（3）召集各自谈判小组成员，集思广益，商量具体的解决办法，探索变通途径。

（4）检查原定的策略及战术。

（5）研究讨论可能的让步。

（6）决定如何对付对手的要求。

（7）分析价格、规格、时间与条件的变动。

（8）阻止对手提出尴尬的问题。

（9）排斥讨厌的谈判对手。

（10）缓解体力不支或情绪紧张。

（11）应付谈判出现的新情况。

（12）缓和谈判一方的不满情绪。

谈判的任何一方都可以把休会作为一种战术性拖延的手段，走出房间，打个电话什么的。当你回到谈判桌边时，你可以说，你原来说过要在某一特殊问题上让步是不可能的，但是你的上级现在指示你可以有一种途径，比如……这样让对方感到你改变观点是合理的。但是，在休会之前，务必向对方重申一下己方的提议，引起对方的注意，使对方在头脑冷静下来以后，利用休会的时间去认真地思考。例如，休会期间双方应集中考虑的问题为：贸易洽谈的议题取得了哪些进展？还有哪些方面有待深谈？双方态度有何变化？己方是否调整一下策略？下一步谈些什么？己方有什么新建议？如此等等。

谈判会场是正式的工作场所，容易形成一种严肃而又紧张的气氛。当双方就某一问题发生争执，各执己见，互不相让，甚至话不投机、横眉冷对时，这种环境更容易使人产生一种压抑、沉闷的感觉和烦躁不安的情绪，使双方对谈判继续下去都没有兴致。在这种情况下，可暂时停止会谈或双方人员去游览、观光、出席宴会、观看文艺节目，也可以到游艺室、俱乐部等地方消遣，把绷紧的神经松弛一下，缓和一下双方的对立情绪。这样，在轻松愉快的环境中，大家的心情自然也就放松了。更主要的是，通过游玩、休息、私下接触，双方可以进一步熟悉、了解，消除彼此间的隔阂；也可以不拘形式地就僵持的问题继续交换意见，寓严肃的讨论和谈判于轻松活泼、融洽愉快的气氛之中。这时彼此间心情愉快，人也变得慷慨大方，谈判桌上争论了几个小时无法解决的问题、障碍，在这儿也许会迎刃而解。

休会后，双方再按预定的时间、地点坐在一起时，会对原来的观点提出新的、修正的看法。这时，僵局就会较容易打破。

休会的策略一般在下述情况下采用：

（1）当谈判出现低潮时，人们的精力往往呈周期性变化，经过较长时间的谈判后，谈判人员就会精神涣散、工作效率低下，这时最好提议休会，以便休息一下，养精蓄锐，以利再战。

（2）在会谈出现新情况时。谈判中难免出现新的或意外的情况和问题，使谈判局势无法控制。这时可建议休息几分钟，以研究新情况，调整谈判策略。

（3）当谈判出现僵局时。在谈判双方进行激烈交锋时，往往会使谈判陷入僵局。这时，比较明智的做法是休会，让双方冷静下来，客观地分析形势，及时地调整策略。等重开谈判时，会谈气氛就会焕然一新，谈判就可能顺利进行。谈判各方应借休会之机，抓紧时间研究一下，自己一方提出的交易方案，对方是否可以承受？对方态度强硬的真实意图是什么？己方准备提出哪些新的方案？等等……以便重开谈判后，提出对方可以接受的方案，从而打破僵局。

（4）当谈判出现一方不满时。有时谈判进展缓慢、效率很低、拖拖拉拉，谈判一方对此不满。这时可提出休会，经过短暂休整后，重新谈判，可改善谈判气氛。

（5）当谈判进入某一阶段的尾声时。这时双方可借休会之机，分析研究这一阶段所取得的成果，展望下一阶段谈判的发展趋势，谋划下一阶段进程，提出新的对策。

反过来，如果谈判的一方遇到对方采用休会缓解策略，而自己一方不想休会时，破解的方法有：

（1）当对方因谈判时间拖得过长、精力不济要求休会时，应设法留住对方或劝对方再多谈一会儿，或再谈论一个问题，因为到此时对手精力不济就容易出差错，意志薄弱者容易妥协，所以延长时间就是胜利。

（2）当己方提出关键性问题，对方措手不及、不知如何应付、情绪紧张时，应拖着其继续谈下去，对其有关休会的暗示、提示佯装不知。

（3）当己方处于强有力的地位，正在使用极端情绪化的手段去激怒对手，摧毁其抵抗力，对手已显得难以承受时，对对手的休会提议可佯装不知、故意不理，直至对方让步，同意己方要求。

休会一般先由一方提出，只有经过双方同意，这种策略才发挥作用。怎样取得对方的同意呢？首先，提建议的一方应把握机会，看准对方态度的变化，讲清休会时间。如果对方也有休会要求，很显然会一拍即合。其次，要清楚并委婉地讲清需要，但让对方明白无误地知道。一般来说，参加谈判的各种人员都是有修养的，如东道主提出休会，客人出于礼貌，很少拒绝。最后是提出休会建议后，不要再提出其他新问题来谈，先把眼前的问题解开再说。

5. 利用调节人调停打破僵局

在政治事务中，特别是国家间、地区间冲突中，由第三者做中间人进行斡旋，往往会获得意想不到的效果。商务谈判完全可以运用这一方法来帮助双方有效地消除谈判中的分歧，是当谈判双方进入立场严重对峙、谁也不愿让步的状态时，找位中间人来帮助调解，有时能很快使双方立场出现松动。

当谈判双方严重对峙而陷入僵局时，双方信息沟通就会严重障碍，互不信任，互相存有偏见甚至敌意，有些谈判务必取得成果，而不能用中止或破裂结束，如索赔谈判，这时由第三者出面斡旋可以为双方保全面子，使双方感到公平，信息交流可以畅通起来。中间人应在充分听取各方解释、申辩的基础上，能很明显发现双方冲突的焦点，分析其背后所隐含的利益分歧，据此寻求这种分歧的途径。谈判双方之所以自己不能这样做，主要是“不识庐山真面目，只缘身在此山中”。

商务谈判中的中间人主要是由谈判者自己挑选的。它所确定的斡旋者应该是被对方所熟识、被对方所接受的，否则就很难发挥其应有的作用。在选择中间人时而且还要考虑其是否具有权威性。这种权威性是使对方受中间人影响，最终转变强硬立场的重要力量。而主动运用这一策略的谈判者就是希望通过中间人的作用，将自己的意志转化为中间人的意志来达到自己的目的。

常用的方法有两种：调解和仲裁。调解是请调解人拿出一个新的方案让双方接受。由于该方案照顾了双方的利益，顾全了双方的面子，并且以旁观者的立场对方案进行分析，因而很容易被双方接受。但调解只是一种说服双方接受的方法，其结果没有必须认同的法律效力。当调解无效时可请求仲裁。仲裁的结果具有法律效力，谈判者必须执行。但当发现仲裁人有偏见时，应及时提出；必要时也可对他们的行为提起诉讼，以保护自己的利益不受损失。需要说明的是，由法院判决也是处理僵局的一种办法，但很少使用。因为一是法院判决拖延的时间太长，这对双方都是不利的；二是通过法院判决容易伤害双方的感情，不利于以后的交往。因此，除非不得已，谈判各方均不愿把处理僵局的问题提交法院审理。

当出现了比较严重的僵持局面时，彼此间的感情可能都受到了伤害。因此，即使一方提出缓和建议，另一方在感情上也难以接受。在这种情况下，最好寻找一个双方都能够接受的中间人作为调解人或仲裁人。

6. 更换谈判人员或者由领导出面打破僵局

谈判中出现了僵局，并非都是由于双方的利益冲突，有时可能是谈判人员本身的因素造成的。双方谈判人员如果互相产生成见，特别是主要谈判人员，在争议问题时，对他方人格进行攻击，伤害了一方或双方人员的自尊心，必然引起对方的怒气，会谈就很难继续进行下去，使谈判陷入僵局。即使是改变谈判场所，或采取其他缓和措施，也难以从根本上解决问题。形成这种局面的主要原因，是由于在谈判中不能很好地区别对待人与问题，由对问题的分歧发展为双方个人之间的矛盾。

类似这种由于谈判人员的性格、年龄、知识水平、生活背景、民族习惯、随便许诺、随意践约、好表现自己、对专业问题缺乏认识等因素造成的僵局，虽经多方努力仍无效果时，可以征得对方同意，及时更换谈判人员，消除不和谐因素，缓和气氛，就可能轻而易举地打破僵局，保持与对方的友好合作关系。这是一种迫不得已的、被动的做法，必须慎重。

然而有时在谈判陷入僵局时调换谈判人员并非出于他们的失职，而可以是一种自我否定的策略，用调换人员来表示：以前我方提出的某些条件不能作数，原来谈判人员的主张欠妥，因而在这种情况下调换人员也常蕴含了向谈判对方致歉的意思。

临阵换将，把己方对僵局的责任归咎于原来的谈判人员——不管他们是否确实应该担负这种责任，还是莫名其妙地充当了替罪羊的角色——这种策略为自己主动回到谈判桌前找到了一个借口，缓和了谈判场上对峙的气氛。不仅如此，这种策略还含有准备与对手握手言和的暗示，成为己方调整、改变谈判条件的一种标志，同时这也向对方发出新的邀请信号：己方已做好了妥协、退让的准备，对方是否也能做出相应的灵活表示呢？

谈判双方通过谈判暂停期间的冷静思考，若发现双方合作的潜在利益要远大于既有的立场差距，那么调换人员就成了不失体面、重新谈判的有效策略，而且在新的谈判氛围中，在经历了一场暴风雨后的平静中，双方都会更积极、更迅速地找到一致点，消除分歧，甚至做出必要的、灵活的妥协，僵局由此而可能得到突破。但是，必须注意两点：第一，换人要向对方做婉转的说明，使对方能够予以理解；第二，不要随便换人，即使出于迫不得已而换，事后也要对换下来的谈判人员做一番工作，不能挫伤他们的积极性。

在有些情况下，如协议的大部分条款都已商定，却因一两个关键问题尚未解决而无法签订合同。这时，己方也可由地位较高的负责人出来参与谈判，表示对僵持问题的关心和重视。同时，这也是向对方施加一定的心理压力，迫使对方放弃原先较高的要求，做出一些妥协，以利协议的达成。

7. 从对方的漏洞中借题发挥打破僵局

谈判实践告诉我们，在一些特定的形势下，抓住对方的漏洞，小题大做，会给对方一个措手不及。这对于突破谈判僵局会起到意想不到的效果，这就是所谓的从对方的漏洞中借题发挥。对于谈判对方某些人的不合作态度或试图恃强凌弱的做法，运用从对方的漏洞中借题发挥的方法做出反击，往往可以有效地使对方有所收敛。相反，不这样做反而会招致对方变本加厉的进攻，从而使我们在谈判中进一步陷入被动局面。事实上，当对方不是故意地在为难我们，而己方又不便直截了当地提出来时，采用这种旁敲侧击的做法，往往可以使对方知错就改、主动合作。

8. 利用“一揽子”交易打破僵局

所谓“一揽子”交易，即向对方提出谈判方案时，好坏条件搭配在一起。往往有这种情况，卖方在报价里包含了可让与不可让的条件。所以向他还价时，可采用把高档与低档的价加在一起还的做法。比如把设备、备件、配套件三类价均分出 A、B、C 三个方案，这样报价时即可获得不同的利润指标。在价格谈判时，卖方应视谈判气氛、对方心理再妥协让步。作为还价的人也应同样如此，即把对方货物分成三档价，还价时取设备的 A 档价、备件 B 档价、配套 C 档价，而不是都为 A 档价或 B 档价。这样做的优点在于有吸引力，具有平衡性，对方易于接受，可以起突破僵局的作用。尽管在一次还价总额高的情况下该策略不一定有突破僵局的作用，但仍不失为一个合理还价的较好理由。

9. 有效退让打破僵局

达到谈判目的途径是多种多样的，谈判结果所体现的利益也是多方面的，有时谈判双方对某一方面的利益分割僵持不下，就轻易地让谈判破裂，这实在是不明智的。他们没有想到，其实只要在某些问题上稍做让步，而在另一些方面就能争取更好条件。这种辩证的思路是一个成熟的商务谈判者应该具备的。

从国外购买设备的合作谈判来看，有些谈判者常常因价格分歧，而不得不不欢而散，至于诸如设备功能、交货时间、运输条件、付款方式等尚未涉及，就匆匆地退出了谈判。事实上，购货一方有时可以考虑接受稍高的价格，然而在购货条件方面，就更有理由向对方提出更多的要求，如增加若干功能、缩短交货期或除在规定的年限内提供免费维修外还要保证在更长时间内免费提供易耗品或分期付款等。

谈判犹如一个天平，每当我们找到了一个可以妥协之处，就等于找到一个可以加重自己谈判的砝码。在商务谈判中，当谈判陷入僵局时，如果对国内、国际情况有了全面了解，对双方的利益所在又把握得恰当准确，那么就应以灵活的方式在某些方面采取退让的策略，去换取另外一些方面的得益，以挽回本来看来已经失败的谈判，达成双方都能接受的合同。

不能忘记坐在谈判桌上是为了成功而非失败。因此，当谈判陷入僵局时，我们应有这样的认识，即如果促使合作成功所带来的利益大于坚守原有立场而让谈判破裂所带来的好处，那么有效退让就是我们应该采取的策略。

10. 适当馈赠打破僵局

谈判者在相互交往的过程中，适当地互赠些礼品，会对增进双方的友谊、沟通双方的感情起到一定的作用，也是普通的社交礼仪。西方学者幽默地称之为“润滑策略”。每一个精明的谈判者都知道：给予对方热情的接待、良好的照顾和服务，对于谈判往往产生重大的影响。它对于防止谈判出现僵局是行之有效的途径，这就等于直接明确地向对手表示“友情第一”。

所谓适当馈赠，就是说馈赠要讲究艺术，一是注意对方的习俗，二是防止贿赂之嫌。有些企业为了达到自身的利益乃至企业领导人、业务人员自己的利益，在谈判中把送礼这一社交礼仪改变了性质，使之等同于贿赂，不惜触犯法律，这是错误的。所以，馈赠礼物要是在社交范围之内的普通礼物，突出“礼轻情义重”。谈判时，招待对方吃一顿地方风味的午餐，陪对方度过一个美好的夜晚，赠送一些小小的礼物，并不是贿赂，提供这些平常的招待也不算是道德败坏。如果对方馈赠的礼品比较贵重，通常意味着对方要在谈判中“索取”较大的利益。对此，要婉转地暗示对方礼物“过重”，予以推辞，并要传达出自己不会因礼物的价值而改变谈判的态度的信息。

11. 场外沟通打破僵局

谈判会场外沟通亦称“场外交易”“会下交易”等。它是一种非正式谈判，双方可以无拘无束地交换意见，达到沟通、消除障碍、避免出现僵局之目的。对于正式谈判出现的僵局，同样可以用场外沟通的途径直接进行解释，消除隔阂。

（1）采用场外沟通策略的时机。

①谈判双方在正式会谈中，相持不下，即将陷入僵局。彼此虽有求和之心，但在谈判桌上碍于面子，难以启齿。

②当谈判陷入僵局，谈判双方或一方的幕后主持人希望借助非正式的场合进行私下商谈，从而缓解僵局。

③谈判双方的代表因为身份问题，不宜在谈判桌上让步以打破僵局，但是可以借助私下交谈打破僵局，这样又可不牵扯到身份问题。例如：谈判的领导者不是专家，但实际作决定的却是专家。这样，在非正式场合专家就可不因为身份问题而出面从容商谈，打破僵局。

④谈判对手在正式场合严肃、固执、傲慢、自负、喜好奉承。这样，在非正式场合给予其恰当的恭维（因为恭维别人不宜在谈判桌上进行），就有可能使其做较大的让步，以打破僵局。

⑤谈判对手喜好郊游、娱乐。这样，在谈判桌上谈不成的东西，在郊游和娱乐的场合就有可能谈成，从而打破僵局，达成有利于己方的协议。

（2）运用场外沟通应注意的问题。

①谈判者必须明确，在一场谈判中用于正式谈判的时间是不多的，大部分时间都是在场外度过的，必须把场外活动看作谈判的一部分，场外谈判往往能得到正式谈判得不到的东西。

②不要把所有的事情都放在谈判桌上讨论，而是要通过一连串的社交活动讨论和研

究问题的细节。

③当谈判陷入僵局，就应该离开谈判桌，举办多种娱乐活动，使双方无拘无束地交谈，促进相互了解，沟通感情，建立友谊。

④借助社交场合，主动和非谈判代表的有关人员（如工程师、会计师、工作人员等）交谈，借以了解对方更多的情况，往往会得到意想不到的收获。

⑤在非正式场合，可由非正式代表提出建议、发表意见，以促使对方思考，因为即使这些建议和意见很不利于对方，对方也不会追究，毕竟讲这些话的不是谈判代表。

12. 以“硬碰硬”打破僵局

当对方通过制造僵局，给你施加太大压力时，妥协退让已无法满足对方的欲望，应采用以硬碰硬的办法向对方反击，让对方自动放弃过高要求。比如，揭露对方制造僵局的用心，让对方自己放弃所要求的条件。有些谈判对手便会自动降低自己的要求，使谈判得以进行下去。也可以离开谈判桌，以显示自己的强硬立场。如果对方想与你谈成这笔生意，他们会再来找你；这时，他们的要求就会改变，谈判的主动权就掌握在了你的手里。如果对方不来找你也不可惜，因为如果自己继续同对方谈判，只能使自己的利益降到最低点。这样，谈成还不如谈不成。

谈判陷入僵局时，如果双方的利益差距在合理限度内，即可明确地表明自己已无退路，希望对方能让步，否则情愿接受谈判破裂的结局。前提是：双方利益要求的差距不超过合理限度。只有在这种情况下，对方才有可能忍痛割舍部分期望利益、委曲求全，使谈判继续进行下去。相反，如果双方利益的差距太大，只靠对方单方面的努力与让步根本无法弥补差距时，就不能采用此策略，否则就只能使谈判破裂。当谈判陷入僵局而又实在无计可施时，以硬碰硬策略往往成为最后一个可供选择的策略。在做出这一选择时，我们必须要做最坏的打算，否则就会显得茫然失措。切忌在毫无准备的条件下盲目滥用这一做法，因为这样只会吓跑对手，结果将是一无所获。另外，在整个谈判过程中，我们应该严格兑现。因此，如果由于运用这一策略而使僵局得以突破，我们就要兑现承诺，与对方签订协议，并在日后的执行中，充分合作，保证谈判协议的顺利执行。

对于谈判的任何一方而言，坐在谈判桌前的目的是为成功达成协议，而绝没有抱着失败的目的前来谈判的。谈判中，达到谈判目的的途径往往是多种多样的，谈判结果所体现的利益也是多方面的。当谈判双方对某一方面的利益分配僵持不下时，往往容易轻易地使谈判破裂。其实，这实在是一种不明智的举动。因为之所以会出现这种结果，原因就在于没有掌握辩证地思考问题的方法。如果谈判者是一个成熟的谈判者，这时他应该明智地考虑在某些问题上稍做让步，而在另一些方面去争取更好的条件。从经济的角度来讲，这样做比起匆匆而散的做法要划算得多。

商务谈判僵局处理的成功与否，从根本上来讲，要取决于谈判人员的经验、直觉、应变能力等综合素质。从这种意义上讲，僵局突破是谈判的科学性与艺术性结合的产物。在分析、研究及策略的制定方面，谈判的科学成分大一些；而在具体运用上，谈判的艺术成分大一些。

在具体谈判中，最终采用何种技巧应该由谈判人员根据当时当地的谈判背景与形势来决定。一种技巧可以有效地运用于不同的谈判僵局之中，但一种技巧在某次僵局突破中运用成功，并不意味着在其他同样类型的谈判僵局中也适用。只要僵局构成因素稍有差异，包括谈判人员的组成不同，各种策略的使用效果都有可能是迥然不同的。关键还在于谈判人员的素质、谈判能力和本方的谈判实力，以及实际谈判中的个人及小组的力量发挥情况如何。那些应变能力强、谈判实力强，又知道灵活运用各种策略与技巧的谈判者一定能够成功对付、处理所有的谈判僵局，而实现谈判目标。

【本章小结】

本章阐述了商务谈判的语言艺术，介绍了商务谈判语言的类型、原则、有声语言运用和无声语言的运用。通过对本项目知识的学习，了解商务谈判语言的类型及其运用原则；学习并掌握谈判有声语言和无声语言的运用技巧；注意理论联系实际，能够举一反三，灵活运用。

【阶梯实训】

1. 实训目的

（1）知道谈判语言的运用时间。

（2）在谈判的过程中，会运用无声语言表述谈判的含义。

2. 实训内容

（1）全班同学分成两个活动小组，并选出组长一名，两个小组中分别选取出 5 名同学参加谈判。

（2）由老师选取一个议题或者是给出一个案例，两组成员进行准备。

（3）各组对议题或者案例进行讨论、分析，做好分析资料，以为各谈判所用。

3. 实训考核

考评满分为 100 分，分为 5 个等级。60 分以下为不及格，60 ~ 69 分为及格，70 ~ 79 分为中等，80 ~ 89 分为良好，90 分及以上为优秀。评出优秀的小组及小组成员并给予奖励，优秀的小组选出代表进行总结发言。

（1）实训议题或案例的准备（10 分）。

（2）各小组对本次实训的组织、分配过程（20 分）。

（3）各小组分析资料制作成 PPT 并进行小组思路汇报（30 分）。

（4）小组成员之间的团队合作精神，应变能力与语言表达技巧及方式（30 分）。

（5）小组互评，教师点评（10 分）。

第九章
商务谈判的礼仪

【引导案例】

谈判座位安排有讲究

小李是某公司上海分公司的业务经理，近日分公司将与北京一家企业就相关合作事宜进行洽谈，并请来了总公司总经理和董事会的部分董事出席。为此，公司委派小李负责此次洽谈的组织工作。

根据洽谈会议的规模，小李安排工作人员在会议前一天布置了长方形会议桌，工作人员把己方人员的位置安排在面向门的一边，客方人员则是背门而坐，总公司领导的座位位于己方主谈人员左边。在会议的当天，来宾们进入了会场，按照安排好的座签找自己的座位准备就座。突然，有位来宾问："我的位置在哪里?"原来是工作人员忙中出错，把他名字给漏了。对方谈判人员相互低语后借口有事站起来要走，气氛一时非常尴尬。

【互动环节】

给同学们观看周思敏礼仪视频（主要观看用于商务谈判中的坐姿、站姿和蹲姿）。

第一节　商务谈判礼仪惯例

一、商务谈判礼仪的总体原则

礼仪在人们的交往过程中具有重要作用。在商务交往活动中，为了达成某种协议，满足各方要求，有关方面要进行谈判活动。商务谈判需要在平等友好、互利的基础上达成一致的意见，消除分歧。在商务谈判活动中，仅靠遵守谈判礼仪未必能使谈判取得成功，但是，如果违背了谈判礼仪，会造成许多麻烦，甚至影响达成协议。因此，在谈判中，如能恰当而熟练地应用礼仪就可能产生事半功倍的效果。一般来说商务谈判礼仪的总体原则包括：

（1）知己知彼，入乡随俗。不同民族、地域的文化背景对礼仪有很大的影响，在商务谈判时，要尽可能多地熟悉对方的商务习俗和礼仪。为了避免交往中的失礼行为，事前应了解客户及客户所在地的概况资料，了解问候用语、服饰规范、文化习俗、商务习惯等。

（2）尊重对方。尊重对方的不同习惯。如欧美人认为，交谈时目光注视对方表示真诚、关注和尊重，而亚洲和非洲的一些国家认为直视的方式是不礼貌的。因此，要站在对方的文化角度去观察事物。

（3）友谊第一，生意第二。友谊的建立与业务的开展往往是密不可分的。对于许多谈判而言，在建立业务关系之前，往往要建立相互间的信任。国外许多商家都把建立彼此信任视为建立长期合作关系的必要“投资”。

二、迎送

迎送作为谈判礼节的序幕，事关谈判的氛围。对于前来参加谈判的人员，要视其身份和谈判的性质、双方的关系、实力对比和利益对抗等综合考虑安排。

1. 迎送

（1）确定迎送规格。迎送规格的确定主要依据谈判人员的身份、目的、双方关系及惯例。主要迎送人的身份和地位通常要与来者相差不大，以对等为宜。也有从发展双方关系或其他需要出发，破格接待，安排较大的迎送场面。除此之外，均应按常规接待。

（2）掌握抵达和离开的时间。迎送人员应当准确掌握谈判人员的抵离时间。迎接时，应在来客抵达之前到机场、车站或码头，以示对对方的尊重；送行时，应提前到达来宾住宿宾馆，陪同来宾一同前往机场、车站或码头，也可直接前往机场、车站或码头与来宾道别。

（3）做好接待的准备工作。在得知来宾抵达日期后，应首先考虑到其住宿安排问题。客人到达后，通常只需稍加寒暄，即陪客人前往宾馆，在行车途中或在宾馆简单介绍一下情况，征询一下对方意见，即可告辞。

2. 介绍

通常先将前来欢迎的人员介绍给来客，可由工作人员或由欢迎人员中身份最高者介绍。客人初到，一般较拘谨，主人宜主动与客人寒暄。

3. 陪车

陪车时应请客人坐在主人的右侧。如有译员，可坐在司机旁边。上车时，最好请客人从右侧车门上车；主人从左侧车门上车，避免从客人膝前穿过。如果客人先上车，坐在主人的位置上，那也不必请客人再移位。

4. 处理好迎送的具体事务

迎送的具体事务有：（1）迎送身份高的客人，事先在迎送地安排贵宾休息室，准备饮料等。（2）指派专人协助办理出入境手续及票务、行李托运等手续，及时把客人的行李送往住地。（3）客人抵达住地后，一般不要马上安排活动，应稍做休息，只谈翌日计划，以后的日程安排择时再谈。

三、会谈与宴请

1. 会谈

会谈指双方或多方就某些重大的政治、经济、文化等问题交换意见。会谈也可以是洽谈公务或就具体业务进行谈判。

会谈时要准确掌握会谈时间、地点和双方参加人员的名单，提前通知有关人员和单位做好必要安排。客人到达时，主人应到正门口迎接，也可以在会谈室门口迎接，或由工作人员引进会谈室，主人在会谈室门口迎候。如需合影，宜安排在宾主握手之后，合影之后再入座。会谈结束时，主人应送客人至门口或车前，目送客人离去。会谈时一般只备茶水，夏天加冷饮，会谈时间较长，可适当提供咖啡或红茶。

2. 宴请

在商务谈判的过程中，宴请是一种常见的礼仪社交活动。各国都有自己国家或民族的特点与习惯。采用何种宴请形式通常根据活动目的、邀请对象及经费开支等各种因素决定。一个谈判周期，宴请一般安排三到四次为宜。接风、告别各一次，中间穿插一到两次（视谈判周期长短而定）。就宴请的形式而言，常见的有宴会、冷餐和酒会。宴请首先确定规格，包括宴请名义、目的、人数、形式、价格等。

（1）宴会。

宴会是根据接待规格和礼仪程序而进行的一种隆重的、正式的餐饮活动，有正式宴会和便宴之分；又有早宴、午宴、晚宴之分。一般来说，晚宴比白天的宴会更为隆重。

①正式宴会时主宾按身份排位就座，讲究排场。菜肴包括汤和几道熟菜（中餐一般用四道，西餐用两三道），分有冷盘、甜品、水果等。

②便宴即非正式宴请。这类宴会形式简单，可不排席位，不作正式讲话，菜肴道数亦可酌减。便宴较随便、亲切，宜用于日常友好交往。

③家宴即在家中设便宴招待客人。西方喜欢这种形式，以示亲切友好。家宴往往由主妇亲自掌勺，家人共同招待，共同进餐，不拘束。

④工作餐是现代交往中的一种非正式宴请形式，利用进餐时间边吃边谈问题。双边工作餐往往安排座位，排法与会谈桌座位相仿。

（2）宴请组织工作。

宴请组织工作具体包括以下内容：

①确定宴请目的。

②确定宴请名义和对象。其主要依据是主、客双方的身份，主、客身份应对等。

③确定宴请范围。即确定请哪些人士、何种级别、多少人。要多方考虑，包括宴请的性质、主宾的身份、惯例、对方招待己方的做法以及政治气候等。多边活动尤其要考虑政治关系，对政治上相互对立的国家是否邀请其人员出席同一活动，要慎重考虑。

④确定宴请时间。宴请时间应对主、客双方都合适，注意不要选对方的重大节日、有重大活动或有禁忌的日期和时间。小型宴请应首先征询主宾意见，最好口头当面询问，也可用电话联系。主宾同意后，时间即被认为最后确定，可按此时间邀请其他宾客。

⑤确定宴请地点。宴请地点根据活动性质、规模大小、形式、主要意愿及实际情况而定。可能条件下，另设休息厅，以便宴会前与重要客人先做简单交谈之用，然后再进入宴会厅入座。注意最好不要在客人住的宾馆招待设宴。

⑥宴请请柬。宴请活动一般先发请柬，这既是礼貌，也是对客人的提醒。如果在客人住宿的宾馆招待设宴，便宴约妥后，请柬可发可不发。发宴会请柬，一般应在一到两周前发出，至少亦应提前一周，以便客人及早安排。

（3）宴请过程。

①宴请座次的安排。安排座位时应考虑以下几点：第一，以主人的座位为中心。如有女主人参加时，则以主人和女主人为基准，以靠近者为上，依次排列。第二，要把主宾和夫人安排在最尊贵显要的位置上。通常做法，以右为上，即主人的右手是最主要的位置。第三，翻译人员安排在主宾的右侧，以便于翻译。

②宴请程序及现场工作。主人应在门口迎接客人。主人陪同主宾进入宴会厅，全体客人就座，宴会即开始。吃饭过程一般是不能抽烟的。吃完水果，主人与主宾起立，宴会即告结束。主宾告辞，主人送至门口。

③宴请服务工作。服务人员要训练有素，讲文明，懂礼貌，服饰整洁，平展，头发梳理平整，指甲修剪整洁。上菜先客人后主人；先女宾，后男宾；先主要客人，后其他客人。上菜与撤盘先要打招呼，切忌在客人正吃的时候撤盘。如有人不慎打翻酒水，应马上撤去杯子，用干净餐巾临时垫上；如溅在客人身上，要协助其递上毛巾或餐巾，帮助擦干，并表示歉意；如果对方是女宾，男服务员不要动手帮助擦。

四、礼仪中的其他事项

1. 礼品

商务交往中常互赠礼物以增添双方的情感与友谊，巩固交易伙伴关系。赠送礼品不能草率，选择礼品要考虑国情、风俗和客商的爱好。一般依据客商的身份，先决定经费数额，再决定礼品的种类。贵重的礼品不一定会使受礼者高兴，礼物过重有行贿之嫌。选择有纪念意义的礼品，更容易使受礼者接受。

2. 名片

使用名片，主要用于自我介绍。适时地发送名片，能使对方接受并受到良好的效果，发名片时必须注意以下事项：

（1）除非对方要求，否则，不要在年长的主管面前主动出示名片。

（2）不要在一群人中到处传发自己的名片。

（3）名片的发送可在刚见面或告别时。

（4）名片不可在用餐时发送。

双方交换名片时最好是双手递、双手接。除非是对有“左手忌”的国家。名片正面朝对方，如果对外宾，外文一面朝上，字母正对客方。递名片时要恭敬有礼；接过名片后应点头致谢，并认真地看一遍。最好能将对方的主要职务、身份轻声读出来，以示尊重，遇到不太清楚的地方可马上请教。切忌接过名片一眼不看就收起来，也不要随手摆弄，这样不礼貌。应该认真收好，让对方感到受重视、受尊敬。名片放在桌上时，上面不要放置任何东西。

3. 签字仪式

重要的谈判达成协议后，一般都要举行签字仪式。签字人视文件的性质由谈判各方确定，双方签字人身份应大体对等。安排签字仪式，首先要做好文本的准备工作，及早对文本的定稿、翻译、校对、印刷、装订、盖章等做好准备，同时准备好签字用的文具；参加签字仪式的人员，主要是双方参加谈判的人员，双方人数最好相等；签字位置一般安排在客方的右边，主方的左边；重要的签字仪式要祝酒干杯；政府间的签字仪式要准备小国旗。

第二节　商务谈判礼节

一、日常交往的礼节

1. 守时守约

守时守约是商务交往中极为重要的礼仪。参加谈判及其他活动，应按约定时间到达。过早抵达，会使主人因没有准备好而难堪；迟到，则让主人等候、担心而失礼；万一迟到要向主人表示歉意。如果因故不能应邀赴约，要有礼貌地尽早通知对方，并表达歉意。

2. 尊妇敬老

许多国家的社交场合都奉行“老人优先”“女士优先”的原则。例如，上下楼梯或车辆，进出电梯，让老人和妇女先行；对同行的老人和妇女，男子帮助他们提拎较重物品；进出大门，男子帮助老人和妇女开门、关门；同桌用餐，两旁若坐着老人和妇女，男子应主动照料，帮助他们入座就餐等。

3. 尊重风俗习惯

不同的国家、民族，由于不同的历史、文化、宗教等原因，各有其特殊的风俗习惯和礼节，应该了解和尊重。不了解和不尊重别国和其他民族的风俗习惯，不仅失礼，严重的还会影响相互关系，妨碍经贸往来，酿成外交事件。除了要学习及了解以外，在没有把握的情况下，可以多观察、多效仿别人。

4. 举止

谈判人员的举止，是指其在谈判过程中坐、立、行，所持态度的表现以及这些表现对谈判产生的效果。谈判中的举止要端庄稳重，落落大方，表情要诚恳自然，和蔼可亲。站立时不要将身体歪靠一旁，坐时不要摇腿跷腿，更不要躺在沙发上，摆出懒散的姿势。走路时，脚步要轻，不要和伙伴搭肩而行。谈话时，手势不应过多，不要放声大笑或高声喊人。

5. 吸烟

吸烟在我国比较普遍，但是，在世界范围内，随着禁烟和戒烟运动的开展，许多国家禁止吸烟的场合日益增多，戒烟的人也逐步增加，因此，我们必须弄清哪些场合可以吸烟，哪些场合不能吸烟。在工作、参观、谈判和进餐中，一般不吸烟或少吸烟，在大街上不要边走边吸烟。当我们到一个新的地方，进入办公室或私人住宅，不知道是否可以吸烟时，先询问一下主人。如对方不吸烟，或有女宾在座，若欲吸烟应先征得对方同意以示礼貌。如在场的人较多，或同座身份高的人士都不吸烟，最好不要吸烟。

二、见面时的礼节

1. 介绍

在与来宾见面时，通常有两种介绍方式：一种是自我介绍；另一种是第三者作介绍。介绍时要有礼貌地以手示意，而不要用手指点人。要讲清姓名、身份和单位。在商务谈判中，一般由双方主谈人或主要负责人互相介绍各自的组成人员；在双方主谈人或负责人互不相识或不太了解时，一般请中间人介绍双方的情况。

【智慧锦囊】

介绍的顺序是，先把年轻的介绍给年长的；先把职位、身份较低的介绍给职位、身份较高的；先把男性介绍给女性。在人多的场合主人应一一认识所有的客人。在商务谈判中，谈判双方无论谁是主方，都应接见客方所有人员。另外，对于远道而至又是首次面谈的客人，介绍人应准确无误地把客人介绍给主人。如果作为客人又未被介绍人发现，最好能礼貌而又巧妙地找别人来向主人引见，被介绍人要微笑、点头，以作表示。

2. 握手

谈判双方人员，见面和离别时一般都握手以示友好。握手的动作虽然平常简单，但通过这一动作，能起到提高双方亲近感的作用。握手要注意以下几个方面：

（1）握手的主动与被动。一般情况下，主动和对方握手表示友好、感激或尊重。在别人前来拜访时，主人应先伸出手去握客人的手，以表示欢迎和感谢。主、客双方在别人介绍或引见时，一般是主方、身份较高或年龄较长的人先伸手，以此表示对客人、身份较低或年龄较低者的尊重。在异性谈判之间，男性一般不宜主动向女方伸手。多人同时握手应注意不能交叉，待别人握毕后再伸手。

（2）握手时间的长短。谈判双方握手的时间以 3 ~ 5 秒为宜。握手时间过长或过短均不合适。

（3）握手的力度与握手者的距离。握手时，一般应走到对方的前面，不能在与其交谈时，漫不经心地侧面与对方握手。握手者的身体不宜靠得太近，但也不宜离得太远。握手力量要适度，过轻过重都不好。男性与女性握手，往往只握一下女性的手指即可。

（4）握手的面部表情与身体弯度。握手者的面部表情是配合握手行为的一种辅助动作，通常可以起到加深感情、加深印象的作用。握手时必须注视对方，切忌目光左顾右盼。握手时应身体微欠、面带笑容。

（5）其他。女士与人握手时应先脱去右手手套，但有地位者则不必；男士则必须脱去手套才能握。除非患有眼疾或眼部有缺陷者，握手时不允许戴墨镜。握手时不要将另外一只手插在衣袋里，或另外一只手不要依旧拿着东西不放下。握手时不要只递给对方一截冷冰冰的手指尖。不管在任何情况下，都不要拒绝与他人握手。在交往中除了握手之外，其他见面礼也是常见的，比如，点头礼、脱帽礼、注目礼、鞠躬礼、合十礼、拥抱礼等。

3. 致意

当谈判双方或多方之间相距较远，一般可举右手打招呼并点头致意；有时与相识者侧身而过时，也应说声“你好”；与相识者在同一场合多次会面时，点头致意即可；对一面之交或不相识的人在谈判场合会面时均可点头或微笑致意；如果遇到身份高的熟人，一般不要径直去问候，而是在对方应酬活动告一段落后，再前去问候致意。

三、交谈中的礼节

交往活动离不开交谈，商务谈判的过程无疑是交谈的过程。在商务谈判中交谈并非只限于谈判桌前，交谈的话题也并非只限于和谈判相关的问题。交谈中要注意下面一些礼节事宜。

交谈时表情要自然，态度要和蔼可亲，表达得体。谈话距离要适当，不要离对方太近或太远。谈判中的手势要文明，幅度要合适，不要动作过大，更不要用手指指人或拿着笔、尺子等物指人。参加别人谈话时要先打招呼；别人在个别谈话时，不要凑近旁听；若有事须与某人交谈，要等别人谈完；有人主动与自己谈话时，应乐于交谈；第三人参与交谈时，应以握手、点头或微笑表示欢迎；发现有人欲和自己交谈时可主动向前询问；谈话中有急事需要处理或需要离开时，应先向对方打招呼表示歉意。交谈现场超过三个人时，应不时地与在场的所有人交谈两句，不要只和一两个人讲话，而不理会其他人。所谈问题不宜让别人知道时，则应另外选择场合。交谈中，自己讲话时要给别人发表意见的机会，别人讲话时也应寻找机会适时地发表自己的看法。对方发言时，不应左顾右盼，心不在焉，不要做看手表、伸懒腰等不耐烦的动作。要善于聆听对方的谈话，不要轻易打断别人的发言。交谈时内容要恰当，一般不询问女性的年龄、婚姻等状况；不直接询问对方的履历、工资收入、家庭财产等方面的问题；对方不愿回答的问题不要刨根问底；对方反感的问题应示歉意并立即转移话题；不对某人评头论足；不讥讽别人；也不要随便谈论宗教问题。交谈中使用礼貌用语，如“你好”“请”“谢谢”“对不起”“打搅了”“再见”等，并针对对方不同国别、民族、风俗习惯等，恰当使用礼貌语言。

四、参加宴请的礼节

1. 应邀

接到宴请的邀请，能否出席要尽早答复对方。接受邀请后，不要随便改动，若非改不可，应向主人解释并道歉。

2. 掌握出席时间

出席宴请抵达时间的早晚，逗留时间的长短，在一定程度上反映了对主人的尊重。迟到、早退、逗留时间过短被视为失礼或有意冷落。身份高者可略晚到达，一般客人宜略早到达。出席宴请时间，各地通行的做法是准时，有的地方是晚一两分钟到，我国是提前两三分钟到。有事需提前退席，应向主人说明后悄悄离去；也可以事先打好招呼，到时自行离去。

3. 入座

入座应听从主人的安排，不要随意乱坐。男客人应帮助其右边的女宾挪动一下椅子，等女宾入席坐下时，再帮助她将椅子往前稍推，使其身体离桌边半尺左右为合适。男士在女士坐下后再入座。身体与餐桌之间保持适当距离。进餐时，身体要坐正，不要前俯后仰，不要把两臂横放在桌上，以免碰撞旁边的客人。

4. 进餐

和外国人一起就餐，有“三不准”：一是不能当众修饰自己；二是不能为对方劝酒夹菜，不能强迫别人吃；三是进餐不能发出声音。这是尊重别人，另外要讲规矩，比如接受名片，接受名片时如何做才是尊重别人，专业要求是有来有往，来而不往非礼也。

要是没有也要比较委婉地回答，可以告诉对方，没带或用完了。

（1）餐巾。餐巾须等主人摊开使用时，客人才能铺在双腿上，餐巾很大时，可以叠起来使用。餐巾的作用首先是防止油污、汤水滴到衣服上，其次是用来擦嘴边油污。但不可擦脸、擦汗或除去口中之食物，也不能用来擦拭餐具。用餐完毕或餐后离桌，应将餐巾放于座前桌上左边，不可胡乱扭成一团。

（2）刀叉的使用。中餐宴外国宾客时，既要摆碗筷，也要摆刀叉。吃西餐时使用刀叉。右手用刀，左手用叉，将食物切成小块后用叉送入口中。吃西餐时按刀叉顺序由外向里取用，使用刀时不要将刀刃向外，更不要用刀送食物入口。切肉时应注意避免刀切在瓷盘上发出响声。谈话时，可不必把手中的刀叉放下，但做手势时则应将刀叉放下。中途放下刀叉，应将刀叉呈“八”字形分开放在盘子上。用餐完毕，则将刀叉并拢一起放在盘子里。

（3）取面包、黄油。取面包应用手去拿，然后放在盘中的小碟中或大盘的边沿上，不要用叉子去叉面包。取黄油应用奶油刀，不要用个人的刀子。黄油取出后放在旁边的小碟里，不要直接往面包上抹。不要用刀切面包，也不要把整片面包涂上黄油，应该每次用手掰一块面包，吃一块涂一块。

（4）吃肉类。吃西餐中的肉类时，要边切边吃，切一次吃一口；吃鸡、龙虾等食物时，经主人示意，可以用手撕开吃；吃带腥味的食品时，常备有柠檬，可用手将汁挤出滴在食品上，以去腥味。

（5）喝汤。汤匙是座前最大的一把匙，放在盘子右边，不要错用放在盘子中间那把较小的匙，那可能是甜食匙。如果汤太热，可以将汤盛入碗内，等稍凉后再喝，忌用口吹，喝汤时不要发出声响。

（6）其他。将送到你面前的食物多少都用一点，特别合口味的食物请勿一次用得过多，不合口味的食物也不要流露出厌恶的表情。用餐时，如欲取用摆在同桌其他客人面前的调味品，应请邻座客人帮忙传递，不可伸手直接去取。

5. 进餐时的注意事项

（1）饮酒。在主人和主宾致辞、祝酒时，应暂停进餐，停止交谈，注意倾听。在主人或主宾到各桌敬酒，应起立举杯。碰杯时，主人和主宾先碰；人多时可同时举杯示意，不一定碰杯。祝酒时，注意不要交叉碰杯。碰杯时要目视对方相互致意。宴会上相互敬酒表示友好，但切忌喝酒过量，应控制在本人酒量的1/3左右，以免失言、失态。不要劝酒，更不得灌酒。

（2）宽衣。社交场合，无论天气如何炎热，不能当众解开纽扣，脱下衣服。在小型便宴上，如主人请客人宽衣，男宾可脱下外衣搭在椅背上。

（3）喝茶、喝咖啡。喝茶、喝咖啡时，有时需用小茶匙加牛奶、白糖搅拌。正确的饮法是搅拌后把小茶匙放回小碟内，左手端着小碟，右手拿着杯子喝，不要用小茶匙把茶或咖啡送入口中。

（4）吃水果。外国人吃水果的方法与我国不同，梨和苹果不要整个拿着咬，应先用水果刀切成四五瓣，再用刀去皮、核，刀口向内，从外向里削，然后用手拿着吃；香蕉先剥皮，用刀切成小块吃；西瓜去皮切成块，用叉取食。

（5）水盂。在西式宴席上，在上鸡、龙虾、水果时，有时递上一个水盂（如铜盆、瓷碗或水晶玻璃缸），水上漂有玫瑰花瓣或柠檬片，这是供洗手用的。洗法是两手轮流蘸湿指头，轻轻刷洗，然后用餐巾或小毛巾擦干。千万不要饮用。

6. 纪念品、取茶和饮食习惯

（1）纪念品。除了主人送给来宾的纪念品外，各种招待用品，包括糖果、水果、香烟等，都不要拿走。有时外宾会请同席者在菜单上签名，然后作为纪念品带走。

（2）取茶。招待员上茶时不要抢着去取，待送至面前时再拿。周围人未拿到第一份时，自己不要急于取第二份。

（3）饮食习惯。在欧洲，面是第一道菜，不要在面上浇菜汁吃，主人可能误会嫌他做得不好吃。欧美国家多以鸡胸肉为贵，如果按照中国人习惯以鸡腿敬客，反而失礼。主人通常劝客人再添点菜，你若有胃口，再添不算失礼，主人反会引以为荣。欧美人吃荷包蛋，先戳破未烧透的蛋黄，然后切成小块吃，盘里剩下的蛋黄，用小块面包蘸着吃。

（4）意外情况的处理。宴席上如用力过猛，使用刀叉、盘子发出响声，或餐具落地，打翻酒水等，不要着急，要沉着，可向主人或邻座说声“对不起”，招待员会另送上一副餐具。酒水如溅到邻座身上，应表示歉意，协助其擦干；如果是女士，就不必动手擦，由她自己擦。

7. 出席文体活动和进入住所的礼节

在紧张的谈判之余，主人会安排一些文体活动。客人可决定是否应邀前往。要按规定入座，在观看节目时要肃静，不要谈话，不要大声咳嗽或打哈欠。即席翻译要小声，最多大略译几句，可在观看前，大概了解一下梗概，自己再欣赏。场内禁止吸烟，不吃零食。一般不要对节目表示不满或失望，节目完了，报以掌声。出席观看文艺演出，还要注意服饰。

进入外国人的办公室或住所，首先要事先约定，按时抵达。如无人迎接，先按门铃或敲门，经主人允许后方得入内。按铃时间也不要过长。因事情急，临时去外国人住处，应尽量避免在深夜打扰。在万不得已的情况下，要先致歉意，并说明原因，以取得对方的谅解。谈话时间不宜长，不要站在门口谈话。如果主人未请你进屋谈，则可以退到门外，在室外谈话。进入室内，如果谈话时间短，则不必坐下，说完也不要再逗留；如果谈话时间较长，则要在主人邀请之下方可入座。未经主人邀请或同意，不得要求参观主人的卧室或庭院，在主人陪同下参观时，即使是熟人，也不要触动除书籍和花草之外的物品。对主人家的成员都要问候。对于主人家的猫、狗等小动物，不要表示害怕、讨厌，更不要去踢它、轰它。离别时，不论结果如何，都要表示感谢，这不仅是礼貌，而且为今后见面打下基础。西方人习惯用小吃和饮料招待客人，客人不要拒绝，应品尝。如果食物实在吃不习惯，则不必勉强。

五、日常卫生及其他

1. 日常卫生

（1）注意个人卫生。适时理发，经常梳理，胡须要刮净，鼻毛应剪短，头发要洗干净。内衣、外衣经常保持整洁，特别是衣领和袖口要洗干净。皮鞋要上油擦亮，布鞋要刷洗干净。参加涉外活动要梳理打扮，要保持外貌整洁美观。不要当着他人的面擤鼻涕、掏鼻孔、搓泥垢、挖眼屎、打哈欠、修指甲、剔牙齿、挖耳朵等。咳嗽、打喷嚏时，应用手帕捂住口鼻，面向侧方，避免发出很大的声音。在参加活动前，不吃葱、蒜、韭菜等有刺激气味的辛辣食品，必要时可含上一点茶叶，以消除刺激味道。生病的人不要参加有外国客商的活动，欧美人士对感冒很讨厌。脸部、手、臂等外露部分皮肤有病的人也应避免参加，以免引起别人反感。有口臭的人应注意漱口除味。

（2）保持环境卫生。要保持地板、地毯的清洁。抽烟要使用烟灰缸。个人的不洁物品应丢入垃圾桶或放入自己的手帕或口袋中，不要随地乱丢。吐痰入盂，或吐在面巾纸、手帕中装入衣袋。雨、雪天应把雨具放在门外或前厅。

（3）陈设布置应保持整洁。谈判室、客厅要通风，不要有异味。沙发套、网扣要勤洗勤换，灯、衣架、玻璃要擦拭干净，地板、地毯要定期清扫、吸尘，痰盂应放在僻静的地方。

2. 其他礼仪

（1）服饰。服饰不仅可以美化我们的仪表，优化我们的气质，而且还可以反映出我们的教养和文化。现代生活中，衣着打扮在交往中的作用也日益明显和重要。作为商务谈判人员，必须熟悉衣着的基本礼节。社交场合的服装大体分为两类，正式、隆重、严肃的场合多着深色礼服，一般场合可着便服。目前，大多数国家在穿着方面均趋于简化，隆重场合穿着深色质料的西装即可。极少数国家规定妇女在隆重场合禁止穿长裤和超短裙。我国没有礼服和便服之分，一般来说，男子的礼服为上下同色同质的西装，配黑皮鞋，系领带；穿毛料中山装亦可。女士根据不同季节和活动性质，可着西装、民族服装、中式上装配长裙、旗袍、连衣裙等。旅途和郊游可着便装。穿长袖衬衫要将前后摆塞在裤内，袖口不要卷起。任何情况下不应穿短裤参加涉外商务活动。在家中或宾馆客房临时接待来访时，女士来不及更衣，应请客人稍坐，立即穿上服装和鞋袜。不得赤脚或只穿内衣接待客人。

可见，随着社会经济、文化的发展，如何得体、适度地穿着已成为一门大有可为的学问。着装要与其身份相称，才能起到画龙点睛的作用。

（2）称呼。在对外交往中，对男子一般称先生。对英国人不能单独称“先生”，而应称“某先生”。美国人较随便，容易亲近，很快就可直呼其名。对女士，一般称夫人、女士、小姐。不了解其婚姻状况的女子可称其女士。美国、墨西哥、德国等国没有称“阁下”的习惯。称呼的一般顺序是：先长后幼，先上后下，先疏后亲，先外后内。

（3）小费。世界上很多国家都有付小费的做法。我国南方沿海的一些大城市，也有这种做法。小费实际上是对服务的一种额外酬劳。给不给，给多少，并无固定原则，主要看服务的场所和服务质量。通常在餐馆，小费数目一般为付账的10%左右，用餐付账与小费应分别处理，即向柜台会计付账，而小费留在餐桌上。在一些国家住旅店，每天或隔两天要付小费，放在桌上或床头，数目可视具体情况而定。

【本章小结】

本章阐述了商务谈判的礼仪、商务谈判的礼节、其他国家的习俗与禁忌以及主要国家商务谈判风格，较全面地介绍了商务谈判礼仪与礼节方面的内容。通过本章内容学习，要求学生熟悉商务谈判中的各种礼仪；熟悉商务谈判中的各种礼节；熟悉一些国家的习俗和禁忌，并能够在具体的商务谈判中灵活运用。

【阶梯实训】

1. 实训目的

（1）能够知道在不同的情况下商务谈判的礼仪。

（2）商务谈判前需要做好的准备工作。

（3）谈判过程中礼节的熟悉。

2. 实训内容

（1）全班同学分成6个活动小组，并选出组长一名，抽签后6个小组两两对应。

（2）每个小组扮演不同国家的谈判代表，并熟悉所代表国家的礼仪。

（3）教师选出一个议题，各小组进行谈判准备。

（4）组长负责人员分工，拟定职责，并作出具体安排。

（5）各小组对资料进行整理、归集，为谈判所用。

（6）各小组将谈判的看法与结果整理成PPT。

3. 实训考核

考评满分为100分，分为5个等级。60分以下为不及格，60～69分为及格，70～79分为中等，80～89分为良好，90分及以上为优秀。评出优秀的小组及小组成员并给予奖励，优秀的小组选出代表进行总结发言。

（1）实训议题的资料准备（10分）。

（2）各小组对本次实训的组织、分配、管理等过程（20分）。

（3）各小组谈判的结果制作PPT的小组思路汇报（30分）。

（4）小组成员之间的团队合作精神，礼节性和发言情况（30分）。

（5）小组互评，教师点评（10分）。

第十章
商务谈判法律规范

【引导案例】

单据的法律效力

2022 年 9 月 25 日，甲公司与乙公司进行过多次沟通洽谈，签订了一份协议，协议写明："2022 年 11 月之前，甲公司向乙公司提供价值 90 万元的货物，乙公司则于 2022 年 12 月 25 日支付货款。"

10 月上旬，甲公司通过运输公司将货物陆续发给乙公司。11 月底，乙公司向甲公司退还了价值 27 万元的货物，且到 12 月 25 日仍未支付货款。甲公司再三催要货款无果，便诉至法院，要求乙公司给付所欠货款 63 万元，并提供了出库单及货运单作为证据，乙公司辩称"只收到了价值 27 万元的货物，因发现效用一般销路不好，便退给了甲公司，其余货款并未收到。甲公司提供的出库单及货运单上均无我公司的签字或盖章，缺乏证据效力，不能证明我公司收到了甲公司的货物。我公司现不欠甲公司任何货款"。

法院经审理认为，根据双方签订的协议，甲公司将货物交付给运输公司之后，便已完成了货物的交付义务，该批货物的毁损、灭失的风险应由乙公司承担。据此，法院判决乙公司向甲公司支付所欠的 63 万元货款。

【互动环节】

盲人走路。

游戏规则：

（1）两人一组，一人戴眼罩，一人在后指挥（身体不能接触，只能说话），由老师带队穿越障碍。

（2）违反规则重新开始。

（3）两人一组，一人戴眼罩，一人想办法带"盲人"穿越障碍。

（4）违反规则重新开始。

游戏初衷：让学生们体验在谈判中规则的重要性。

第一节 商务谈判签约适用的法律

商务谈判的成功意味着谈判双方就各自的权利义务达成了一致的立场。要达到这样的谈判目的，谈判者必须要掌握商务谈判签约适用的法律、商务谈判合同履行的条件、商务谈判合同的让与和终止的生效，以及产生商务合同纠纷时的处理方式。

谈判的最终目的是达成协议，签订合同。但是，签订协议并不等于谈判的终结。由于商务谈判更具有特殊性，因此合同的签订、履行、让与、消灭及合同纠纷的处理不仅与谈判过程有着直接、密切的关系，而且涉及的法律条款和诉讼程序都有很大差异。对此，谈判人员要有充分的准备和正确的认识。

一、商务谈判合同概述

1. 合同的形式

合同是交易双方为明确各自的权利和义务，以书面形式将其确定下来的协议，合同具有法律效力。就是说，合同一经双方签订，就成为约束双方的法律性文件，双方必须履行合同规定的各自应尽的义务，否则就必须承担法律责任。合同还是仲裁机关和法院处理矛盾纠纷的依据。

贸易合同一般包括以下六种形式：

（1）口头形式。

口头形式是合同当事人直接以对话的形式而订立的合同。口头形式简便易行、迅速直接，这对加速商品流转有着十分重要的作用，因而，现代合同法以不要式为原则，口头形式非常盛行。我国公民在个人、家庭生活中采用的合同形式绝大多数为口头形式。口头形式也有很大的缺点，这就是发生纠纷时难以证明，不易分清责任。因而，它比较适合于标的数量不大、内容简单而能即时结清的合同关系。企业、个体工商户、农村承包经营户之间订立的合同，一般不宜采用口头形式，而应当采用书面形式或其他形式。尤其是我国目前商业信誉较低、合同履约率不高的状况下，当事人更应当采取谨慎的态度，不宜轻信对方，以防止纠纷发生后因缺乏证据而造成损失。

（2）书面形式。

书面形式是指当事人以文字表述协议内容的合同形式。书面形式当事人一般写成合同书，当事人之间来往的电报、图表、修改合同的文书，也属于合同的书面形式。例如：一方当事人用电报购货，对方复电同意，即可认为双方有书面合同。

书面形式较口头形式复杂，但其权利义务记载明确，不易发生争议，即使发生争议也有据可查，容易解决。因而，《中华人民共和国经济合同法》规定合同除即时清结者外，应当采用书面形式，《中华人民共和国涉外经济合同法》和《中华人民共和国技术合同法》则规定以书面形式为合同的成立要件。在书面形式作为合同成立要件或生效要件的情况下，只有具有了书面形式，合同才能成立或生效。书面形式作为合同证据，其效力也优于口头证据。

（3）公证形式。

公证形式是当事人约定，以国家公证机关对合同内容加以审查公证的方式订立合同时所采取的一种合同形式。公证机关公证一般以书面形式为基础，对合同的真实性、合法性进行审查，然后制作公证书，以资证明。经过公证的合同，只要没有相反证明，司法、仲裁机关一般承认其效力。

我国法律对公证实行自愿原则，是否公证由缔约方自己决定。但合同当事人约定公证以后生效的，必须经过公证才能发生法律效力，有些地区以行政命令的方式规定一切合同必须经过公证才生效，这是违反法律的，不能以这些行政命令为依据而认定未经公证的合同无效。

（4）鉴证形式。

鉴证形式是以国家合同管理机关对合同的真实性、合法性进行审查而订立合同的一种形式。鉴证是国家对合同进行监督管理的行政措施，由各地工商行政管理局进行。鉴证也由当事人选择采用。

（5）批准形式。

批准形式是指法律规定某些类别的合同须经国家主管机关批准才能生效的一种合同形式。这类合同除具有一般合同生效要件外，还必须以书面形式报经有关主管机关批准。

合同的批准形式是国家对某些特殊类别的合同所做的规定，法律不要求采取批准形式的，当事人不能采取批准形式。

（6）登记形式。

登记形式是指当事人依照法律规定，将合同提交主管机关登记而订立合同的一种方式。登记形式一般常见于不动产买卖、转让合同，如房屋买卖合同，在美英法中，动产的转让也可采取登记的方式。在我国，专利法规定转让专利权利应当由国家专利局登记并公告，专利权自公告之日起转移，登记、公告成为专利权转让合同的生效条件。

在贸易中，采用比较多的是书面形式，而且一般印有固定的格式，交易谈妥后，交易双方只需按双方确定的交易条件逐项填写，并经由双方当事人代表签署即可。如果是经过面对面谈判成交的，函电往来成交的，即由双方当事人代表同时签署；如果是通过函电往来成交的，由我方签署后，将正本一式两份或一式多份寄交对方，经对方签署后退回一份，以作为履行合同的法律依据。

2. 合同的主要内容

我国对外贸易企业与外商签订的合同，尽管形式不尽统一，项目也互有出入，但其基本内容是一致的，包括合同的首部（约首）、合同的正文和合同的尾部三部分。

（1）合同的首部。

合同的首部是合同的重要组成部分，一般包括合同的名称、编号，订立的时间和地点，订约双方的名称与地址、电报挂号、电传号码等内容，有时还须在首部中载明据以订立合同的相关电函的日期和编号。

（2）合同的正文。

合同的正文是合同的主体部分，应规定得明确、详细和具体，以避免发生不必要的纠纷。它一般应包括商品名称及品质规格条款、数量条款、包装条款、价格条款、装运条款、保险条款、支付条款、检验条款、不可抗力条款、仲裁条款等。整个贸易磋商的过程中最重要的就是对这些基本条款的商定。

在贸易合同当中，为了补充合同项目的不足，往往设立“特约条款”或“备注”栏目，以备填写双方在磋商过程中的一些特殊协议。例如，“本合同项下的货物说明需用日韩两种文字书写”，“本合同项下货物属于‘贴标’生产”等。

（3）合同的尾部。

这是合同的最后一部分。

首先，须载明合同以何种文字写成及各文本的法律效力。其次，由双方当事或法人代表在合同末尾签字，如有必要可列见证人并副署。一般来讲，如合同中没有相反的意思，合同一经双方代表依法签署，即告生效，对双方均有约束力。因此，在签字之前，当事人必须对合同做详细审阅，确信合同内容准确无误后，方可落笔签字。

以上对贸易合同的主要条款做了简要介绍。需要注意的是，合同各项条款内容的规定方式应视商品的种类和特点、贸易对象、经营意图等的不同而区别对待。同时，对于合同中的一些简化条款，应以双方对其内容有一致性理解为前提，以免日后发生不必要的纠纷。

二、贸易合同涉及的法律

1. 商法概述

就法律术语来讲，商法是指调整商事活动主体在从事商事交易活动中所形成的各种关系的法律规范的总和。各国缔造的有关商业的条约或公约是统一的商法的重要渊源。作为商法渊源的条约可以分为两种：

（1）属于统一实体法规则的条约。例如，1980 年联合国国际货物买卖合同公约、1978 年国际海上货物运输公约、国际汇票和国际本票公约等。

（2）属于冲突法规则的条约。例如国际货物买卖合同适用法律公约、产品责任适用法律公约等。

另外，贸易惯例也是商法的重要渊源。贸易惯例虽然不是法律，不具有法律的普遍约束力，但是，按照各国的法律，一旦当事人在合同中采用了某项惯例，它就对合同双方当事人具有约束力。有些国家的法律还规定，法院有权按照有关的贸易惯例来解释双方当事人的合同。目前在经济贸易中影响最大的贸易惯例是国际商会制订的《国际贸易术语解释通则1990年修订本》和《跟单信用证统一惯例》1993年（修订本）国际商务第500号出版物。

商法调整的范围十分广泛，除了调整传统商事活动如货物贸易外，还要调整近几十年来出现的各种新的贸易形式，如服务贸易、技术贸易、国际投资、国际融资、国际租赁与合作等，人们将调整这些交易的法律统称为商法。在商务谈判活动中发生的合同签约与履行问题主要适用于商法。

在经济活动中，调解的法律、法规纷繁众多，尽管商法是调解商务活动的主要法律，比较重要的国际经济法、国际贸易法、国际私法也都属于国际性法律范畴，但是，在签订商务谈判合约时，我们应该注意到它们的调整对象和调整范围的不同。首先，商法不同于经济法。国家经济法调整的主体比较广泛，除了一般的各种企业组织外，还包括国家和组织，而商法主要调整各类企业组织贸易中的问题。此外，它们适用的原则也不同，调整的对象也有差异。其次，商法不同于贸易法。贸易法突破了传统的商法界限，具有国家调整和管制贸易的内容，属于国家管理商事活动的公法内容，而商法一般属于私法领域，企业之间的贸易纠纷主要是商法调整的内容。最后，商法不同于私法。私法是以涉外民商事关系为调整对象，并以解决法律冲突为中心任务，采取的是直接和间接的调整方法。而商法调整内容是以权利、义务为主，一般采取直接调整方法。

我国商法主要是在1993年之后陆续颁布的，有《中华人民共和国海商法》《中华人民共和国公司法》《中华人民共和国合伙企业法》《中华人民共和国合同法》和《中华人民共和国独资企业法》等。对外谈判签约主要应考虑上述法律条款以及这些法律在商法体系中的地位和相互关系，注意法律的适用性。

2. 不同法系的差异

法系是根据法的历史传统及特点对各国法律所进行的分类，凡属于同一历史传统且具有相同特点的法律即构成一个法系。目前，世界上主要有两大法律体系，即大陆法系和英美法系，对商法实施影响最大的也是这两大法系。我们在订立合同并解决合同纠纷时必须考虑上述两大法律体系的判定标准和裁决依据。

（1）大陆法系。

大陆法系又称民法法系或罗马法系，是指以古代罗马法为基础而形成和发展起来的法律体系的总称，其标志是1804年颁布的《法国民法典》和1900年颁布的《德国民法典》。大陆法系的结构特点是强调成文法的作用，注重法律的系统化、条理化、逻辑化和法典化。它将法律分为公法和私法两大部分：公法可细分为宪法、行政法、刑法和诉讼法等；私法又分为民法和商法。目前，世界上采用大陆法系的国家主要是欧洲大陆国家，如瑞士、西班牙、葡萄牙、意大利、比利时、卢森堡、荷兰、奥地利、丹麦、挪威、芬兰、瑞典、希腊等国，此外，整个拉丁美洲、非洲的一部分、近东的一些国家，以及日本、泰国等均属于大陆法系国家。

（2）普通法系。

普通法系又称英美法系，是指以英国普通法为基础而形成和发展起来的法律体系的总称。普通法系具有两大特点：一是法律的二元性结构；二是重视程序法。

普通法系分为普通法与衡平法两部分。普通法与衡平法的相同之处是都属于判例法，但也有不同。

首先，救济方法不同。普通法使用金钱赔偿和返还财产作为主要救济方法，而衡平法可以采用特殊方法赔偿。

其次，诉讼程序不同。普通法在审理案件时需设陪审团，采取口头询问和答辩，而衡平法则不设陪审团，但需采取书面诉讼程序。

再次，法院的组织系统不同。普通法归法院的王座法庭管辖，而衡平法归法院的枢密大臣法庭管辖。

最后，法律术语不同。法官在审理案件时均使用各自特有的法律术语。

适用于英美法系的国家和地区主要有：加拿大、英国、美国、澳大利亚、新西兰、爱尔兰、印度、巴基斯坦、马来西亚、新加坡和中国香港等。

3. 大陆法与普通法的区别

大陆法与普通法的区别可概括如下：

一是法律判罚的出发点不同。大陆法系继承和发展了罗马法，以成文法作为法律的主要渊源。普通法则继承发展了日耳曼的习惯法，以判例法作为法律的主要渊源。

二是法律重心不同。在大陆法系国家，权利与义务关系由明确的法律规则预先加以界定，主要是根据实体法。英美法系则以诉讼法为核心，法院在审理案件时注重诉讼程序。

三是法律推理方式不同。大陆法系实行从一般规则到个别案例判决的演绎法，法意识是一般性的、抽象的，逻辑方法是演绎的，以法规为大前提，以事实为小前提，再引出结论。英美法系实行从判例到判例，进而总结出法律一般规则的归纳法，法意识是具体的、实际的，法官判案是对照有关判例，最后才做出判决。

四是司法机关作用的形式不同。在大陆法系国家，司法机关必须根据成文法的条文从事司法活动，司法机构与立法机构相比处于从属地位。在英美法系国家判例是英美法系的主要渊源，判例是由高等法院的法官发现和创造的，再由立法机关制定成文，因此司法机构较立法机构地位优越。

商务谈判合同条款要注意双方缔约国家适用法律体系的差别而产生的冲突，上述两大法律体系在主要条款适用的条件、判罚的出发点、执行判决的程序上都有很大差别。所以，要保证合同条款的有效性以及出现纠纷的合理解决，签约方最好请律师参加谈判，仔细检查合同条款及可能出现的问题，以及适用的法律体系。

三、商务谈判合同纠纷处理的法律适用

商事活动合同的法律适用，是指在商事合同中各方当事人发生合同争议时，仲裁机构或法院以哪一国的实体法作为处理争议所依据的法律。在涉外产品责任诉讼中，适用哪国法审理案件对案件的审理结果具有关键意义。

在法律体系适用的原则上主要有意思自治原则和最密切联系原则。

1. 意思自治原则

意思自治原则是指谈判合同的当事人有权在协商一致的基础上选择某一国家或地区的法律来支配期间的权利义务关系，一旦当事人之间产生争议，受案法院或仲裁机构应当以当事人选择的法律作为合同准据法，以确定其间的权利和义务。

允许合同当事人在出现纠纷时自行选择处理合同争议所适用的法律，不但符合契约自由原则，有利于当事人预知行为后果，也有利于纠纷的迅速解决。但允许当事人自由选择法律不是无条件的，实际上各国国内立法和有关条约在采纳意思自治原则的同时，都有若干不同程度、不同内容的规定与限制，主要有：一是对合同当事人选择法律形式的限制，主要是指当事人默示选择的法律依据的内容，如合同仲裁地点、特殊术语、合同的格式、争议的性质及合同的有效性等。二是对于当事人选择法律内容的限制，一般都主张在任意法的范围内进行，对于强制性规则或关于公共秩序的法律不允许当事人通过选择法律而排除其适用。三是对于当事人选择法律性质的限制，应该是一国的实体法，而不包括冲突法。四是当事人未选择法律时的处理，有的国家明确规定适用什么地方的法律，有的国家主张按最密切联系原则由仲裁机构确定等。

2. 最密切联系原则

如果当事人未约定解决合同争议所适用的法律，在法律上就意味着当事人放弃了选择合同所适用法律的自主权，应该由受理合同争议的仲裁机构或法院来确定处理合同争议的法律。但为了防止司法部门随意的自由裁量，一般遵循最密切联系原则确定合同所适用的法律。目前，世界各国对于“最密切联系”的解释有分歧。

所以，一些国家采用“特征履行原则”确定合同最密切联系地，即能够反映出合同本质特征的履行行为和确定应该承担义务的当事人住所地。我国关于合同法律适用的规定主要是参照上述两个原则，其中以“当事人意思自治原则”为主，以“最密切联系原则”为辅。

第二节　商务谈判签约的注意事项

在商务谈判中，必须十分重视合同的签约，不仅要严肃、认真地讨论合同中的每一条款，还要慎重地对待合同签约的最后阶段。因为在合同的敲定阶段，每一个漏洞都可能影响合同的实际履行，造成无可挽回的损失。从实际情况来看，谈判中签订合同，应注意以下几个方面的问题。

一、合同文本的起草

当谈判双方就交易的主要条款达成一致意见后，就进入合同签约阶段，这涉及合同文本由哪一方来起草的问题。一般来讲，文本的起草很重要，它关系到掌握谈判的主动权。因为口头上商议的东西要形成文字，要有一个过程，有时，仅是一字之差，在内容上就有很大区别。起草一方的主动性在于可以根据双方协商的内容，认真考虑写入合同中的每一条款，斟酌选用对己方有利的措辞，安排条款的顺序或解释有关条款，而对方毫无思想准备。

有些时候，即使认真审议了合同中的各项条款，但由于各国文化上的差异，对词意的理解也会不同，难以发现于己不利之处。因此，己方应重视合同文本的起草，尽量争取起草合同文本，如果做不到这一点，也要与对方共同起草合同文本。但现在我们一些涉外谈判，往往是由外商一开始就提出一份完整的合同文本，迫使中方按照合同文本的内容讨论每项条款，这种做法会使中方在谈判中处于极端被动的地位：一方面由于思想准备不足，容易让对方塞进一些对中方不利的条款或遗漏一些对方必须承担义务的条款；另一方面，按一方事先拟好的合同文本进行谈判，极大地限制了中方谈判策略和技巧的发挥，并且很难对合同进行比较大的修改和补充，甚至有的只是在对方拟好的合同上签字。

另外，如果用外文文本作基础，对中方也有诸多不利，不仅要在翻译内容上反复推敲，弄清外文的基本含义，还要考虑法律上的意义和一些约定俗成的用法，包括外文的一词多义等问题。

二、明确合同双方当事人的签约资格

合同是具有法律效力的法律文件，因此，签订合同的双方都必须具有签约资格，否则，即使签订合同，也是无效的合同。在签约时，要调查对方的资信情况，应该要求当事人相互提供有关法律文件，证明其合法资格。一般来讲，重要的谈判合同签约人应该是董事长或总经理。对于业务谈判协议，出面签约的不是上述人员，但也要检查签约人的资格。要索要对方提交的正式书面授权证明或委托书等，了解对方的合法身份和权限范围，以保证合同的合法性和有效性。

审查对方当事人的签约资格，一定要严肃认真，切忌草率从事。改革开放以来，我国经济发展迅速，对外贸易急剧增长，但是，在与外商谈判时，由于盲目轻信对方，草率签订合同，以致吃亏受骗的现象屡有发生。有些企业急于开展招商引资、发展外贸业务，仅凭熟人介绍，不进行任何资信调查，就签订数额巨大的合同，结果给企业和国家造成重大损失。此外，与外国公司打交道，子公司与母公司也要分开，如果与子公司打交道，不要只看母公司的信誉和资产情况，实际上母公司对子公司是不负连带责任的。

三、合同要明确规定双方应承担的义务、违约的责任

许多合同只规定了双方交易的主要条款，却忽略了双方各自应尽的责任和义务，特别是违约应承担的责任。这样，无形中等于为双方解除了应负的责任，架空了合同或削减了合同的约束力。还有一种情况是，有些合同条款写得十分含糊笼统，即使是规定了双方各自的责任、义务，但如果合同条款不明时，也无法追究违约者的责任。例如，我国南方某一城市与港商签订了一个出售矿渣的合同，合同中只明确港商可以每天拉一车，时间一个月。由于没有明确提货车的型号，结果对方拉货的车越来越大，己方明知吃亏，却也无可奈何。

在签约中，最容易出现的问题，就是合同标的不详、质量条款笼统含糊和缺少索赔条款，使自己处于不利地位。如果整个合同文字含糊不清、模棱两可，后果更不堪设想，往往陷入争议纠纷，扯皮不断，甚至遗祸无穷。例如，某一合同中有这样一条："合同生效后不得超过 45 天，乙方应向甲方缴纳 × × 万美元的履约保证金……超过两个月如未能如期缴纳，则合同自动失效。"这里"两个月"究竟从哪一天开始算起，是合同生效之日开始算起，还是合同生效 45 天以后算起，写得不明确。

此外，对合同中一些关键词句，一定要谨慎推敲，不能含糊迁就，有时仅一字之差，却"谬以千里"。

四、合同中的条款应具体详细、协调一致

合同条款太笼统也不利于合同的履行。同时，也应注意合同中的条款不能重复，更不能前后出现矛盾。

在贸易中，除了像这种前后相矛盾的条款需注意外，更多的是许多条款的实施要有辅助条款的规定，才能更明确合同执行的问题。如数量条款规定溢短装时，支付方式为信用证，其保证金额就应规定有增减幅度；又如贸易术语为 CFR 或 FOB 成交，在保险条款里就应定明"保险由买方自理"；此外，关于签约后发生的额外费用负担，如运费上涨、港口封冻的绕航费等也应在合同中明确规定由谁负担。

五、注意合同执行中的免责因素

许多大型谈判项目所签的合同，执行期限都比较长，在这一过程中，会发生很多意外情况，需要注意如“不可抗力”等免责条款在执行合同中的作用。

六、争取在我方所在地举行合同的缔约或签字仪式

比较重要的谈判，双方达成协议后，举行的合同缔约或签字仪式，要尽量争取在我方举行。因为签约地点往往决定采取哪国法律解决合同中的纠纷问题。根据国际法的一般原则，如果合同中对出现纠纷采用哪国法律未做具体规定，一旦发生争执，法院或仲裁就可以根据合同缔结地国家的法律来做出判决或仲裁。

第三节　商务谈判合同履约

在贸易中，由于合同义务不能履行或不完全履行，给一方或双方造成损害而发生纠纷的情况比较常见，这就对谈判人员的综合素质提出了比较高的要求。除了要求谈判人员在谈判中保持机敏、理性的头脑外，还要求谈判人员对合同履行中可能出现的问题以及相关法律解决机制有所了解，以便在拟订合同条款时将合同履行有可能出现的问题最大限度地加以避免。本节主要介绍合同履行过程中所涉及的法律条款以及违约问题出现时的解决方式。

一、谈判合同履行概述

1. 合同履行的含义

合同的履行，是指合同的双方当事人正确、适当、全面地完成合同中规定的各项义务的行为。全部完成合同规定的义务，为全部履行；部分完成合同规定的义务，为部分履行。在各国的法律中都有要求当事人严格按照合同的规定，遵守诚信实用的原则实现合同的内容。在大陆法系国家，合同履行制度大多规定在民法的摘编中，作为债的履行的一项内容。英美法系的成文合同法都明确规定当事人必须严格按照约定条款履行合同义务，对于合同履行标准、时间、地点以及替代履行等都有明确规定。我国的《中华人民共和国合同法》对此也做了详细的规定。

2. 合同履行的原则

履行合同应当遵循下列两项原则：

（1）全面履行原则。

当事人应当按照约定全面履行自己的义务，即按照合同规定的标的及其质量、数量，由适当的主体在适当的履行期限、履行地点以适当的履行方式，全面完成合同义务。当事人一方在履行中对合同约定义务的任何一个环节的违反，都是违反了全面履行原则。

（2）实际履行原则。

指当事人只能按照合同约定的标的履行，不能用其他标的代替，也不能以支付违约金或赔偿金来代替。因此，要求双方在谈判中，对有关标的物内容的讨论要尽可能详尽、清楚、明确，并在合同中明确规定供货一方交付产品的质量、性能、规格、特点等方面内容以及检验的标准。

3. 合同履行中的抗辩权

在当事人双方互负义务的合同中，如果合同没有约定义务履行的先后顺序，当一方先履行自己的义务、对方当事人可能会不履行自己的义务而使先履行义务的一方遭受损害时；或者，如果先履行义务的一方带来严重影响时，当事人可享抗辩权。这些抗辩权利的设置，使当事人在法定情况下可以对抗对方的请求权，使当事人的拒绝履行不构成违约，更好地维护当事人的利益。抗辩权分为以下三种：

（1）同时履行抗辩权。

当事人互负到期债务，没有先后履行顺序的，应当同时履行。一方在对方履行之前有权拒绝其履行要求，一方在对方履行债务不符合约定时，有权拒绝其相应的履行商务法律规范要求。

（2）先履行抗辩权。

当事人互负债务，有先后履行顺序，先履行一方履行债务不符合约定时，后履行一方有权拒绝其相应的履行要求。

（3）不安抗辩权。

不安抗辩权的行使分为两个阶段：第一阶段为中止履行。应当先履行债务的当事人，有确切证据证明对方有下列情况之一的，可以中止履行。经营状态严重恶化：转移财产、抽逃资金，以逃避债务；丧失商业信用；有丧失或者可能丧失履行债务能力的其他情形。第二阶段为解除合同。当事人依照上述规定中止履行的，应当及时通知对方。对方提供适当担保时，应当恢复履行。中止履行后，对方在合理期限内未恢复履行能力并且未提供适当担保的，中止履行的一方可以解除合同。

但是，不安抗辩权的行使者是有一定条件和限制的。如无确切证据证明对方没有丧失履行能力而中止履行的，或者中止履行后，对方提供适当担保时而拒不恢复履行的，不安抗辩权人承担违约责任。

二、谈判合同的违约及其救济

1. 违约的定义

违约是指合同当事人不履行合同或不完全履行合同所规定义务的行为。例如，合同成立后，卖方不能按照合同规定的时间地点交货；或者买方不能及时交付货款；等等。除属于不可抗力原因外，违约方都要承担违约责任，守约方则有权依据合同或相关法律启动违约救济。

2. 违约条件

各国对违约的构成条件规定不一。在大陆法系国家，违约责任的构成条件较为复杂，主要有：当事人有不履行合同或不完全履行合同的行为；一方当事人违反合同给对方造成财产上的损害；损害必须是由违约行为造成的；违反合同一方主观上存在过错；等等。在英美法系国家，只是简单认定当事人违反合同约定即构成违约，既不强调主观过错，也不强调给对方造成的损害。《联合国国际货物销售合同公约》也未明确规定违约必须与当事人有无过失为条件。从该公约 25 条看，只要当事人违反合同的行为结果使另一方蒙受损失，即构成违约。《中华人民共和国合同法》的规定与英美法类似。

3. 违约的表现形式

对于违约表现形式，各法系规定也不相同。大陆法系规定违约有两类：给付不能和给付延迟。英美法将违约分为违反条件和违反担保。违反条件是指违反合同的重要条款，其法律后果是非违约方有权要求解除合同。违反担保是指违反合同的次要条款或辅助条款，但非违约方不能要求解除合同，只能请求赔偿。

此外，有些法律，如《联合国国际货物销售合同公约》将违约分为根本性违约、非根本性违约和预期违约等，美国法将违约分为重大违约和轻微违约。《中华人民共和国合同法》将违约分为不能履行、不履行、不完全履行、履行延迟和预期违约等几种情况。一般不存在免责，都应向对方承担违约责任。

4. 违约的救济方法

违约的救济方法是指合同当事人的合法权益遭到损害时，法律上给予受损一方的补偿方法，一般违约救济方法分为以下几种：

（1）实际履行。

实际履行是指合同一方违约时，另一方可以要求违约方继续按照合同规定的条件履行义务，也可以在针对违约提起的诉讼中，要求法院判令违约方按合同约定履行义务。实际履行是大陆法系国家对违约采取的最主要的救济方法。一般情况下，只要债务人不履行债务，债权人都可以要求实际履行，法院也会满足债权人实际履行的要求。但这种救济方法实现的前提条件是必须存在能够实际履行的可能性。例如，在货物买卖中，特定交易的货物已经灭失，实际履行已无意义，所以，只能采取其他救济方式。在英美法中没有规定实际履行的救济方法，法院也很少做出实际履行的判决。一方不履行合同义务时，唯一的救济方法是提起违约诉讼，要求损害赔偿。但在《联合国国际货物销售合同公约》中，对实际履行的规定是：一方面允许当事人要求违约方实际履行合同；另一方面允许法院依据其国内法进行判决。所以，谈判人员一定要注意，在这种情况下，如果在大陆法系国家的法院起诉，就会得到实际履行的救济，但如果是在英美法系国家的法院起诉，就很难得到实际履行的救济。《中华人民共和国合同法》将实际履行作为主要的违约救济方法。

（2）损害赔偿。

损害赔偿一般指当事人违约后，依法赔偿对方因其违约所受损失的补救形式。大陆法实施的是过错原则，认为损害赔偿责任成立要有三个条件：有损害事实；原因归责于债务人；上述两条有因果关系。英美法则坚持严格责任，主张损害赔偿责任，只要有一方当事人违约这一事实就够了。损害赔偿的方法主要有恢复原状和金钱赔偿。《联合国国际货物销售合同公约》规定，只要合同当事人一方没有履行合同义务，对方当事人就可以要求损害赔偿，而无须证明对方违约是否出于过失。《中华人民共和国合同法》规定与公约类似。这些差异看起来简单，但出现纠纷时处理却大相径庭，差别极大，需要谈判人员有所了解和准备。在大陆法中，如要做出判决，消费者既要证明损害事实，又要证明制造商主观上存在着疏忽或过错，还要有购买产品的证据。但在英美法中，消费者只需证明其损害是制造商的缺陷产品造成的即可获得赔偿。

（3）解除合同。

解除合同是指合同当事人依据合同的约定或法律的规定行使解除权，终止合同权利义务的行为。这种情况下的解除合同不同于正常的情况下的解除合同，所以，违约救济的解除合同需要适用前提，这一点各国差异较大，参照违约形式分类有不同的处理标准。英美法规定违约中只有违反条件时才能解除合同。

（4）违约金。

各国法律对于违约金的性质规定也有差异，谈判人员需要注意。违约金是一方或双方违约后应向对方支付的金钱。关于违约金的性质，是具有补偿性质还是惩罚性质各国规定各有不同。例如，德国法律规定违约金具有惩罚性，大陆法和英美法都认为违约金不具有惩罚性，只有补偿性。

三、合同履行中的例外

法律规定，当事人在正常情况下应履行合同，否则应承担违约责任。但在特殊情况下，导致合同无法履行，或虽然可以履行但会增加当事人负担，对此，法律上作为例外原则来处理。这里我们介绍情事变迁原则、合同落空、不可抗力。

1. 情事变迁原则

情事变迁原则是指在合同成立后，因不可归责于双方当事人的原因发生情势变更，致使合同条件不成立，允许当事人应变更合同内容或解除合同。它是大陆法系国家中一项特有原则，在其他一些国家的法律中也有明确规定。

2. 合同落空

合同落空的具体含义相当于大陆法系中的情事变迁，但它是英美法中的概念，主要是针对协议签订后、不存在履行条件时的情况的处理。我国《合同法》对此也有规定，不具备实际履行的情况包括：

（1）以特定物为标的协议，当标的物灭失时，实际履行协议已不可能。

（2）由于债务人延迟履行标的，标的交付对债权人已失去实际意义，如供方到期不交付原材料，需方为免于停工待料，设法从其他地方取得原材料。此时如再交货，对需方已无实际意义。

（3）法律或协议本身明确规定，不履行协议，只负赔偿责任。如货物运输原则一般均规定，货物在运输过程中灭失时，只由承运方负担赔偿损失的责任，不要求作实际履行。

3. 不可抗力

不可抗力是指合同订立发生的，不可归责为当事人任何一方，且当事人不能预见、不能避免、不能克服的意外事故，它也是当事人对于情事变迁原则和合同落空原则的一种主动适用。一旦发生这些意外事故，当事人可以延迟履行或者解除合同，任何一方不得请求损害赔偿。不可抗力事故包括两类情况：一类是自然原因引起的，如地震、旱灾等；另一类是社会原因引起的，如战争、罢工等。谈判人员可以在签订合同时，约定哪些情况属于本合同的不可抗力事故。美国习惯上认为不可抗力事故仅指由于自然力量所引起的事故而不包括由于社会力量所引起的意外事故，所以，美国的买卖合同一般不使用“不可抗力”一词，而称为“意外事故条款”（contingency clause）。

英美国家的法律将不可抗力事故称为合同落空，是指合同签订以后，不是由于合同双方当事人的自身过失，而是由于签订合同以后发生了双方当事人意想不到的情况，致使签约目的受挫，据此未履约，当事人得以免除责任，但是构成合同落空是有特定条件的。

第四节　商务谈判合同的让与和终止

一、合同的让与

合同的让与是指合同主体发生变更，合同当事人将合同权利义务转让给第三人，由新的合同当事人代替旧的合同当事人，但是合同的客体并没有发生变化。合同的让与有两种情况：第一种是原债权人将其债权转让给新债权人，从而使新债权人取代原债权人的地位，称为债权让与；第二种是原债权人将债务转让给第三人，由新债务人代替原债务人负担债务，称为债务承担。

1. 债权让与

债权让与时，债权人不必征得债务人的同意，就可以将债权转让给第三人。第三人基于债权人债权的转让，取得了债权人的地位，成为新的债权人，如果债务人不履行义务，新的债权人有权以自己的名义向债务人提起诉讼，请求法院判决债务人履行债务。

债权让与涉及三个方面：让与人，即出让债权的当事人；受让人，即从债权转让中取得债权的当事人；债务人。债权转让实际上是让与人与受让人之间订立的一种合同，合同成立后，债务人就要向新的债权人履行债务，因此与债务人的关系密切。在债权让与中，也应当注重保护债务人的权利。

英美法中，原则上承认债权可以转让，多数合同的权利是可以让与的，而且可以全部或部分转让，也允许受让人以自己的名义向债务人提起诉讼，这种让与也无须经商务谈判法律规范合同另一方的同意。但是，美国法规定，以个人关系为基础的合同、合同中规定禁止转让或者限制转让、一方基于对另一方的人品或信誉的依赖而签订的合同和法律限制转让的合同，不经合同另一方当事人即义务人同意不能转让。英国法对合同权利的转让规定得比较严格，英国 1925 年《财产法》规定了债权让与的三个要求：必须以书面形式，并由受让人签字；债权让与必须是绝对的、无条件的、全部的债权，而不是部分债权；必须以书面形式通知债权人。但是在某些情况下，虽然债权让与欠缺所要求的条件，但如果当事人确有债权让与的意思表示，衡平法仍认为有效。美国《统一商法典》则认为，除当事人另有约定外，买方和卖方都可以把他们的权利转让给第三人，除非这种转让会大大改变对方的义务，或者增加对方的负担，或严重损害对方获得履行的机会。如果债权人把同一债权先后转让给两个人，英国法规定首先把债权让与的事实通知债务人的受让人取得该项债权，而美国法则认为第一受让人取得该项债权。

法国法也有规定了债权让与制度，债权人有权不经债权人同意而把债权转让给第三者。在法国法中，债权让与是一种买卖行为，让与人是作为卖方出售债权，受让人作为买方购买债权。在债权让与中，让与人和受让人之间债权让与合同一成立，就发生效力，让与人就不能再把该项债权转让给其他人。而对于债务人，必须在接到债权让与通知后，或者在公证文书中对债权让与做出承诺后，才能发生效力。如果债权人在订立债权让与合同后，又将同一债权转让给其他人，到底由谁取得债权，则与美国相似，取决于谁先把债权让与的事实通知给债权人。

我国《合同法》也规定了债权让与制度。在债权让与中，并不要求征得债务人的同意，但是债权人转让权利，应当通知债务人，如果未通知，则对债务人不发生效力。

2. 债务承担

债务承担是由新的债务人代替原债务人履行债务，新债务人被称为承担人。与债权让与不同，债权让与一般不会影响债务人的履约能力，但债务承担却是更换债务人，不同债务人的履约能力有可能不同，可能会给债权人的利益带来严重影响。因此，各国法律对这一问题有着不同的规定。

英美法中，英国法要求合同的债务，非经债权人的同意，不能转移。如需要进行债务转移，要采取债的更新的办法，即应债务人的请求，债权人同意新的债务人代替原债务人履行债务的一种新的合同。更新后，原债务人的债务解除，并把这项债务加于新的债务人之上。美国法对此比较灵活，它在债务并不一定非由原债务人履行的情况下，允许他人代替原债务人履行债务，但是原债务人并不因此解除自己的义务。如果行为履行义务的一方没有履行，原债务人仍应承担责任。

法国法原则上允许他人代替债务向债权人履行债务。法国《民法典》规定，债亦可由在其中并无利害关系的第三人清偿。在法国法中，债的转移也要通过债的更新实现，即消灭旧债务、成立新债务。

我国《合同法》也允许债务人将合同的义务全部或者部分转移给第三人，但是将合同义务转移，应取得债权人的同意。债务人转移义务后，新债务人对于不是专属于原债务人自身的、与主债务有关的从债务，也要承担。

二、合同的消灭

合同消灭是指合同双方当事人权利义务的终止，即合同关系在客观上不复存在。合同的消灭是英美法的概念，在大陆法中，合同是债的一种，所以合同的消灭包括在债的消灭之中。

1. 英美法对合同消灭的规定

在英美法中，合同的消灭有以下几种方式：

（1）合同因双方当事人协议而消灭。

合同是依双方当事人的协议而成立，当然可以因双方协议而解除。但是双方协议解除一方履行合同的义务，必须有对价，否则不能强制履行；如果协议免除的是各自对尚待履行合同的义务，就不需要另外的对价。协议方式消灭合同有以下几种做法：

①以新的合同代替原合同，原来的合同消灭。

②更新合同。与以新合同代替原合同类似，不同之处在于，合同更新至少要有一个新的当事人加入，新加入当事人享有原合同权利并承担原合同义务。合同更新后，原合同消灭。

③依照合同自身规定的条件解除合同。

④弃权。合同一方当事人自愿放弃依合同所享有的权利，从而解除对方的履约责任。

（2）合同因履行而消灭。

这是合同消灭的主要原因，合同一经履行完毕，债权债务关系即告消灭。

（3）合同因违约而消灭。

违约不能当然导致合同消灭，当一方当事人表示不愿意履行合同，以自己的行动使履约成为不可能或不履行其合同义务时，可能使对方取得解除合同的权利，导致合同的消灭。

（4）依法使合同归于消灭。

合并、破产和擅自修改书面合同是法律规定合同消灭的主要条件。

2. 大陆法对合同消灭的规定

大陆法对合同消灭规定的情形主要有：

（1）清偿。

清偿是债务人向债权人履行债的内容。债权人接受债务人的清偿时，债的关系即告消灭。

（2）提存。

提存是指债务人履行债务时，由于债权人受领迟延，债务人有权把应给付的金钱或者其他物品寄托于法定场所，从而使债的关系归于消灭。提存的条件是债权人受领迟延或不能确定谁是债权人。

（3）抵消。

如果两个人彼此互相债务，而且债务种类相同，并均已届清偿期，因而双方均得以其债务与对方的债务在等额的范围内归于消灭。

（4）免除。

债权人免除债务人的债务，也并不是债权人放弃其债权。

（5）混同。

混同是指债权人与债务人同属于一个人，即一个人既是债权人又是债务人。因此债的关系已无存在的必要，归于消灭。

3. 我国《合同法》关于合同消灭的规定

我国《合同法》并无合同消灭的概念，但是规定了合同权利义务的终止。从规定上看，合同权利义务终止的情形同大陆法中合同消灭的情形是相同的。因此在我国，可以将合同权利义务的终止看作是合同的消灭。合同法规定了合同权利义务终止的七种情形：债务已经按照约定履行；合同解除；债务互相抵消；债务人依法将标的物提存；债权人免除债务；债权债务同归于一人；法律规定或者当事人约定终止的其他情形。

第五节　商务谈判协议纠纷的处理

在贸易合同履行中，发生矛盾、纠纷也是正常现象，但处理起来情况却极其复杂。

这一方面是关系到合同当事人双方切身的经济利益，关系到合同能否继续执行的问题，但更重要的是贸易纠纷解决由于适用的法律不同，调解程序差异较大，有效调解与处理十分困难。在商事交易实践中，谈判协议纠纷的处理一般有四种方式：协商、调解、仲裁与诉讼。协商与调解是我们比较熟悉的解决方式，过程相对简单，所以本节以仲裁和诉讼两种解决方式为重点，将处理纠纷的方式加以介绍。

一、友好协商

友好协商是指在争议发生后，由双方当事人自行磋商，各自做出一定让步，在双方可以接受的基础上达成和解，消除纷争。友好协商的好处是不必经过仲裁和诉讼程序，可节省仲裁和诉讼费用，气氛比较良好，有利于双方贸易关系继续友好的发展，因此，在许多情况下争议双方都愿意通过协商，各自做出一些让步，承担一些损失，求得友好协商解决，而不愿意诉诸仲裁或司法诉讼。在贸易的业务中，一旦发生争议，都会首先要求通过友好协商的方式来解决。

二、调解

并不是所有争议都能够通过友好协商的方法加以解决。当争议发生后，若双方都坚持自己的观点，不肯让步，争议就无法通过友好协商的方式解决。在这种情况下，可将争议提交专门机构，由专门机构派专人进行调解。在调解时，由调解委员会根据案情分别找双方当事人进行磋商，提出双方都可以接受的意见，达成和解。

1979 年，联合国国际贸易委员会第十二次会议讨论了该会起草的《调解规则草案》，规定了以下内容：

（1）《调解规则草案》适用于当事人通过协议提交的有关合同争议或非合同性法律关系引起的争议。

（2）调解员一至三名。调解员为一名时，若双方不能就调解员人选达成协定，每一方都可以请经双方商定的当局加以指定。

（3）调解员的任务是帮双方当事人友好地解决争议。因此，应考虑合同条款、适用合同的实体法以及有关的贸易习惯和正义的具体情况等。

（4）调解员审查书面材料后，可以邀请双方当事人同其会晤。

（5）调解员认为有一种方法可以使双方当事人接受时，可以拟定解决办法的具体条件，供当事人双方参考。如双方对争议的调解达成协议，应草拟并签署和解协议书。和解协议书一经双方当事人签字，即对他们有约束力。

三、仲裁

1. 仲裁的概念

仲裁又称公断，是指合同双方当事人根据所达成的协议内容，自愿将相互之间的争议交给第三者，任其评断是非并做出裁决。仲裁既具有一定的灵活性，又有法律强制性，它是使用非常广泛的解决争议的一种形式。在商务谈判中，很重要的一项协商内容就是合作双方出现矛盾时的解决办法，因此，仲裁是不能遗漏的一项条款，因为按照公约的规定，如果双方当事人在合同中未能就争端的解决提出仲裁的建议，就不能申请相关部门受理仲裁。

2. 仲裁的特点

与调解和诉讼相比，仲裁具有以下特点：

第一，自愿性。双方当事人在争议发生后可选择仲裁作为争议的解决方式，同时可约定或选择仲裁机构、仲裁员、仲裁事项、仲裁规则、仲裁地点等。

第二，排他性。在存在有效仲裁协议的条件下，法院不得受理仲裁协议规定提交仲裁的争议。

第三，保密性。仲裁一般不需公开审理，可以最大限度地保护仲裁各方的商业秘密，对交易双方的关系损害较小。

第四，专业性。商事争议往往涉及许多专门性或技术性的问题，法院的法官有时难以胜任。但仲裁员都是有关的专家或知名人士，能够从专业角度做出科学的裁决。

第五，终局性。与诉讼不同，裁决具有终局性，形成对双方当事人均有法律约束力的裁决，并不得提出上诉，因此，可以节约时间和费用。

总之，由于仲裁比较灵活，并且具有与法院判决相同的法律效力，所以在经济贸易活动中，双方当事人一般更愿意选择仲裁作为解决争议的手段。而且在货物买卖合同中，通常都包含通过仲裁解决争议的仲裁条款。

但需要指出的是，在经贸活动中，“国际”和“商事”两个词的解释具有一定的说法。联合国于 1985 年通过的《国际商事仲裁示范法》解释，仲裁为下列情况即为国际性：一是仲裁协议的当事各方在缔结协议时，他们的营业地点位于不同的国家。二是下列地点之一位于当事各方营业地点所在国之外：（1）仲裁协议中或根据仲裁协议确定的仲裁地点；（2）商事关系义务的主要部分将要履行的地点或与争议标的具有最密切联系的地点；（3）双方当事人已明确约定仲裁的一些标的与一个以上的国家有联系。对于“商事”一词的解释为：它包括所有商事性质关系所发生的争议，不论其性质是否为契约性质。商事关系包括但不仅限于下述交易事项：任何提供或交换商品或服务的交易；分销协议；商业代理；租赁；建筑工程；咨询；转让许可；投资和金融；银行；保险；开发协议或转让；合资企业或其他形式的工业商业合作；航空；海洋；铁路或公路的货运或客运。

3. 仲裁的法律规则

商务活动发生纠纷时，大多数情况下是通过仲裁处理的，但在仲裁中，仲裁规则的确定、仲裁程序的设立是实施仲裁的重要内容，并决定仲裁的结果。这里主要介绍谈判协议执行中可能涉及的一些规则。

第一，国际公约。1923 年 9 月 24 日在日内瓦签署的《仲裁条款议定书》是第一个国际仲裁公约，随后又在 1927 年签署了《日内瓦公约》，使国际的商事仲裁进一步走向统一。1958 年又通过了《承认及执行外国仲裁裁决的公约》，简称《纽约公约》。

第二，国内仲裁立法。仲裁起源于当事人的仲裁协议，但不能游离于法律之外，必须受特定国家法律及有国际条约的约束，仲裁协议的效力、仲裁裁决的承认与执行等均受特定国家仲裁法的支配。在国际仲裁中，各国有关仲裁的立法差异较大，有些国家在民事诉讼中含有关于仲裁的规定，如德国、日本、法国的民事诉讼法等。还有些国家制定专门的仲裁法，如美国的 1926 年联邦仲裁法、英国的 1996 年仲裁法等，这些国家的仲裁法即调整国内仲裁，也调整国际仲裁。我国属于专门的国内立法的国家，1994 年颁布了《中华人民共和国仲裁法》，其中第七章就我国的涉外仲裁进行了专门规定。

第三，仲裁程序规则。在国际商事仲裁中，一般常设仲裁机构均有自己的仲裁规则。如谈判协议中没有特别的约定，就意味着适用该机构的仲裁规则。但联合国国际贸易委员会的仲裁规则，更广泛地适用于临时仲裁。其特点是：仲裁规则只对特定的当事人有约束力，仲裁规则不得与进行仲裁应当适用的法律相抵触。

4. 仲裁协议的形式及内容

商事的仲裁协议是指在商务活动中，争议当事人自愿把相互间的争议交付仲裁机构解决的意思表示。根据公约的规定，仲裁机构只能受理当事人根据仲裁协议提交的案件。一般商事仲裁协议可以有以下形式：一是口头的仲裁协议和书面的仲裁协议。个别国家如日本和瑞士等也有口头协议的约定形式。二是仲裁条款和单独仲裁协议。当事人在争议发生前，为了使争议能够得到迅速、有效的解决，一般都在商事合同中事先约定将未来可能的争议提交仲裁的条款，这就是仲裁条款。单独仲裁协议是指当事人在争议发生之前或之后，就该争议的仲裁问题单独达成的协议。

仲裁涉及的内容比较多，主要包括以下几个方面：

一是确定仲裁事项，即提出仲裁的争议范围。世界各国对可仲裁的事项不是无限的，一般都在仲裁法中概括地规定。如工业产权和版权的有效性纠纷、涉及公共利益的破产案件、证券交易的案件和反垄断案件等纠纷不得提出仲裁等。

二是确定仲裁地点。这是很重要的问题，因为仲裁地点涉及解决争议适用的法律体系，如果当事人未确定适用哪国法律，仲裁机构一般根据仲裁地的冲突规则确定适用的法律，而各国的法律规则差异较大，当事人通常只对本国的法律比较熟悉，对国外的仲裁制度和法律不大了解，这会使自己处于不利地位。所以，选择本国作为仲裁地点是最理想的，最后的妥协至少应该是选择第三国作为仲裁地。

三是仲裁机构及规则。仅选择仲裁地点是不够的，因为同一地点可能有几个不同的仲裁机构。仲裁机构分为常设机构和临时机构。一般常设机构更有优势。

四是仲裁裁决的效力。这是指裁决对双方当事人的约束力。裁决一般具有终局性，裁决效力越大，对当事人约束力越强，执行裁决也越顺利。

四、诉讼

1. 诉讼及司法管辖权

商事诉讼是指通过诉讼的方法解决商务活动中的争议或纠纷。由于国际上没有专门受理国际商事的法院，也没有统一的诉讼法，所以，国际商事诉讼主要涉及国际商务活动争议案件行使管辖权的问题。

由于各国是按照各自的民事诉讼法决定对国际商事案件的管辖，因而会导致管辖权的冲突。目前，大多数国家的法律都承认协议管辖的原则，即除某些专属管辖的案件外，当事人可以预先约定，如果将来发生争议的话，应由哪一国管辖。

一般来说，司法管辖有两个标准：属地管辖和属人管辖。属地管辖权侧重于法律事实或法律行为的地域性质或属地性质，强调一国法院对于其所属国领域内的一切人和物以及法律事实和行为都具有管辖权，管辖权的基础就是被告人在法院所属国境内设有依据或习惯居所，或者是物之所在地或法律事实和行为发生地位于该国领域内。属人管辖权侧重于诉讼当事人的国籍，强调一国法院对于其本国国民参与的诉讼具有管辖权，管辖权的基础就是诉讼当事人中有一方是法院所属国的国民。对外贸易案件多以属地管辖为原则。

同时也有许多国家通过双边司法互助协定或有关的多边国际公约避免管辖权的冲突。适用的公约也比较多，如《布鲁塞尔公约》《卢加诺公约》等都有影响。

2. 诉讼程序

各国法院在审理商事诉讼案件时的做法虽有所不同，但基本都包括以下几个部分：

（1）起诉。

原告向法院起诉，应提交起诉书及与被告人相应的起诉书副本和有关证明，并委托诉讼代理人。法院收到原告起诉书及副本后，加盖收文公章，交原告或其诉讼代理人。将副本转送被告，并限定一定期限内提出答辩和指定诉讼代理人。期限届满，法院确定审理日期，通知当事人或诉讼代理人出庭。

（2）担保。

为了保全请求权的行使以及保证损失得到赔偿，在案件获得解决以前，受损方可以要求责任方先提供必要的担保。

（3）审判。

不论被告在限定期限内是否提出答辩或逾期不做答辩，法院均可确定开庭日期。如被告或其代理人接到开庭通知却不出庭应诉，法院可以在被告缺席的情况下进行案件审理。

（4）执行。

开庭结束后，按照开庭结果，相关部门和当事人执行相关安排。

【阶梯实训】

1. 实训名称

关于签约的法律知识普及。

2. 实训目的

通过收集相关的法律事件，了解进行签约的流程及注意事项等。

3. 实训要求

（1）对学生分组，每组4~6个人，讨论并整理自己的答案，并且进行分析，得出相应的结论并加以讨论；

（2）以PPT或实训报告的形式，对得出的结论进行分析总结。

4. 实训内容（测试题）

（1）收集相关案例，一个或多个；

（2）进行相关知识点的分析，并进行总结；

（3）进行PPT的展示。

主要参考文献

[1] 李雪松．逆袭谈判［M］．北京：北京联合出版公司，2021.

[2] 王军旗．商务谈判理论、技巧与案例［M］．北京：中国人民大学出版社，2021.

[3] 拉塞尔·科罗布金．谈判尺度［M］．北京：中信出版集团，2022.

[4] 杨晶．谈判［M］．北京：中国科学技术出版社，2021.

[5] 林富荣．破冰［M］．北京：清华大学出版社，2019.

[6] 樊建廷．商务谈判［M］．大连：东北财经大学出版社，2018.

[7] 罗杰·费希尔，丹尼尔·夏皮罗．高情商谈判［M］．北京：中信出版集团，2018.

[8] 李海斌．商务谈判［M］．上海：上海交通大学出版社，2016.

[9] 罗伊·列维奇．商务谈判［M］．北京：中国人民大学出版社，2015.

[10] 杨晶．商务谈判［M］．北京：清华大学出版社，2016.

[11] 理查德·谢尔．沃尔商学院最实用的谈判课［M］．北京：机械工业出版社，2013.

[12] 陈媛媛．商务谈判［M］．北京：中航出版传媒有限公司，2012.